- 2017 年度国家社科基金青年项目"高校图书馆科研数据服务模式与服务系统研究"（17CTQ041）
- 2022 年度黑龙江省教育科学"十四五"规划重点课题"高等院校大学生数据素养教育实践框架研究"（GJB1422014）

高校图书馆科研数据服务模式研究

陈媛媛 ○ 著

中国社会科学出版社

图书在版编目（CIP）数据

高校图书馆科研数据服务模式研究 / 陈媛媛著 . —北京：中国社会科学出版社，2024.7

ISBN 978 - 7 - 5227 - 3506 - 1

Ⅰ. ①高… Ⅱ. ①陈… Ⅲ. ①院校图书馆—图书馆服务—服务模式—研究 Ⅳ. ①G258.6

中国国家版本馆 CIP 数据核字（2024）第 085428 号

出 版 人	赵剑英	
责任编辑	刘 艳	
责任校对	陈 晨	
责任印制	郝美娜	

出 版	中国社会科学出版社	
社 址	北京鼓楼西大街甲 158 号	
邮 编	100720	
网 址	http://www.csspw.cn	
发 行 部	010 - 84083685	
门 市 部	010 - 84029450	
经 销	新华书店及其他书店	

印刷装订	北京君升印刷有限公司	
版 次	2024 年 7 月第 1 版	
印 次	2024 年 7 月第 1 次印刷	

开 本	710×1000 1/16	
印 张	22.25	
插 页	2	
字 数	331 千字	
定 价	128.00 元	

凡购买中国社会科学出版社图书，如有质量问题请与本社营销中心联系调换
电话：010 - 84083683

目 录

第一章　绪论

第一节　研究背景

《国际图联趋势报告》是图书馆领域与来自不同学科的专家和利益相关者之间对话的结果，也是预测图书馆未来发展趋势的重要报告①。截至目前，《国际图联趋势报告》已经发布 2013 年、2016 年、2017 年、2018 年、2019 年、2021 年共 6 个版本，其中隐私和数据保护、数据安全技术、数据存储、数据素养等同属于数据管理范畴的相关内容一直被密切关注。美国大学及研究型图书馆协会研究计划与评审委员会也在《2016 年高校图书馆发展趋势：影响着高等教育界高校图书馆发展的趋势和问题》中将"科研数据管理服务"列入十大主流研究趋势，这也成为本课题立项的契机②。

科研数据是学术记录的重要组成部分，研究人员在科研活动中产生大量数据，如何对这些数据进行选择、分析、存储、共享和再利用，是防止科研数据流失、实现科研数据增值和推动科学研究发展的关键。高校作为科研的主力军，更需要加强科研数据管理（Research Data Management，RDM），通过一些部门开展 RDM 服务来帮助科研人员对科研数据进行管

---

① IFLA：《国际图联趋势报告》，https://trends.ifla.org/，2022 年 3 月 3 日。

② Association of College and Research Libraries，"2016 Top Trends in Academic Libraries：A Review of the Trends and Issues Affecting Academic Libraries in Higher Education"（June 24，2022），https://Crln Acrl. Org/ Index Php/ Crlnews/ Article/ View/ 9505/ 10798.

理。相比其他机构，高校图书馆更容易接触到各学科的科研数据，也有机会与研究人员、教师们建立密切的联系，通过开展各种类型的科研数据管理服务能够实现科研数据的有效管理和共享，反哺科研产出，让科研成果更具权威性和发挥更大的价值效用，提升科学研究的社会价值和经济效益。由此可知，科研数据管理服务是数据密集型科研环境下高校图书馆的关键任务之一，图书馆未来发展的重要方向就是成为从事数据任务学者的服务提供方[①]。

2018 年国务院发布《科学数据管理办法》后，各省市政府发布实施细则，中国科学院、中国农业科学院等机构也发布数据管理和共享办法来落实《科学数据管理办法》的总体要求。但是，国家层面的政策较为宏观，机构层面的政策在高校的适用性不足，操作层通用标准和指南缺乏，使得许多高校图书馆的 RDM 服务长期停留在初级阶段，也导致 RDM 服务难以推广。随着科学研究第四范式的到来，高校图书馆如何妥善开展科研数据管理服务？哪些主体将参与其中？科研数据的创建者和使用者对科研数据管理服务的认同情况如何？在 RDM 服务需求日渐增长的背景下，我们又如何设计一套具有一般性、重复性和操作性的服务模式和服务系统来指导高校图书馆科研数据管理服务的开展？这些问题都亟待深入探讨。

第二节　研究意义

一　理论意义

本课题研究的理论意义主要体现在三个层面：（1）在基础理论层面，对图书馆学现有研究理论进行了补充和完善：将系统动力学原理引入图书馆学研究中，从系统、动态的角度看待科研数据管理服务问题；（2）在微观机理层面，揭开高校图书馆科研数据管理服务过程"黑箱"：通过搭建科研数

---

① Koltay T., "Accepted and Emerging Roles of Academic Libraries in Supporting Research 2.0", *The Journal of Academic Librarianship*, Vol. 45, No. 2, 2019, pp. 75 – 80.

据管理服务模式理论模型以及探究科研数据管理服务系统运行构成，明晰高校图书馆科研数据管理服务的开展方式及运作过程；（3）在量化研究层面，将定性研究融入定量分析，提升研究的客观性与科学性，完成从具体到抽象、从模糊到具象的过程。

二　实践意义

本课题研究的现实意义主要体现在两个方面：（1）有助于指导高校图书馆科研数据管理服务实践，在满足用户需求的基础上，提高科研数据管理服务水平和效率、效果：通过界定科研数据管理服务的内涵、类型和范围，建立用户需求导向下的高校图书馆科研数据管理服务模式；（2）有助于驱动高校图书馆科研数据管理服务的运转，推动科研数据管理服务进程：对高校图书馆科研数据管理服务进行系统分析，寻找系统内部的正强化回路，从而定位关键变量，比较不同变量的调整对科研数据管理服务水平的提升效果，在确保科研数据管理服务系统顺利运行的前提下，寻找最佳途径和渠道提升高校图书馆服务水平。

第三节　国内研究现状综述

随着 E-Science 的推广，高度分布式网络环境中进行计算密集型或数据密集型科学的发展，科研数据在科学研究中的价值愈发凸显出来。科研数据服务（Research Data Service，RDS）是支持科研数据管理（Research Data Management，RDM）的一系列活动，是促进科研数据重用和增值的关键。在国外，科研数据管理（后文可简称为 RDM）服务起步较早，在欧美高校中已经比较常见，有了一定规模的实践和研究成果，而在国内 RDM 服务仍在起步阶段，许多方面还需要学习和借鉴国外经验。但我国研究人员对 RDM 服务关注度也越来越高，相关研究逐渐增多，研究主题也越来越丰富。目前，已经有学者通过文献计量法、内容分析法和网络调查法等方法，从科研数据管理、科研数据共享等方面，对我国 RDM 服务的研究现状和热点进行了分析，并将研究内容主要归纳为科研数据政策、科研数据管理理论、科研数据管理工具和技术、国外 RDM 服务现状等几个方面①②③④⑤。下文对 2012—2021 年国内 RDM 服务相关研究论文的热点主题、核心概念、主题演进和研究内容进行梳理和分析，以了解我国 RDM 服务研究的现状，发现研究中存在的问题和不足，并为未来研究提出一些建议。

一　数据来源与研究方法

选择知网（CNKI）期刊数据库，以检索式"SU =（'科研数据'+'科学数据'+'研究数据'）×（'服务'+'管理'）"进行高级检索，时间限定为 2012—2021 年，语言限定中文，共检索出文献 1924 篇，检索时间截至2021 年 7 月 12 日。因为检索结果中仍有部分结果与本书所需文献无关，所以通过浏览文献的题目、摘要、关键词以及部分文献的正文内容，将无关的文献剔除。主要剔除的类别如下：

（1）重复文献 37 篇；

（2）新闻报道、刊讯、会议综述、成果简介等非研究性论文 132 篇；

（3）主题不相关或相关性较低的论文 408 篇，如摘要中提到"数据"和"服务"，但并不主要讨论 RDM 服务的论文。

最终，共剔除论文 577 篇，剩余 1347 篇研究性论文进入本书的研究范围。将这 1347 篇论文的题录信息，如标题、摘要、关键词等导出为

---

① 凡庆涛、刘娟、杜赟等：《高校科研数据研究状况与热点分析——以科学知识图谱为视角》，《中国高校科技》2020 年第 12 期。

② 陈姝彤、何梦洁、徐坤：《高校图书馆科学数据研究特征分析》，《情报科学》2020 年第 11 期。

③ 张贵香、刘桂锋、梁炜：《我国科研数据管理理论与服务研究进展述评》，《情报理论与实践》2020 年第 6 期。

④ 陈晋：《2008—2018 年我国科研数据管理服务研究述评》，《图书馆工作与研究》2008 年第 11 期。

⑤ 柴会明、张立彬、赵雅洁：《国内图书馆科学数据研究述评》，《图书情报工作》2019 年第 7 期。

refworks 格式文本，作为可视化分析使用。

本书采用文献计量法、文献调查法和可视化分析法，利用 Citespace 软件对关键词网络和关键词时区图进行描绘，并从年代分布、期刊分布、关键词及研究前沿节点、研究主题和内容等方面对检索所得的 RDM 服务研究论文进行分析。

二 分布特征分析

（一）时间分布

本书按发文年份对 2012—2021 年的 1347 篇论文进行统计，得到国内 RDM 服务研究论文发文量的时间分布（见图 1-1）。由图 1-1 可知，我国近十年 RDM 服务研究论文的年发文量整体呈上升趋势。2012—2016 年，发文量呈现稳步增长，并于 2016 年达到 160 篇左右；2017—2018 年每年发文量继续保持在 160 篇左右的水平；2019 年发文量再次出现大幅上升，达到 220 篇左右，并在 2020 年保持稳定。根据 2021 年上半年数据预测，2021 年发文量也将达到 200 篇的水平。

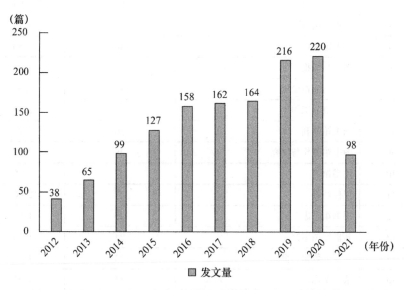

图 1-1 国内科研数据管理服务研究论文发文量

（二）期刊分布

RDM 服务研究论文载文量 20 篇及以上的期刊有 20 本，表 1-1 列出了载文量前 20 的期刊名称、载文量和载文量占比。载文最多的期刊是《图书情报工作》，达到了 123 篇，《图书馆学研究》《情报理论与实践》《图书馆论坛》《图书与情报》《数字图书馆论坛》的载文量都在 40 篇以上。载文量前 20 的期刊大部分属于图书情报领域，且有较多为核心期刊，如《图书情报工作》《图书馆学研究》《情报理论与实践》《图书馆论坛》《图书与情报》《情报资料工作》等。另外，在载文量前 20 的期刊中《农业大数据学报》和《中华医学图书情报杂志》还分别属于农业和医学与图书情报的交叉领域。可见，RDM 服务研究主要集中在图书情报领域，部分还涉及农业和医学领域。

表 1-1　　　　　　　　　发文量排名前 20 期刊

序号	期刊	发文量（篇）	占比（%）
1	图书情报工作	123	9.13
2	图书馆学研究	80	5.94
3	情报理论与实践	51	3.79
4	图书馆论坛	48	3.56
5	图书与情报	41	3.04
6	数字图书馆论坛	40	2.97
7	情报资料工作	34	2.52
8	图书馆学刊	30	2.23
9	图书馆工作与研究	28	2.08
10	图书馆	27	2.00
11	现代情报	27	2.00
12	图书馆杂志	25	1.86
13	新世纪图书馆	24	1.78
14	农业大数据学报	23	1.71
15	情报杂志	23	1.71
16	中华医学图书情报杂志	22	1.63

续表

序号	期刊	发文量（篇）	占比（%）
17	大学图书情报学刊	21	1.56
18	图书馆建设	21	1.56
19	中国科技资源导刊	21	1.56
20	图书馆理论与实践	20	1.49

三 关键词及主题演进

（一）关键词

本书使用 CiteSpace 对 RDM 服务研究的 1347 篇论文进行关键词共现分析，得到了国内 RDM 服务研究的关键词共现图谱（见图 1-2）。同时，通过 CiteSpace 统计得到中心度最高的 15 个关键词（见表 1-2）。共现网络中的节点为关键词，标签词越大的节点中心度越高。节点中心度是指其所在网络中通过该点的任意最短路径的条数，是网络中节点在整体网络中所起连接作用大小的度量。通过观察关键词共现图谱，可以发现关键词间的联系较为紧密，较为明显的节点为"科学数据""数据共享""科研数据""高校图书馆""数据管理""科学数据管理""科研数据管理""大数据""图书馆""科学数据共享""数据监管"等，这些关键词在连接其他关键词方面扮演了重要的角色，能够较好地表达图谱的主要内容和中心思想。这说明科研数据管理和共享、高校图书馆、大数据、数据监管是 RDM 服务研究的核心主题，其他研究主题多围绕这些主题展开。

表 1-2 　　　　　　　　　中心度排名前 15 关键词

序号	关键词	频次	中心度	出现年份
1	科学数据	347	0.38	2012
2	数据共享	152	0.31	2012
3	科研数据	158	0.26	2013
4	高校图书馆	221	0.18	2012

续表

序号	关键词	频次	中心度	出现年份
5	数据管理	175	0.18	2012
6	科学数据管理	118	0.14	2012
7	科研数据管理	109	0.11	2013
8	大数据	73	0.09	2013
9	图书馆	91	0.08	2012
10	科学数据共享	34	0.08	2012
11	数据监管	28	0.07	2013
12	开放获取	38	0.06	2015
13	数据治理	22	0.05	2016
14	数据服务	52	0.04	2013
15	数据监护	38	0.04	2013

图1-2 国内科研数据管理服务研究的关键词共现图谱

（二）主题演进

图 1-3 为关键词的时区图，展示了 2012—2021 年每年新出现的主要关键词，可以反映研究主题的演进。从整体上看，RDM 服务研究视角逐渐从宏观向微观发展，侧重的方面从数据保存逐渐向数据开放共享转变。本书提取了时区图中几个关键词明显变化的时间点：

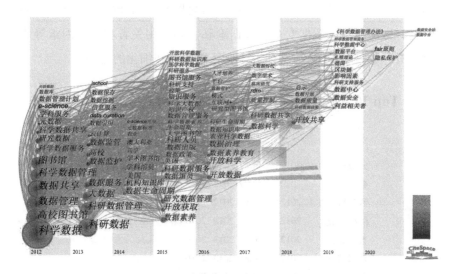

图 1-3　国内科研数据管理服务研究的关键词时区图

2012—2013 年，关键词"科研数据"出现频次明显增加，可见，在 RDM 服务领域，术语使用出现从以"科学数据"为主向"科学数据"和"科研数据"并重转变，在一定程度上反映了关于科研机构和社会科学领域的研究增多。

2015 年，新增关键词明显增多，"科研数据服务"的出现频次明显增加，在一定程度上反映了研究主题的丰富和科研数据管理服务研究热度的上升。

2019 年，"开放共享"相关研究明显增多，这一年出现的发文量上升很可能是由于开放获取相关实践和研究的发展。研究主题的产生和变化与政策颁布、报告发布、会议举办和高校等科研机构实践等密切相关。

由于 2012—2021 年的论文还涉及较多 2011 年的实践，但涉及较少 2021 年的实践，所以本书列举了 2011—2020 年国内外 RDM 服务领域的一些重要政策和实践，跨越多年的实践，仅在开始那一年列出，详见表 1−3。

结合图 1−4 科研数据服务关键词的突现情况，在 2015 年出现关键词明显增多后，数据管理研究趋于稳定，而数据共享和开放获取研究仍旧保持热度，数据质量、数据安全、数据隐私、利益相关者和影响因素等研究热度上升，体现了 RDM 服务研究主题不断丰富和细化的趋势。

Top 20 Keywords with the Strongest Citation Bursts

Keywords	Year	Strength	Begin	End	2012–2021
e-science	2012	4.9	2012	2015	
元数据	2012	4.27	2012	2014	
数据库	2012	2.99	2012	2013	
科学数据共享	2012	2.85	2012	2014	
院校研究	2012	2.5	2012	2013	
数据监管	2012	6.04	2013	2016	
数据监护	2012	4.81	2013	2016	
data curation	2012	3.66	2013	2014	
数据引用	2012	2.63	2013	2015	
生命周期	2012	4.4	2015	2017	
知识服务	2012	3.45	2015	2016	
数据素养教育	2012	4.7	2016	2017	
数据管护	2012	2.73	2016	2017	
数字学术	2012	2.72	2017	2018	
数据科学	2012	2.61	2017	2018	
开放共享	2012	5.84	2019	2021	
利益相关者	2012	4.04	2019	2021	
数据安全	2012	2.88	2019	2021	
科研支持服务	2012	2.52	2019	2021	
影响因素	2012	2.52	2019	2021	

图 1−4　国内科研数据管理服务研究关键词突现

表 1 - 3 　2011—2020 年国内外科研数据管理服务领域部分重要实践

年份	国内	国外
2011	武汉大学建设科学数据共享平台①	美国国家自然科学基金委员会（National Science Foundation，NSF）开始要求基金申请书必须附带数据管理计划②；国际图书馆协会联合会（International Federation of Library Associations and Institutions，IFLA）发布"关于开放存取的声明——IFLA 的立场和战略"③；美国成立"开放政府联盟"并发布《开放政府宣言》④
2012	—	Wiley 公司联合其合作伙伴英国皇家气象学会（Royal Meteorological Society，RMS）正式发行新期刊 *Geoscience Data Journal*（GDJ）⑤；欧洲研究大学联盟（The League of European Research Universities，LERU）发表开放科研数据的声明⑥
2013	第一届中国机构知识库学术研讨会在昆明召开	欧洲研究图书馆协会 e-science 工作小组发布《图书馆启动研究数据管理的十项建议》报告⑦；美国大学与研究图书馆协会（Association of College & Research Libraries，ACRL）发布《信息素养白皮书》⑧

① 刘霞、饶艳：《高校图书馆科学数据管理与服务初探——武汉大学图书馆案例分析》，《图书情报工作》2013 年第 6 期。

② Boston University, "Writing Nsf Data Management Plans"（November 12, 2021），https://www.bu.edu/data/manage/nsf-data-management-plan/.

③ International Federation of Library Associations and Institutions，"IFLA Statement on Open Access (2011)"（November 12, 2021），https://www Ifla Org/ Publications/ifla-statement-on-open-access-2011/.

④ Open Government Partnership，"Open Government Declaration"（November 12, 2021），https://www.opengovpartnership.org/process/joining-ogp/open-government-declaration/.

⑤ Wiley，"Open-access Geoscience Data Journal Launched by Wiley"（November 12, 2021），https://www.eurekalert.org/news-releases/663332.

⑥ League of European Research Universities，"Leru Launches Statements on Open Access and Open Data"（November 12, 2021），https://www.leru.org/news/leru-launches-statements-on-open-access-and-open-data.

⑦ Liber，"Ten Recommendations for Libraries to Get Started with Research Data Management"（November 12, 2021），https://libereurope.eu/wp-content/uploads/2020/11/The-research-data-group-2012-v7-final.pdf.

⑧ Association of College and Research Libraries，"Intersections of Scholarly Communication and Information Literacy：Creating Strategic Collaborations for A Changing Academic Environment"（November 12, 2021），https://www.ala.org/ Acrl/ Sites/ala.org.acrl/files/content/publications/whitepapers/Intersections.pdf.

续表

年份	国内	国外
2014	复旦大学社会科学数据平台上线；中国科学院和国家自然科学基金发表关于公共资助科研项目的论文实行开放获取的政策声明；国务院下发《国务院关于国家重大科研基础设施和大型科研仪器向社会开放的意见》①；国际科学理事会数据委员会（Committee on Data for Science and Technology，CODATA）中国全国委员会发起并召开第一届科学数据大会②；第二届中国机构知识库学术研讨会在厦门召开	澳大利亚图书馆和信息协会（Australian Library and Information Association，ALIA）发布开放获取声明；Nature 出版集团正式推出在线出版的开放获取杂志 *Scientific Data*③
2015	国务院印发《促进大数据发展行动纲要》④；北京大学建立北京大学开放研究数据平台⑤；第三届中国机构知识库学术研讨会在上海召开⑥	ACRL 研究计划与评审委员会发布的《2015 年环境扫描》中强调了 RDS 是研究型图书馆未来发展的重要趋势⑦；ACRL 发布《高等教育信息素养框架》的正式版本⑧；美国自然科学基金提出科研数据共享计划《今天的数据，明天的发现》⑨

① 中华人民共和国中央人民政府：《国务院关于国家重大科研基础设施和大型科研仪器向社会开放的意见》，http：//www. gov. cn/zhengce/content/2015-01/26/content_ 9431. htm，2021 年 11 月 12 日。

② Codata：《2014 第一届科学数据大会在北京召开》，http：//www. codata. cn/xw/201609/t20160912_ 4523051. html，2021 年 11 月 12 日。

③ Scientific Data，"More Bang for Your Byte"（November 12，2021），https：//www. nature. com/articles/sdata20141.

④ 中华人民共和国中央人民政府：《国务院关于印发促进大数据发展行动纲要的通知》，http：//www. gov. cn/zhengce/content/2015-09/05/content_ 10137. htm，2021 年 11 月 12 日。

⑤ 朱玲、聂华、崔海媛等：《北京大学开放研究数据平台建设：探索与实践》，《图书情报工作》2016 年第 4 期。

⑥ 中国科学院：《2015 中国机构知识库学术研讨会会议通知》，https：//www. cas. cn/xs/201506/t20150623_ 4377826. shtml，2021 年 11 月 12 日。

⑦ Association of College and Research Libraries，"Environmental Scan 2015 by the Acrl Research Planning and Review Committee"（November 12，2021），https：//www. ala. org/acrl/sites/ala. org. acrl/files/content/publications/whitepapers/EnvironmentalScan15. pdf.

⑧ Association of College and Research Libraries，"Framework for Information Literacy for Higher Education"（November 12，2021），https：//www. ala. org/acrl/sites/ala. org. acrl/files/content/issues/infolit/framework1. pdf.

⑨ National Science Foundation，"Today's Data, Tomorrow's Discoveries"（November 12，2021），https：//www. nsf. gov/pubs/2015/nsf15052/nsf15052. pdf.

续表

年份	国内	国外
2016	第四届中国机构知识库学术研讨会在重庆举办①	ACRL研究计划与评审委员会发布2016年高校图书馆主流趋势，RDS是主流趋势之一②
2017	国家自然科学基金委员会发布基础研究知识库开放获取政策实施细则；第五届中国机构知识库学术研讨会暨首届国际开放获取知识库培训班在北京举办	在线计算机图书馆中心（Online Computer Library Center, OCLC）发布《研究数据管理的现实》系列报告③；欧盟发布第三期"地平线2020"计划④
2018	国务院办公厅发布《科学数据管理办法》⑤；首届数字中国峰会在福建召开⑥；第六届中国机构知识库学术研讨会在兰州召开⑦	欧洲研究委员会和来自12个欧洲国家的主要国家研究和资助机构发起关于开放获取的S计划⑧
2019	中国科学院发布《中国科学院科学数据管理与开放共享办法（试行）》⑨；中国农业科学院印发《中国农业科学院农业科学数据管理与开放共享办法》；CODATA发布《科研数据北京宣言》⑩；第七届中国机构知识库学术研讨会在武汉召开⑪	欧盟委员会发布《欧盟开放科学云战略实施计划》⑫

① 中国科学院：《第四届中国机构知识库学术研讨会在重庆举办》，https://www.cas.cn/yx/201609/t20160929_457653.shtml，2021年11月12日。

② Acrl Research Planning and Review Committee, "2016 Top Trends in Academic Libraries: A Review of the Trends and Issues Affecting Academic Libraries in Higher Education" (November 12, 2021), https://Crln.acrl.org/ Index.php/ Crlnews/ Article/ ViewFile/9505/10797.

③ Lavoie B., "The Realities of Research Data Management: Part One Now Available!" (November 12, 2021), https://hangingtogether.org/the-realities-of-research-data-management-part-one-now-available/.

④ European Platform of Women Scientists, "Horizon 2020: Work Programme 2018 – 2020" (November 12, 2021), https://epws.org/horizon-2020-work-programme-2018-2020/.

⑤ 中华人民共和国中央人民政府：《国务院办公厅关于印发科学数据管理办法的通知》，http://www.gov.cn/zhengce/content/2018-04/02/content_5279272.htm，2021年10月28日。

⑥ 央广网：《首届数字中国建设峰会将在福州举行》，https://baijiahao.baidu.com/s? id = 1595645477266600403&wfr = spider&for = pc，2021年11月12日。

⑦ 中国科学院：《2018年第六届中国机构知识库学术研讨会通知》，https://www.cas.cn/xs/201808/t20180820_4661034.shtml，2021年11月12日。

⑧ Coalition S., "What is Coalition S?" (November 12, 2021), https://www.coalition-s.org/about/.

⑨ 中国科学院：《〈中国科学院科学数据管理与开放共享办法（试行）〉印发》，https://www.cas.cn/sygz/201902/t20190221_467991.shtml，2021年11月12日。

⑩ 中国科学院：《〈科研数据北京宣言〉正式发布》，https://www.cas.cn/yx/201911/t2019111 5_4723995.shtml，2021年11月12日。

⑪ 武汉大学图书馆新闻网：《第七届中国机构知识库学术研讨会在武汉大学图书馆成功举办》，http://gzw.lib.whu.edu.cn/pe/Article/ShowArticle.asp? ArticleID =3724，2021年11月12日。

⑫ Publication Office of the European Union, "European Open Science Cloud（EOSC）Strategic Implementation. plan" (November 12, 2021), https:// op. europa. eu/en/publication-detail/-/publication/78ae5276-ae8e-11e9-9d01-01aa75ed71a1/language-en.

年份	国内	国外
2020	第八届中国机构知识库学术研讨会在北京召开①	联合国教科文组织召集多国科学部门代表举行线上会议，开放科学议题是本次会议的焦点之一②

四　研究主题内容分析

结合关键词图谱和文献阅读结果，本书从 RDM 服务理论、科研数据管理与共享政策、科研数据管理与共享实践、科研数据管理工具与平台、RDM 服务需求与能力、数据素养研究和图书馆在 RDM 服务中的职责等方面来梳理国内 2012—2021 年 RDM 服务的相关研究论文。

（一）科研数据管理服务理论

国内 RDM 服务研究使用的理论主要有数据生命周期理论、利益相关者理论、协同理论、长尾理论和数据资产理论等，其中数据生命周期理论和利益相关者理论的应用尤为广泛。

国内数据生命周期理论研究主要关注数据生命周期阶段的划分。经典数据生命周期模型，如英国数据监管中心（Digital Curation Centre，DCC）的 DCC 数据生命周期模型、美国自然科学基金科学数据生命周期管理小组的 DataOne 数据生命周期模型、英国埃塞克斯大学的英国数据归档（UK Data Archive，UKDA）数据生命周期模型、政治与社会研究校际联盟（Inter-university Consortium for Political and Social Research，ICPSR）的社会科学数据存档生命周期模型、数据文档倡议（Data Documentation Initiative，DDI）的联合生命周期模型以及哈佛大学的科学数据生命周期管理模型等是国内学者划分数据生命周期阶段的重要基础。

---

① 中国图书馆学会专业图书馆分会：《第八届中国机构知识库学术研讨会通知》，http://www.csla.org.cn/qbweb/libweb/listmainpage/newsdetail? type = newsNotice&id = fc901a927562b2e30 1758c6ffc2f013f，2021 年 11 月 12 日。

② 央广网：《首届数字中国建设峰会将在福州举行》，https://baijiahao.baidu.com/s? id = 1595645477266600403&wfr = spider&for = pc，2021 年 11 月 12 日。

例如，丁宁等①、张洋等②就通过分析国外数生命周期管理模型，总结出科学数据生命周期的核心阶段和对应的科学数据生命周期管理阶段。综合学者的研究，数据生命周期的核心阶段主要为数据产生、数据收集、数据处理、数据分析、数据保存、数据发布与共享、数据使用与重用，相应的数据生命周期管理阶段主要为制订数据管理计划、数据收集管理、数据分析与加工管理、数据保存管理、数据共享与利用管理③。学者们还基于数据生命周期理论进行理论模型、框架和模式的构建，如魏悦等④、张宇等⑤、江洪等⑥、刘桂锋等⑦、顾立平等⑧就分别构建了政策内容、数据知识库服务、数据质量评价、数据安全内容和数据馆员工作的模型、框架或模式。

利益相关者理论来源于企业管理领域，在 RDM 服务研究中也有较好的适用性。黄如花等⑨、盛小平等⑩就分别讨论了该理论在图书馆科学数据管理服务、科学数据开放共享中的适用性。国内研究主要将该理论应用于科研数据管理和科研数据共享活动，通过厘清这些活动中的利益相关者，以及利益相关者的利益诉求和协同动力等，来为科研数据管理和

---

① 丁宁、马浩琴：《国外高校科学数据生命周期管理模型比较研究及借鉴》，《图书情报工作》2013 年第 6 期。

② 张洋、肖燕珠：《生命周期视角下〈科学数据管理办法〉解读及其启示》，《图书馆学研究》2019 年第 15 期。

③ 李菲、林橦、于金平：《生命周期范式下大学图书馆科研智库服务模式构建与应用研究》，《图书情报工作》2018 年第 24 期。

④ 魏悦、刘桂锋：《基于数据生命周期的国外高校科学数据管理与共享政策分析》，《情报杂志》2017 年第 5 期。

⑤ 张宇、刘文云：《基于数据生命周期的高校机构知识库科研数据服务研究》，《图书馆学研究》2021 年第 3 期。

⑥ 江洪、王春晓：《基于科学数据生命周期管理阶段的科学数据质量评价体系构建研究》，《图书情报工作》2020 年第 1 期。

⑦ 刘桂锋、阮冰颖、包翔：《数据生命周期视角下高校科学数据安全内容框架构建》，《情报杂志》2021 年第 2 期。

⑧ 顾立平、张潇月：《开放科学环境下数据馆员的实践探析》，《图书情报知识》2020 年第 2 期。

⑨ 黄如花、赖彤：《利益相关者视角下图书馆参与科学数据管理的分析》，《图书情报工作》2016 年第 3 期。

⑩ 盛小平、吴红：《科学数据开放共享活动中不同利益相关者动力分析》，《图书情报工作》2019 年第 17 期。

共享的发展提供建议。根据国内学者的研究，科研数据管理和共享中的利益相关者主要有图书馆、科研机构、科研人员、政府、数据中心、资助机构和出版机构等。还有学者对利益相关者进行了进一步分类，如王德庄等[①]将数据生命周期的利益相关者划分为研究参与者、数据生产者、数据提供者和数据使用者；胡佳琪等[②]将开放科学数据的利益相关者划分为社会、科研、技术、使用四类。王德庄等、胡佳琪等还对利益相关者的利益诉求进行了分析，并分别对政策的协同情况和利益主体的协同动力机制进行了调查和研究。

从学者的研究中还可以看出，利益相关者理论经常与数据生命周期理论结合使用，如秦顺[③]就从整合数据生命周期和利益相关者的视角对图书馆 RDM 服务进行研究。利益相关者的活动往往基于数据生命周期展开，数据生命周期的各个阶段又存在不同的利益相关者，所以这两个理论是相辅相成的。本书后续也将基于这两种理论展开，因此具体理论内容将在第二章理论基础部分详细介绍。

除此之外，还有一些理论也在 RDM 服务中得到了研究和应用，主要有以下四类：科研数据和科学研究特征相关理论，如长尾理论、小科学和大科学理论，这些理论通过描述科研数据和科学研究活动的特征来指导相关服务的开展；服务运行相关理论，如系统论、协同理论、信息生态学理论，这些理论常用于研究服务系统的运行和利益相关者的协同；影响因素、能力和需求相关理论，如计划行为理论、DEMATEL 模型、能力成熟度模型和数据资产框架，这些理论和模型常用于科研数据共享影响因素的研究和科研数据管理能力和需求的调查与评估；文本分析挖掘相关理论，其中扎根理论的应用尤为频繁，该理论常用于政策文本和访

---

① 王德庄、姜鑫：《科学数据开放政策与个人数据保护政策的政策协同研究——基于利益相关者理论视角》，《情报资料工作》2019 年第 3 期。

② 胡佳琪、陆颖：《开放科学数据利益主体协同机制研究》，《图书情报工作》2020 年第 21 期。

③ 秦顺：《面向一流高校建设的图书馆科研数据管理服务研究——以整合 DLC－SH 为视角》，《图书情报工作》2021 年第 4 期。

谈内容的分析。

（二）科研数据管理与共享政策

国内学者经常将数据管理政策和数据共享政策一起讨论，但管理和共享政策研究也有各自不同的特点。对于数据管理政策，学者主要从数据生命周期阶段来研究相关政策，而对于数据共享政策，学者还会更多地关注数据共享的对象、方式、时间，数据权益，数据伦理等内容。国内较多的研究关注了英国、美国、澳大利亚等国家的实践和成果，以及高校、科研资助机构、出版商和期刊等政策制定和实施主体。本书根据研究的侧重点的不同，从数据管理政策、数据共享政策、政策制定和实施三个方面对科研数据政策内容和实施相关研究进行分析。

1. 数据管理政策

在数据管理政策方面，学者主要关注的政策制定主体是高校，他们通过调查和分析高校政策，来总结和对比不同数据管理政策内容的特点和异同，进而获取完善政策内容的启示。例如，邢文明等[①]以《科学数据管理办法》（下文简称《办法》）和《促进联邦资助科研成果获取的备忘录》为例对中美科学数据政策内容进行了对比；薛秋红等[②]对比了西方30所高校的 RDM 政策要素，并将《中国科学院科学数据管理与开放共享办法（试行）》的核心要素及基本规范与国外 RDM 政策进行了比较；司莉等[③]、丁培[④]对美国、英国、澳大利亚高校的科研数据管理政策的内容要素进行了分析和对比。通过学者的研究可以发现，政策的内容要素框架是调查和分析高校政策的重要基础，主要通过 DCC 和澳大利亚国家数据共享服务（Australian National Data Service，ANDS）等机构层面和《办法》等国家层

① 邢文明、杨玲：《中美科学数据政策比较——以〈科学数据管理办法〉和〈促进联邦资助科研成果获取的备忘录〉为例》，http://kns.cnki.net/kcms/detail/44.1306.G2.20210621.1728.007.html，2021年11月9日。

② 薛秋红、徐慧芳：《西方国家科研机构科学数据管理政策要素研究》，《情报理论与实践》2021年第7期。

③ 司莉、辛娟娟：《英美高校科学数据管理与共享政策的调查分析》，《图书馆论坛》2014年第9期。

④ 丁培：《国外大学科研数据管理政策研究》，《图书馆论坛》2014年第5期。

面的指导政策提取，主要包含：一般政策，如政策目标、术语定义、适用范围、角色和责任；数据管理，如数据管理计划要求、元数据标准、数据保存规范和保留期限、数据访问、数据转移、数据删除和销毁；数据安全，如数据隐私、数据所有权和知识产权。其中，与科研数据管理具体环节相关的内容是科研数据管理政策的主体[①]。除了对政策整体内容的分析，还有学者着重对科研数据管理政策中与数据保存相关的内容进行了研究。例如，王琼等[②]、周晓燕等[③]分别对英国和澳大利亚高校的科研数据保存政策进行了调研和分析。

2. 数据共享政策

在数据共享政策方面，学者主要关注的政策制定主体是科研资助机构、出版商和期刊。与科研数据管理政策的研究方法相似，学者主要采用政策观测的方式设置政策观测重点，得到政策文本分析的内容框架，从而对不同政策进行分析和对比。从政策制定主体来看，数据共享政策研究主要可以分为两类：第一大类是科研资助机构数据开放共享政策，如张瑶等[④]基于研究框架，从科研数据存储政策、质量监管政策和传播政策等方面对英国和美国共 12 个主要科研资助机构的数据开放共享政策进行了论述。第二大类是数据出版政策，如王丹丹等[⑤]对学术出版机构 Springer Nature 的科研数据政策标准框架进行了研究，并对 Springer Nature 提供的

① 邢文明、杨玲：《中美科学数据政策比较——以〈科学数据管理办法〉和〈促进联邦资助科研成果获取的备忘录〉为例》，http://kns.cnki.net/kcms/detail/44.1306.G2.20210621.1728.007.html，2021 年 11 月 9 日。薛秋红、徐慧芳：《西方国家科研机构科学数据管理政策要素研究》，《情报理论与实践》2021 年第 7 期。司莉、辛娟娟：《英美高校科学数据管理与共享政策的调查分析》，《图书馆论坛》2014 年第 9 期。
② 王琼、曹冉：《英国高校科研数据保存政策调查与分析》，《中国图书馆学报》2016 年第 5 期。
③ 周晓燕、宰冰欣：《澳大利亚高校科研数据保存政策分析》，《图书情报知识》2016 年第 2 期。
④ 张瑶、顾立平、杨云秀等：《国外科研资助机构数据政策的调研与分析——以英美研究理事会为例》，《图书情报工作》2015 年第 6 期。
⑤ 王丹丹、刘清华、葛力云：《Springer Nature 科研数据政策标准化工作实践及启示》，《图书情报工作》2020 年第 18 期。

数据可用性声明的示例进行了介绍；吴蓉等①从数据提交规范、数据审查及存储方式、数据权益管理等方面对学术期刊 PLoS 的科研数据政策进行了研究。

　　从政策内容要素来看，相较数据管理政策，数据共享政策研究更多地关注了以下四个方面：数据伦理，如刘金亚等②构建了数据伦理框架，来帮助科研人员在开放科研数据环境下克服数据伦理障碍；数据权益，如李秋月等③从权益主体、权益分配机制、救济途径及安全与质量保证等方面对我国数据共享法规或政策进行了分析；数据安全，如宋筱璇等④对科研机构的数据安全管理政策进行了调研；黄国彬等⑤对英、澳的科研资助机构和科研机构的科学数据隐私保护政策进行了梳理和对比；数据共享和重用的规范，如姜鑫⑥、黄国彬等⑦、温芳芳⑧归纳的政策要素中都包含数据共享的时间和方式。

　　3. 政策制定和实施

　　在政策制定和实施方面，学者还对科研数据管理和共享政策的制定流程、实施策略等进行了分析。如周晓燕等⑨依据对科学管理数据政策的要

---

　　① 吴蓉、顾立平、刘晶晶：《国外学术期刊数据政策的调研与分析》，《图书情报工作》2015年第 7 期。

　　② 刘金亚、顾立平、张潇月等：《开放科研数据环境下科研人员的数据伦理框架研究》，《情报理论与实践》2021 年第 2 期。

　　③ 李秋月、何祎雯：《我国科学数据权益保护问题及对策——基于共享政策的文本分析》，《图书馆》2018 年第 1 期。

　　④ 宋筱璇、王延飞、钟灿涛：《国内外科研数据安全管理政策比较研究》，《情报理论与实践》2016 年第 11 期。

　　⑤ 黄国彬、刘馨然、张莎莎：《英澳科学数据共享过程中个人隐私保护政策研究》，《图书情报知识》2017 年第 6 期。

　　⑥ 姜鑫：《国外资助机构科学数据开放共享政策研究——基于 NVivo 12 的政策文本分析》，《现代情报》2020 年第 8 期。

　　⑦ 黄国彬、屈亚杰：《英国科研资助机构的科学数据共享政策调研》，《图书馆论坛》2017年第 5 期。

　　⑧ 温芳芳：《国外科学数据开放共享政策研究》，《图书馆学研究》2017 年第 9 期。

　　⑨ 周晓燕、宰冰欣：《澳大利亚高校科研数据管理政策制定研究》，《图书馆建设》2017 年第 2 期。

素调研及分析，提出科学数据管理政策文件的制定流程；刘桂锋等①使用史密斯过程模型对伊利诺伊大学数据银行政策执行的可行性与有效性进行了验证，并为我国高校科研数据管理政策制定和执行提出了建议。《办法》的完善和实施受到了许多学者的关注，如李洋等②基于对《办法》的落实情况和影响因素的分析，提出落实《办法》的推进策略；盛小平等③对利益相关者在制定和实施国际组织数据开放共享政策中的责任与作用进行了研究，以为我国完善《办法》和实施科学数据开放共享提供参考。

（三）科研数据管理与共享实践

国内学者对科研数据管理与共享的实践进行了广泛研究，英国、美国、德国、澳大利亚、荷兰和新加坡等国的实践依旧是他们研究的重点。学者不仅通过分析实践成果总结经验，还构建模式和框架来为实践提供指导。下文从高校科研管理服务案例、模式和框架的理论构建、影响因素和机制研究、开放获取四个方面对科研数据管理与共享实践研究进行分析。

1. 高校科研数据管理服务案例

RDM 服务研究主要关注高校实践，学者从服务人员、服务方式、服务内容、服务平台和服务工具等方面对高校案例进行了研究。例如，陈丽君④对约翰·霍普金斯大学科学数据管理服务的内容与实践情况进行了分析，并从平台研发、部门支持、服务内容制定、机构生态系统构建等方面总结了启示；陈媛媛等⑤对纽约大学的"Studio"科研数据服务模型和模型应用案

---

① 刘桂锋、魏悦、钱锦琳：《高校科研数据管理与共享政策的案例与执行模型研究》，《图书馆论坛》2018 年第 11 期。

② 李洋、温亮明：《〈科学数据管理办法〉落实现状、影响因素及推进策略研究》，《图书情报工作》2021 年第 2 期。

③ 盛小平、王毅：《利益相关者在科学数据开放共享中的责任与作用——基于国际组织科学数据开放共享政策的分析》，《图书情报工作》2019 年第 17 期。

④ 陈丽君：《约翰·霍普金斯大学科学数据管理服务实践与启示》，《现代情报》2016 年第 4 期。

⑤ 陈媛媛、柯平：《大学图书馆科研数据服务模型研究》，《情报理论与实践》2018 年第 5 期。

例进行了研究，指出该模型强调了资源、人员和空间的三位一体；崔涛
等①从教育类、专业类和策管类三个角度对比分析了国外 4 所大学 RDM 服
务的内容与特征；王利君等②从服务主体、服务人员、服务方式、服务内
容、政策和用户培训方面分析了英国"常春藤联盟"24 所院校图书馆的
RDM 服务现状。综合学者的研究，服务内容是高校 RDM 服务研究关注的
重点，主要涉及数据管理计划、数据组织、数据存储与共享、数据引用，
以及其他咨询培训和案例参考服务等。资源、人员、政策为这些服务内容
的实现提供支持。

2. 模式和框架的理论构建

模式和框架的理论构建主要关注高校 RDM 服务领域，如尹春晓③基于
对英国、美国、澳大利亚高校科学数据管理服务的调研，构建了高校科学
数据管理嵌入式服务模式；刘琼等④在调研国内外高校图书馆实践基础上，
结合信息生态学理论构建了高校图书馆数据管理计划服务的框架体系。还
有学者关注了其他科研机构和期刊等主体的 RDM 服务，如江洪等⑤在调研
国外 15 家期刊的基础上，提出了期刊科学数据管理框架；金贞燕等⑥基于
数据生命周期理论，分析了国际上 5 家数据管理运营机构的 RDM 服务内
容和构成要素，并构建了 RDM 服务内容体系模型。程结晶等⑦、吴云峰⑧
还分别从数据融合和耗散结构理论角度对科研数据管理的理论模型及其运

① 崔涛、李青、胡杨等：《国外大学图书馆科研数据管理服务现状调查分析》，《情报杂志》2019 年第 5 期。
② 王利君、吴淑芬、杨友清：《英国"常春藤联盟"高校图书馆科研数据管理服务实践与启示》，《图书馆学研究》2019 年第 16 期。
③ 尹春晓：《高校科学数据管理嵌入式服务模式探索》，《情报资料工作》2017 年第 2 期。
④ 刘琼、刘桂锋：《高校图书馆科学数据管理计划服务框架构建与解析》，《国家图书馆学刊》2019 年第 4 期。
⑤ 江洪、刘敬仪：《国外期刊科学数据管理调查与分析》，《图书情报工作》2019 年第 9 期。
⑥ 金贞燕、阿童木：《科研数据管理服务内容体系构建研究》，《情报理论与实践》2021 年第 8 期。
⑦ 程结晶、刘佳美、杨起虹：《基于耗散结构理论的科研数据管理系统概念模型及运行策略》，《现代情报》2018 年第 1 期。
⑧ 吴云峰：《多维数据融合的高校科研数据管理模型构建与运行保障研究》，《情报科学》2020 年第 12 期。

行进行了研究。综合学者的研究，模式和框架构建需要实际与理论相结合，服务流程、服务内容、服务支撑是 RDM 服务模型和框架需要界定的要素。

3. 影响因素和机制研究

了解科研数据管理与共享的影响因素，对开展科研数据管理和共享有重要的推动作用。学者主要从科研人员的视角，用实证研究和质性研究方法对数据管理和共享的影响因素进行识别，如刘桂锋等[1]通过实证研究发现高校科研人员数据开放的影响因素，并在此基础上提出了高校科研数据开放的机理模型；孙晓燕等[2]基于计划行为理论，对科研人员数据共享的因素进行了分析。机制研究则主要从服务提供主体的视角出发，在影响因素分析和模式构建等研究的基础上进行，如李成赞等[3]从科学大数据开放共享案例中提炼出五种典型的开放共享模式，并在此基础上探讨了数据开放共享的激励、评价和传播机制；崔涛等[4]在调研国外 4 所高校图书馆 RDM 服务的基础上，对内外部激励因素进行总结归纳，从而对国外高校图书馆 RDM 服务开发和实施的激励机制进行分析。综合学者的研究，科研数据管理与共享的影响因素主要分为内部和外部两方面，内部因素主要有科研人员需求、服务提供主体的资源和能力等，外部因素主要有政策法规的要求等，机制研究则是进一步探究这些影响因素如何作用于管理和共享活动，以及这些影响因素之间的关系。

4. 开放获取

开放获取研究主要关注数据出版和欧盟开放获取实践。在数据出版方

---

① 刘桂锋、濮静蓉、苏文成：《高校科研人员科研数据开放的影响因素与机理研究》，《图书馆学研究》2019 年第 22 期。

② 孙晓燕、李希彬、王文玫等：《面向科研人员的科学数据共享影响因素的调查分析——基于计划行为理论》，《图书馆学研究》2019 年第 5 期。

③ 李成赞、张丽丽、侯艳飞等：《科学大数据开放共享：模式与机制》，《情报理论与实践》2017 年第 11 期。

④ 崔涛、姜春燕、李青等：《国外高校图书馆科研数据管理服务激励机制研究》，《情报杂志》2020 年第 1 期。

面，学者主要研究了数据出版模式和数据出版中的质量控制，如梁子裕①分析评价了国外具有代表性的三种数据出版模式；王丹丹②、涂志芳等③对数据出版过程中的质量控制进行了研究。在欧盟开放获取实践方面，学者主要关注了协会报告，以及开放获取项目和计划等，如张亚姝④、徐路等⑤分别对欧洲研究型图书馆协会 2018—2019 年度报告和 2018—2022 发展战略报告进行了解读；孙茜⑥对欧洲开放获取项目 OpenAIRE 进行了研究；张玉娥等⑦对"欧盟地平线 2020"计划及其科研数据管理与开放获取政策进行了梳理。

（四）科研数据管理工具与平台

国内学者围绕科研数据管理的工具与平台进行了大量研究。学者主要通过分析国内外的科研数据管理产品和实践成果，来为未来的设施建设和服务开展提供启示。下文从技术和工具、数据管理平台建设两方面对科研数据管理工具与平台的研究进行分析。

1. 技术和工具

数据管理与共享工具的研究主要有两类：一是对数据生命周期各阶段工具的综合研究，如张春芳等⑧从生命周期不同阶段的角度对科研数据监管工具进行了调研分析。二是针对数据管理计划（Data Management Plan，DMP）工具的研究。DMP 是许多国外科研资助机构对科研人员的要求，也是科研人

---

① 梁子裕：《国外科研数据出版模式研究》，《出版发行研究》2017 年第 3 期。

② 王丹丹：《科学数据出版过程中的数据质量控制》，《图书情报工作》2015 年第 23 期。

③ 涂志芳、刘兹恒：《国外数据知识库模式的数据出版质量控制实践研究》，《图书馆建设》2018 年第 3 期。

④ 张亚姝：《图书馆推进开放科学的策略与实践——〈欧洲研究型图书馆协会 2018—2019 年度报告〉解读》，《图书与情报》2019 年第 4 期。

⑤ 徐路、姜晔、黄静：《数字时代研究型图书馆如何赋能知识可持续发展？——"LIBER 2018—2022 发展战略"解读》，《图书馆论坛》2018 年第 1 期。

⑥ 孙茜：《欧洲科研开放获取基础设施项目 OpenAIRE 的建设与启示》，《图书情报工作》2019 年第 3 期。

⑦ 张玉娥、王永珍：《欧盟科研数据管理与开放获取政策及其启示——以"欧盟地平线 2020"计划为例》，《图书情报工作》2017 年第 13 期。

⑧ 张春芳、卫军朝：《生命周期视角下的科学数据监管工具研究及启示》，《情报资料工作》2015 年第 5 期。

员规划科研数据管理的重要环节。王丹丹[1]归纳总结了数据管理计划对图书馆推进科学数据管理服务的价值；杨淑娟等[2]通过分析英美国家基金项目数据管理计划，来为图书馆员和研究图书馆的服务提供启示。DMP 的重要性使得 DMP 工具受到了学者的重点关注，如王凯等[3]从开发路线、服务方式和提供建议的来源等方面对 DMPOnline 和 DMPTool 两种 DMP 工具进行了比较分析；黄国彬等[4]对 DMPTool 的服务体系进行了剖析。一些学者还研究了信息技术在科研数据管理中的应用，如吴振新等[5]介绍了三个应用云技术的科研数据管理项目，并总结和分析了研究数据管理项目应用云计算技术的特点；师衍辉等[6]研究了区块链技术在机构知识库数据监管中的应用。

2. 数据管理平台建设

数据管理平台是 RDM 服务的重要基础设施，其建设方式主要有自主开发、购买商业软件和开源软件二次开发三种。机构知识库，又称机构仓储，是受到关注最多的一类数据管理平台。国外的数据管理平台建设较为领先，在资金支持和机构合作等方面相较国内有明显的优势。主流的数据平台软件都是由国外开发，如 Dspace、Dataverse 和 Fedora 等。数据管理平台在建设时还会利用数据分析软件，如 SDA、BLAST 等来开发功能模块[7][8]。学者主

① 王丹丹：《数据管理计划在图书馆科学数据管理服务中的应用》，《图书情报工作》2018年第 1 期。
② 杨淑娟、陈家翠：《研究成果传播与共享——英美国家基金项目数据管理计划概述》，《情报杂志》2012 年第 12 期。
③ 王凯、彭洁、屈宝强：《国外数据管理计划服务工具的对比研究》，《情报杂志》2014 年第 12 期。
④ 黄国彬、邸弘阳、张莎莎等：《数据管理计划工具 DMPTool 的服务体系剖析》，《图书情报工作》2018 年第 4 期。
⑤ 吴振新、刘晓敏：《云计算在研究数据管理中的应用研究分析》，《图书馆杂志》2014 年第 1 期。
⑥ 师衍辉、韩牧哲、刘桂锋：《融合区块链技术的机构知识库科学数据监护模型研究》，《现代情报》2020 年第 1 期。
⑦ 张计龙、殷沈琴、张用等：《社会科学数据的共享与服务——以复旦大学社会科学数据共享平台为例》，《大学图书馆学报》2015 年第 1 期。
⑧ 洪正国、项英：《基于 Dspace 构建高校科学数据管理平台——以蝎物种与毒素数据库为例》，《图书情报工作》2013 年第 6 期。

要关注数据平台的设计和实施，并对国内外的数据平台进行对比，以总结数据平台建设方面的经验，主要的研究内容有：

数据管理平台建设实践。基于开源软件开发的复旦大学社会科学数据共享平台、武汉大学科学数据管理平台和北京大学开放研究数据平台是国内高校数据管理平台的重要实践，是数据管理平台建设实践研究的重点。学者从平台定位、合作机制、系统选型、元数据方案、唯一标识符方案、本地化配置、用户评价和反馈等方面对这些数据管理平台的设计和建设进行了研究，如朱玲等、刘霞等分别对北京大学开放研究数据平台和武汉大学图书馆科学数据管理平台的建设进行了分析。从平台所管理数据的类型来看，社会科学数据平台的建设受到了较多关注，如王丹丹等[①]对德国社会科学数据管理与服务平台进行了研究；刘澈等[②]基于对中外高校图书馆社科数据服务的调查，为我国 RDM 服务的资源和平台建设等提出了建议。

数据管理平台的对比和评价。由于国外平台更为丰富、建设更为成熟，所以是对比和评价研究关注的重点。美国康奈尔大学 DataStaR 平台、美国约翰霍普金斯大学 Data Conservancy 平台和英国 UKDA 数据存档库等高校数据管理平台受到了较多研究。学者常从元数据支持、互操作性和关键功能等维度对数据管理平台进行评价，如祝凤云[③]从体系架构、元数据支持、互操作性、检索机制和采用情况等方面对目前主流的数据管理平台和部分典型数据登台平台进行了评价和比较。还有许多学者将国内和国外平台进行了对比，如卫军朝等[④]对国内外科学数据管理平台在科研活动前期、中期、后期的管理功能进行了比较。

机构知识库的整体情况调研。许多学者从系统平台、数据来源与服务

① 王丹丹、任婧媛、吴思洁：《社会科学数据管理与服务平台研究——德国的经验》，《现代情报》2020 年第 11 期。

② 刘澈、李桂华：《中外高校图书馆社科数据服务比较》，《图书馆论坛》2016 年第 6 期。

③ 祝凤云：《基于利益相关者视角的研究数据管理平台比较研究》，《图书馆学研究》2020 年第 9 期。

④ 卫军朝、张春芳：《国内外科学数据管理平台比较研究》，《图书情报知识》2017 年第 5 期。

对象、经费来源、平台功能等维度对在 re3data 中注册的机构知识库进行调研，如王辉等[①]基于 re3data 元数据对科研数据仓储进行分析。也有学者将是否注册作为数据平台的一个分类维度，如崔旭等[②]将国内数据平台分成在 re3data 上注册和未在 re3data 上注册两大类，并分别进行了调研。

机构知识库联盟。国外的平台合作建设较为常见，建立了许多知识库联盟。学者对知识库联盟的需求、风险、机制等进行了研究，如司莉等[③]从政策、需求、管理和技术四个方面对机构科研数据知识库联盟创建的动因进行了分析。

（五）科研数据管理服务需求与能力

RDM 服务需求与能力的评估是开展 RDM 服务的重要基础，其作用是了解需求和能力的现状，并发现采取服务的意识和开展服务的能力等方面的不足，以制定和实施应对措施。下文从需求与能力两方面对相关研究进行分析。

1. 需求研究

学者主要从需求识别方法和需求评估模型两个角度来研究 RDM 服务需求。需求识别的方法主要有：内容分析挖掘、结构化和半结构化访谈、问卷调查。需求评估模型主要有：数据资产框架（Data Asset Framework，DAF）、数据管理纲要（Data Curation Profiles，DCP）、科研数据基础设施和目标协同评估（Collaborative Assessment of Research Data Infrastructure and Objectives，CARDIO）、社群能力模型框架及纲要工具（Community Capability Model Framework & Profile Tool，CCMF & PT）。学者对需求识别方法和需求评估模型进行了介绍、对比和应用，例如：王丹丹[④]对三种用户需求识别方法进行

---

① 王辉、Michael W.：《基于 re3data 的科研数据仓储全景分析》，《图书情报工作》2017 年第 22 期。

② 崔旭、赵希梅、王铮等：《我国科学数据管理平台建设成就、缺失、对策及趋势分析——基于国内外比较视角》，《图书情报工作》2019 年第 9 期。

③ 司莉、曾粤亮：《机构科研数据知识库联盟创建的动因与条件》，《图书馆论坛》2018 年第 8 期。

④ 王丹丹：《科学数据管理服务需求识别方法研究》，《大学图书馆学报》2018 年第 1 期。

了介绍和对比，并以新加坡南洋理工大学为例，总结了图书馆开展 RDM 服务用户需求识别的经验；刘金亚等①采用半结构化访谈对研究生进行调查，并通过扎根理论对访谈结果进行了分析，构建了科研人员数据管理服务需求影响因素分析模型；张萍等②对英美高校常用科研数据管理需求的评估方法进行了介绍和对比；蔚海燕等③参考 DAF 模型对上海大学研究数据管理需求进行了评估。

2. 能力研究

RDM 服务能力研究主要基于评估模型展开，能力成熟度模型（Capability Maturity Model，CMM）以及以 CMM 为基础的一系列数据管理成熟度模型是 RDM 服务能力评估研究和应用的主要模型。有学者将多个或单个模型进行了对比、介绍或应用，例如：叶兰④分析与比较了企业界及图书馆的 7 个数据管理能力成熟度模型；周雷等⑤介绍了德国 RISE‒DE 可验收管理服务自评估模型。也有学者基于已有模型进行了新模型的构建并提出评估维度，例如：党洪莉等⑥在综合现有能力成熟度模型的基础上，提出适用于我国图书馆领域的数据管理能力成熟度模型框架；陈媛媛⑦基于科研数据管理能力成熟度模型，提出能力维度和相应的能力评价指标维度。

（六）数据素养的相关研究

随着数据素养（data literacy）在科研服务提供、科研活动以及日常生活中越来越重要，数据素养教育也逐渐成为一项重要的 RDM 服务。下文从数据素养的内涵、数据素养能力的构成和评价、数据素养教育实践和模

---

① 刘金亚、顾立平：《图书馆数据管理服务设计——基于中国科学院大学研究生的调查》，《图书馆学研究》2020 年第 18 期。

② 张萍、周晓英：《高校科研数据管理的需求评估方法研究》，《情报杂志》2015 年第 11 期。

③ 蔚海燕、卫军朝、张春芳：《高校研究数据管理需求调查实践与探索——以上海大学为例》，《图书情报工作》2016 年第 2 期。

④ 叶兰：《数据管理能力成熟度模型比较研究与启示》，《图书情报工作》2020 年第 13 期。

⑤ 周雷、刘利永：《德国 RISE‒DE 科研数据管理服务自评估模型的研究》，《图书馆学研究》2019 年第 21 期。

⑥ 党洪莉、谭海兵：《基于 DMM 的数据管理成熟度模型及在服务评估中的应用》，《现代情报》2017 年第 9 期。

⑦ 陈媛媛：《高校科研数据管理服务能力研究》，《情报杂志》2020 年第 6 期。

式三方面对数据素养研究进行分析。

1. 数据素养概念研究

目前，数据素养还没有统一的定义，学者主要通过三种方法来分析数据素养的定义或内涵：通过信息素养理解数据素养的内涵，如秦小燕等[①]将信息素养理论作为理解科学数据素养内涵的理论基础；利用其他的概念来表征数据素养，如郝媛玲等[②]认为数据素养是统计素养和信息素养的延伸和扩展；通过前人观点来总结数据素养的定义或内涵，如张群等[③]对国内外学者对数据素养的概念及内涵进行了梳理和归纳，认为学者主要从数据管理、应用两个维度对数据素养进行定义。不同学者对数据素养内涵的表述存在差异，但基本涵盖了数据意识、数据能力和数据伦理三部分。

2. 数据素养能力构成和评价

学者主要通过文献调研法和问卷调查法对数据素养能力的构成和评价指标进行分析，例如：秦小燕等[④]从 34 篇国外数据素养能力研究的相关文献中提取了 24 项能力要素，并基于能力要素设计了访谈提纲，来调查我国科研人员科学数据素养现状；王维佳等[⑤]通过对问卷调查结果进行因子分析，来分析科研人员数据素养能力的构成。基于数据素养的内涵和数据生命周期理论，学者将数据素养能力主要划分成了数据意识、数据生产与发现、数据分析与处理、数据描述与保存、数据伦理与道德等维度[⑥][⑦]。大部

① 秦小燕、初景利：《科学数据素养内涵结构研究》，《图书情报工作》2019 年第 18 期。

② 郝媛玲、沈婷婷：《数据素养及其培养机制的构建与策略思考》，《情报理论与实践》2016 年第 1 期。

③ 张群、刘玉敏：《面向研究生的高校图书馆科学数据素养教育研究》，《大学图书馆学报》2017 年第 3 期。

④ 秦小燕、初景利：《面向我国科研人员的科学数据素养能力评价研究》，《情报理论与实践》2020 年第 2 期。

⑤ 王维佳、曹树金、廖昀赟：《数据素养能力评价与大学图书馆数据素养教育的思考》，《图书馆杂志》2016 年第 8 期。

⑥ 隆茜：《数据素养能力指标体系构建及高校师生数据素养能力现状调查与分析》，《图书馆》2015 年第 12 期。

⑦ 杜杏叶、李贺、李卓卓：《面向知识创新的科研团队数据能力模型构建研究》，《图书情报工作》2018 年第 4 期。

分评价指标主要针对的是个体研究人员如研究生、教师和图书馆员，但也有学者对科研团队的数据能力进行了研究，如杜杏叶等聚焦科研团队的数据能力构成，并研究了这些能力如何影响知识创新。

3. 数据素养教育的相关研究

数据素养教育关注的主要对象为科研人员和图书馆员。学者在分析数据素养内涵和要素的基础上，从教学对象、教学方法与途径、教学内容等方面，对国内外高校图书馆数据素养教育的实践进行调查，其中，国外高校图书馆的实践是关注的重点，如普渡大学等 4 所大学图书馆联合实施的数据信息素养教育项目、爱丁堡大学图书馆的 MANTAR 教育项目和剑桥大学图书馆的数据素养教育，这些实践大部分是先在调查研究生和科研人员等教育对象需求的基础上，构建数据教育的能力框架或课程内容，再根据学科和需求的差异，为研究生和研究人员提供普适性和针对性的数据素养教育，并对教育效果进行评估。基于这些调查，学者从形式、内容、教育对象和学科等方面分析了不同实践的特点，并对数据素养教育的模式进行了总结，如蔡洪齐[①]调研了 3 所高校的案例，认为面向学科的高校图书馆数据素养教育可分为数据管理导航、理论课程教育和专项素养教育三类模式。学者根据国外图书馆实践的经验，为我国科研人员数据素养教育提出了建议，如加强数据素养教育意识、教育方式多样化、提供针对性培训和重视教学评估等[②③]。学者还结合国内外高校数据素养教育实践的现状，对数据素养教育的机制进行研究，例如：徐刘靖等[④]分别从高校图书馆、图书馆学会和图书情报学院三个层面建立相应的图书馆员数据素养培养机

---

① 蔡洪齐：《面向学科的高校图书馆数据素养教育研究》，《图书与情报》2016 年第 3 期。

② 张新红：《国内外高校图书馆科学数据素养教育比较分析》，《图书馆学研究》2018 年第 11 期。

③ 胡卉、吴鸣：《国外图书馆数据素养教育最佳实践研究与启示》，《现代情报》2016 年第 8 期。

④ 徐刘靖、沈婷婷：《高校图书馆员数据素养内涵及培养机制研究》，《图书馆建设》2016 年第 5 期。

制；郝媛玲等①从国家、社会和学校三个层面建立相应的数据素养培养机制。

（七）图书馆在科研数据管理服务中的职责

通过对以上研究内容的梳理可以发现，图书馆是 RDM 服务重点关注的服务提供主体。一方面，图书馆具有社会文献信息管理、社会教育等职能，长期进行文献资源建设和用户服务等业务工作，具备提供 RDM 服务的天然优势。另一方面，为了满足 RDM 服务的需求，图书馆推动传统的文献服务向数据服务转型，以提升自身服务能力，促进图书馆可持续发展。这使得图书馆处在了 RDM 服务的核心位置。所以，许多学者对图书馆在 RDM 服务中的角色和责任，以及图书馆如何通过数据馆员实施 RDM 服务进行了研究。

1. 图书馆的角色和责任

国内研究主要从数据生命周期的视角来探讨图书馆在科研数据管理和服务中扮演的角色，分析图书馆在目前和未来可以承担的工作。例如：尹春晓等②结合传统图书馆学理论、数据生命周期理论以及学术交流系统理论，对研究型图书馆在科学数据管理中的角色进行了探讨；樊俊豪③在探讨科学数据管理利益相关者的基础上，分析了科学数据管理中图书馆的角色定位；张俊等④在分析国内外图书馆开放科学实践的基础上，分析了开放科学环境下高校图书馆的角色定位和服务转变；刘晓慧等⑤在分析学术图书馆参与数据引用的优势和实践情况的基础上，分析了学术图书馆在推动数据引用中扮演的角色。综合学者的研究，图书馆，尤其是高校图书馆

① 郝媛玲、沈婷婷：《数据素养及其培养机制的构建与策略思考》，《情报理论与实践》2016年第1期。

② 尹春晓、鄢小燕：《研究型图书馆在科学数据管理中的角色问题研究》，《图书馆学研究》2014年第15期。

③ 樊俊豪：《图书馆在科学数据管理中的角色定位研究》，《图书情报工作》2014年第6期。

④ 张俊、谢冰冰：《开放科学环境下的高校图书馆科研角色与服务》，《图书馆论坛》2021年第7期。

⑤ 刘晓慧、刘兹恒：《学术图书馆推动数据引用的角色分析》，《图书与情报》2018年第5期。

在科研数据生命周期中的参与非常广泛，他们通过开展科研数据素养教育、制定政策规范、建设平台等活动来推动服务的进行，是 RDM 服务的宣传者、规范者、组织者和实施者。

2. 数据馆员

数据馆员是实施数据监管服务，帮助科研人员进行数据长期保存和重用等活动的重要人员，这一角色最早出现在国外，以普渡大学、康奈尔大学等为代表的高校已经进行了长期实践。虽然国内实践仍在起步阶段，但许多高校，如北京大学、复旦大学等已经意识到数据馆员的重要性，开始设置数据馆员或推动现有图书馆员的转型。国内研究主要通过分析招聘信息和高校实践案例，来总结数据馆员的岗位设置、岗位职责、胜任能力，以及数据馆员的组织、教育和培训等内容，并基于数据生命周期和科研周期等视角，对数据馆员的服务内容进行划分，为我国数据馆员的发展提供建议，例如：蔚海燕等[1]通过 IASSIST 网站中的招聘信息和美国图书馆协会职位列表 ALA JobList，对数据馆员的类型、专业和学历要求、知识和技能要求等进行分析，并基于数据馆员参与的数据生命周期阶段来分析其服务内容；许鑫等[2]结合常春藤联盟 8 所高校案例和 ALA JobList 的招聘信息，对数据馆员的岗位信息和实践情况进行总结和分析，并提出了我国高校图书馆数据馆员发展策略。一些学者还在研究中分析了开展数据馆员服务的背景，如左志林[3]、蒋丽丽等[4]都分析了研究人员对 RDM 服务的需求和图书馆开展 RDM 服务的优势。除了岗位信息，学者还着重关注了数据馆员在嵌入式服务中的参与，如徐菲等[5]基于康奈尔大学对科研生命周期阶段

① 蔚海燕、范心怡：《研究型图书馆数据馆员能力需求及服务内容研究》，《图书馆》2019年第 4 期。

② 许鑫、张月：《数据时代图书馆员角色的转变——数据馆员的兴起》，《图书情报工作》2021 年第 7 期。

③ 左志林：《我国高校图书馆数据馆员研究》，《图书馆建设》2020 年第 1 期。

④ 蒋丽丽、陈幼华、陈琛：《国外高校图书馆数据馆员服务模式研究》，《图书情报工作》2015 年第 17 期。

⑤ 徐菲、王军、曹均等：《康奈尔大学嵌入式科研数据管理服务探析》，《图书馆建设》2015年第 12 期。

的划分，分析了数据馆员的嵌入式服务模式。

五 国内研究述评

近十年，国内学者对 RDM 服务开展了广泛研究，积累了一定的研究成果。在理论研究方面，国内学者主要基于数据生命周期理论和利益相关者理论来构建针对不同层次和环节的活动，如数据政策内容、数据管理、数据共享、数据质量监控的理论模式或框架。在实践研究方面，国内学者主要关注国外高校和科研机构在科研数据管理和共享方面的实践经验，如基础设施建设、数据管理服务模式、数据管理需求评估、高校图书馆数据馆员岗位设置等。但 RDM 服务在国内仍是一个比较年轻的研究领域，许多核心概念还没有统一的翻译和界定，有较多研究是关于案例调查，但并没有很强的理论基础，存在实践先于理论的情况。下文将对国内 RDM 服务研究的特点和问题进行进一步分析，并为未来研究提出一些建议。

（一）概念界定层面

在概念界定层面，国内 RDM 服务研究主要有以下两个特点：（1）大部分核心概念由国外提出，学者对概念理解的差异，使得同一概念可能有多种翻译，如数据监管又称数据监护、数据管护和数据策管等，这给后续研究者全面了解该领域的研究情况造成了一定的阻力。（2）由于没有对概念的内涵和外延进行清晰的界定，随着研究数量增长，许多概念出现泛化的情况，如从整体上看，科研数据监管在研究中涉及的范围越来越广，与科研数据管理的研究内容差别并不明显，这在一定程度上不利于研究的细化和深入。

在未来，学者应加强对概念的界定和辨析，选择与自身研究侧重点更为合适的概念翻译，避免概念的混淆和泛化，这不仅有利于研究的继承和深入，也有助于研究视角的拓展。例如，数据治理、数据管理和数据监管都是 RDM 服务研究中的重要概念，三者的研究内容有大量的交叉和重合，但侧重的管理层次和范围也存在差异，所以对三者的概念进行区分，能让学者更好地界定研究内容并从不同概念的角度对研究对象进行分析，这在一定程度上有助于拓展研究视角，从而使研究更为丰富和全面。

（二）研究方法层面

在研究方法层面，国内 RDM 服务研究主要有以下两个特点：（1）以案例研究、文献调研和网络调查为主。由于国外实践较为领先，国内大量研究仍在调研和学习国外案例的阶段，实证研究较少。（2）大部分实证研究来自数据管理需求和数据共享影响因素的研究。这些研究主要采用问卷调查和访谈法，并以高校师生为样本，能够接触到的利益相关者的类型比较有限。

RDM 服务是一项动态、复杂的活动，需要财力、人力、物力等要素的支持，实证研究可以从更科学的角度对这项活动运行的本质进行探究。由于国内 RDM 服务实践仍在起步阶段，这使得实证研究数据的采集存在一定困难。但是随着国内高校实践经验的逐渐丰富、数据政策逐步制定和科研人员的科研数据管理意识的加强，研究人员获取有效的一手数据的难度会有所减少。在未来，学者可以更多使用实证研究的方法，通过调查、观察和实验等方法获取更加全面的数据，以更科学地分析 RDM 服务活动的规律。

（三）理论研究与运用层面

在理论研究和运用层面，国内 RDM 服务研究主要有以下两个特点：（1）理论主要来自管理学领域，最为核心的理论是数据生命周期理论。整体来看，科研数据管理服务的理论研究主要是关于理论框架的构建，理论的研究并不深入，并没有形成理论体系。（2）研究的理论支撑较少，但理论应用有丰富的趋势。虽然 RDM 服务存在实践先于理论的情况，但越来越多的学者开始运用其他领域或学科，如哲学、物理学理论来为研究提供支撑，并从更加系统的视角进行了研究。

理论基础薄弱会导致研究的科学性、创新性和系统性受到影响，但目前国内还有较多研究仅是简单使用数据生命周期模型或利益相关者理论，并不能很好地对 RDM 服务进行一个全面、深入的研究。在未来，学者应该加强对理论的研究和运用，一是要对本领域常用理论如数据生命周期和利益相关者理论进行更深入的研究，加强理论的结合，使其能更好地应用于 RDM 服务研究；二是继续加强新理论的运用，如开展跨学科研究，结合更多其他学科和领域的理论，以拓宽研究视角，并加强研究的系统性。

（四）研究内容层面

在研究内容层面，国内 RDM 服务研究主要有以下几个特点：（1）研究主要围绕数据管理和数据共享展开。数据管理和共享是 RDM 服务的核心内容，两者研究内容交叉较多。（2）最多关注的实践主体是高校图书馆。高校图书馆是 RDM 服务的主要实践阵地，已经形成一定规模的实践成果，其实践经验和未来发展受到了重点关注。（3）关于基础设施的研究较多。国内 RDM 服务仍在起步阶段，基础设施在支撑服务发展方面发挥着重要作用，是学者们关注的重点。（4）案例研究重复较多。一些权威组织和知名高校的案例被反复研究，虽然这些研究可能使用了不同的概念和名称翻译，但许多研究的研究对象、研究角度，以及提出的建议和对策并没有明显差异。（5）研究主题逐渐细化，并向科研数据管理的上游和下游扩展。早期研究更多地从数据生命周期整体的角度来研究，数据素养、数据质量、数据安全和数据隐私等内容仅在研究中进行小篇幅讨论，但现在有越来越多研究主要讨论这些主题，可见研究主题有不断细化和深入的趋势。同时，RDM 服务研究中也有越来越多关于数据管理前期的研究，如 RDM 服务需求和能力调查，以及关于数据管理后期的研究，如数据出版研究，这说明 RDM 服务的研究主题已经开始向数据管理的上游和下游扩展。（6）提出具体、可操作性建议的研究较少。RDM服务研究主要关注已有实践，但很少有研究能从实践中来，再到实践中去，这主要体现在国外案例研究中，许多文章的对策建议较为笼统，难以对国内实践进行具体的指导。

虽然国内 RDM 服务研究呈现研究主题细化和丰富的趋势，但研究内容仍然存在较多重复的情况，这为研究内容的细分带来了困难，也为研究的全面深入带来了阻力。RDM 服务有较多关于实践的研究，但如果这些研究不能总结出有益的经验，那么也难以为实践发展带来动力。在未来，研究应：（1）在拓展研究主题的同时，关注对研究内容的界定，加强研究的针对性。例如，在对机构知识库等成果和实践的研究中，可以根据实践主体、领域和学科等方面的差异，对这些成果和实践的特点进行更为有针对性的研究。（2）理论联系实际，加强研究的连贯性和创新性。在案例研究尤其是国外案例研究中，应结合国内现状提出建议，分析国外经验如何在国内环境中应用。前人总结的研究不足也具有重要的参考价值，如许多学者指出 RDM 服务相关研究存在系统性研究和实证研究较少，对 RDM 服务的政策、法律和制度保障的研究力度弱等问题，学者在后续研究中应注重这些问题，在继承前人研究的同时，对前人研究进行不断的完善。为了增强研究内容的连贯性和系统性，学者还可以计划并开展研究项目，以促进系列研究成果的产生。

第四节　国外研究现状述评

在充分了解了国内研究现状之后，本书还对国外相关研究进行了总结、梳理和评述。在过去十几年中，围绕着科研数据管理出现了许多国际议程：2008 年 4 月，数据文档倡议联盟（DDI Alliance）发布 DDI 生命周期 3.0 版本，进一步支撑了复杂社会科学数据文件的管理、保存和传播[①]。2013 年 6 月，加拿大和其他 G8 国家率先通过 G8 开放数据宪章[②]；2020 年 7 月，欧洲开放科学云协会（European Open Science Cloud Association，EOSCA）成立，旨在为更广泛的开放科学社区中的利益相关者提供宣传和发声渠道[③]；2021 年 1 月，欧洲科学（Science Europe，SE）发布最新版本

---

① Alliance D. , "DDI Lifecycle 3. 0"（June 17, 2022）, https://ddialliance. org/Specification/DDI－Lifecycle/3. 0/.

② Canada G. O. , "Canada's Action Plan on Open Government 2014－16"（June 22, 2022）, https://open. canada. ca/en/content/canadas-action-plan-open-government-2014-16.

③ European Commission, "European Open Science Cloud（EOSC）"（June 17, 2022）, https://ec. europa. eu/info/research-and-innovation/strategy/strategy-2020-2024/our-digital-future/open-science/european-open-science-cloud-eosc_ en.

的《研究数据管理国际协调使用指南》，为科学界、不同组织、个人提供针对性的数据组织存储指导①。

科研数据的重要性正在不断被更多的国家和组织认识到，而合作研究的发展和互联网技术的进步也在持续驱动着世界各地大学和研究机构发展RDM 服务。全世界范围内涌现了大量的相关研究，包括对基础理论的发展、对服务实践现状的调查，以及对图书馆、图书馆员角色定位和政策安全等问题的讨论，通过对这些研究结果进行分析，能够更好地审视我国RDM 服务发展现状，并对未来建设方向形成更为清晰的认知。下文主要采用文献计量法、内容分析法和网络调查法，对国外相关研究现状和发展趋势进行整理。

一　数据收集与整理

本书选择 Web of Science 核心数据库作为检索来源，构建检索式"'research data' × ('service' + 'management')"进行高级检索，时间限定为 2012—2021 年，学科限定为 "information science library science"，共检索得到文献 754 篇。由于检索结果中依然存在部分与本书研究相关程度不高的文献，进一步通过人工浏览文献的题目摘要关键词等内容，筛选剔除与本书主题相关性较差的 303 篇文献后，共得到 451 篇目标文献作为研究样本，并利用 Web of Science 的数据导出功能导出为 CSV 格式文本文件，留待进一步分析使用。

二　文献计量学特征分析

（一）文献增长分析

由于 451 篇文献中部分文献导出文件中存在发表年份信息丢失的问题，剔除这部分缺失文献，提取剩余 430 篇文献的发表年份信息进行可视化后

---

① Science Europe, "Research Data Management"（June 22, 2022）, https://www.scienceeurope. org/our-priorities/research-data/research-data-management/.

得到的结果如图 1 - 5 所示。由图 1 - 5 可知，近十年国外 RDM 服务相关领域的研究整体呈现上升趋势，并于 2019 年达到顶峰，为 85 篇，尽管在 2020 年与 2021 年出现了部分下滑，但依旧保持在相对高位。

（二）期刊分布分析

在本章选择的 451 篇 RDM 服务相关研究文献中，有 228 篇集中在发文量排名前 20 的期刊中，占总数的 50.55%。具体期刊如表 1 - 4 所示。

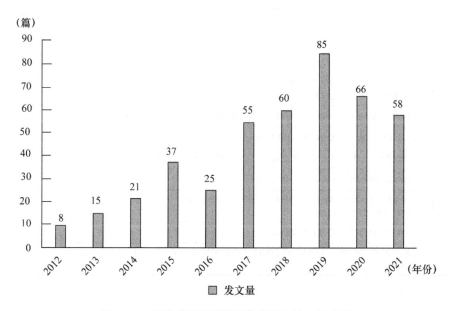

图 1 - 5　国外科研数据管理服务研究论文发文量

表 1 - 4　　　　　　　　发文量排名前 20 的国际期刊

序号	期刊	发文量（篇）	占比（%）
1	LIBRARY MANAGEMENT	20	4.43
2	INTERNATIONAL JOURNAL OF INFORMATION MANAGEMENT	17	3.77
3	JOURNAL OF ACADEMIC LIBRARIANSHIP	17	3.77
4	ELECTRONIC LIBRARY	16	3.55
5	JOURNAL OF KNOWLEDGE MANAGEMENT	14	3.10

续表

序号	期刊	发文量（篇）	占比（%）
6	LIBRARY HI TECH	13	2.88
7	GLOBAL KNOWLEDGE MEMORY AND COMMUNICATION	12	2.66
8	JOURNAL OF THE MEDICAL LIBRARY ASSOCIATION	12	2.66
9	JOURNAL OF LIBRARIANSHIP AND INFORMATION SCIENCE	11	2.44
10	LIBRI-INTERNATIONAL JOURNAL OF LIBRARIES AND INFORMATION STUDIES	11	2.44
11	BIBLIOTHEK FORSCHUNG UND PRAXIS	10	2.22
12	EVIDENCE BASED LIBRARY AND INFORMATION PRACTICE	10	2.22
13	IFLA JOURNAL-INTERNATIONAL FEDERATION OF LIBRARY ASSOCIATIONS	10	2.22
14	PROGRAM-ELECTRONIC LIBRARY AND INFORMATION SYSTEMS	10	2.22
15	COLLEGE & RESEARCH LIBRARIES	8	1.77
16	DESIDOC JOURNAL OF LIBRARY & INFORMATION TECHNOLOGY	8	1.77
17	RECORDS MANAGEMENT JOURNAL	8	1.77
18	AFRICAN JOURNAL OF LIBRARY ARCHIVES AND INFORMATION SCIENCE	7	1.55
19	INFORMATION DEVELOPMENT	7	1.55
20	JOURNAL OF THE ASSOCIATION FOR INFORMATION SCIENCE AND TECHNOLOGY	7	1.55

表1-4中载文量最高的国际期刊是 LIBRARY MANAGEMENT，载文量达到20篇，占总数的4.43%。随后的几本期刊载文量多在16篇左右，差距并不明显，在前20篇期刊中，名称带有"library"相关字样的期刊有13本，占总数的65%，带有"information"的有9本，占总数的45%，此外，期刊名中还出现了"medical""hi tect""electronic"等字样，反映出电子信息技术、科技和医学领域对 RDM 服务研究也抱有浓厚兴趣。

（三）关键词共词分析

本书将451篇目标文献的关键词信息导入 Citespace 软件后，通过共词分析得出关键词共现图谱如图1-6所示，同时将出现频次排名前15的关键词信息整理得到的结果如表1-5所示。

表 1 – 5　　　　　　　　　　频次排名前 15 的关键词

序号	频次	出现年份	关键词
1	63	2013	academic library
2	55	2014	research data management
3	53	2015	service
4	36	2012	management
5	29	2013	data management
6	26	2012	impact
7	24	2015	performance
8	24	2017	model
9	23	2015	knowledge management
10	21	2017	research data
11	20	2012	information
12	19	2014	university library
13	19	2013	data curation
14	17	2018	big data
15	16	2016	technology

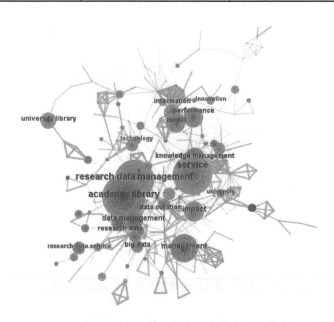

图 1 – 6　国外科研数据管理服务研究的关键词共现图谱

从表 1－5 和图 1－6 中可以看出，国外 RDM 服务研究的主要关键词包括"academic library""university library"和"research data management""knowledge management""data curation"两类分别表示核心服务场所和核心服务内容的关键词，以及"big data""model""technology"等新兴技术相关的关键词。这说明国外 RDM 服务相关研究不仅对服务开展场所和服务开展内容等传统研究方向一直维持着热情，还与时俱进地对大数据、模型技术等新兴领域抱有浓厚的兴趣。

（四）文献引文分析

通过引文共被引分析，可以了解在研究领域的发展过程中，哪些关键学者的哪些关键文章在其中发挥了什么样的作用。本书将近十年的 451 篇目标文献信息导入 Citespace 软件后，通过引文分析得出引文网络图谱如图 1－7 所示。为进一步直观体现相关文献的影响力，导出关键文献的引用突现情况如图 1－8 所示。

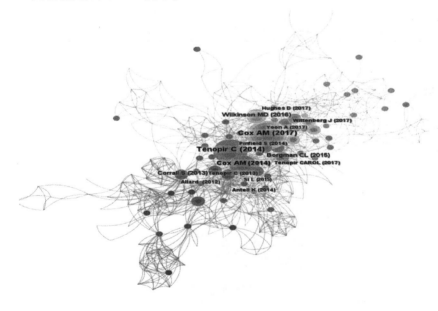

图 1－7　国外科研数据管理服务研究文献引文网络图谱

Top 16 References with the Strongest Citation Bursts

References	Year	Strength	Begin	End	2012–2021
Peters CHRISTIE, 2011, SCIENCE & TECHNOLOGY LIBRARIES, V30, P387, DOI 10.1080/0194262X.2011.626340, DOI	2011	3.51	2013	2014	
Auckland M, 2012, RESKILLING RES INVES, V0, P0	2012	2.64	2013	2015	
Allard , 2012, ACAD LIB RES DATA SE, V0, P0	2012	4.07	2014	2017	
Corrall S, 2013, LIBR TRENDS, V61, P636, DOI 10.1353/lib.2013.0005, DOI	2013	3.41	2014	2017	
Borgman CL, 2012, J AM SOC INF SCI TEC, V63, P1059, DOI 10.1002/asi.22634, DOI	2012	2.58	2014	2018	
Tenopir C, 2013, IFLA J-INT FED LIBR, V39, P70, DOI 10.1177/0340035212473089, DOI	2013	2.57	2017	2018	
Scaramozzino JM, 2012, COLL RES LIBR, V73, P349, DOI 10.5860/crl-255, DOI	2012	3.52	2015	2017	
Tenopir C, 2014, LIBR INFORM SCI RES, V36, P84, DOI 10.1016/j.lisr.2013.11.003, DOI	2014	5.10	2016	2019	
Cox AM, 2014, J LIBR INF SCI, V46, P299, DOI 10.1177/0961000613492542, DOI	2014	3.79	2016	2019	
[anonymous] , 2013, NEW ROLES NEW TIMES, V0, P0	2013	2.47	2016	2017	
Tenopir CAROL, 2017, LIBER QUARTERLY, V27, P23, DOI 10.18352/lq.10180, DOI	2017	3.83	2018	2019	
Cox AM, 2017, J ASSOC INF SCI TECH, V68, P2182, DOI 10.1002/asi.23781, DOI	2017	3.28	2018	2021	
Pinfield S, 2014, PLOS ONE, V9, P0, DOI 10.1371/journal.pone.0114734, DOI	2014	2.81	2018	2019	
Wilkinson MD, 2016, SCI DATA, V3, P0, DOI 10.1038/sdata.2016.18, DOI	2016	2.94	2019	2021	
Yoon A, 2017, COLL RES LIBR, V78, P920, DOI 10.5860/crl.78.7.920, DOI	2017	2.85	2019	2021	
Renwick S, 2017, IFLA J-INT FED LIBR, V43, P51, DOI 10.1177/0340035216688703, DOI	2017	2.47	2019	2021	

图 1-8　国外科研数据管理服务研究关键文献引用突现

　　结合图 1-7 和图 1-8 以及相关文献信息，可以发现，近十年国外研究中最早的关键文献来自 Peters 和 Dryden[①] 于 2011 年发表的关于评估休斯顿大学图书馆在研究数据管理中所发挥的作用的一篇文章，而在随后的 2014 年，大量关键文献在学者们的共同引用中浮现出来，并且这样的趋势在 2016 年、2018 年和 2019 年均有出现。此外，在关键文献中，突现强度最高的文献来自 Allard 等[②]发布的一篇关于图书馆 RDM 服务相关实践和未来计划的论文，而突现持续时间最长的一篇文章来自 Tenopir 等[③]的一篇关于学术图书馆员科研数据服务实践的实证研究文章，这也体现了学者们对 RDM 服务的实践情况较为关注。

---

　　① Peters C., Dryden A. R., "Assessing the Academic Library's Role in Campus-wide Research Data Management：A First Step at the University of Houston", *Science & Technology Libraries*, Vol. 30, No. 4, 2011, pp. 387－403.

　　② Tenopir C., Birch B., Allard S., "Academic Libraries and Research Data Services：Current Practices and Plans for the Future" (July 3, 2022), https://trace.tennessee.edu/utk_dataone/20/.

　　③ Tenopir C., Sandusky R. J., Allard S., et al., "Academic Librarians and Research Data Services：Preparation and Attitudes", *IFLA Journal*, Vol. 39, No. 1, 2013, pp. 70－78.

三　研究进展及内容分析

（一）基础理论发展

1. 数据生命循环

由前文可知，数据生命周期理论被广泛应用于 RDM 服务领域的研究中，国内学者对这方面的介绍和探讨不在少数，这也是后续本书的基础。国外学者中对该理论的应用主要体现在对数据管理者角色价值的讨论中，例如 Tammaro 等[1]认为，数据生命周期的概念是对数据管理者的重要作用进一步凸显，为此从国际视角对数据管理人员的角色和职责进行了研究。Brown 等[2]认为图书馆员在数据生命周期中的管理行为在整个项目的生命周期中都能产生巨大影响，因而需要为图书馆员发展新技能提供支持。Kim[3]认为，为支持对数据生命周期更广泛地覆盖，需要更多高校图书馆内外的利益相关者参与进来。Fan[4] 从中国案例研究的视角，分析数据管理人员在数据生命周期管理中所能发挥的作用。

此外，还有一些国外学者认为，数据生命周期理论的发展能为其他 RDM 服务建设产生积极影响，例如 Lyon 等学者[5]将生命周期理论作为加速开放科学建设发展的基础框架，Rahul、Banyal[6] 和 Flathers[7] 则认为数

---

[1]　Tammaro A. M., Matusiak K. K., Sposito F. A., et al., "Data Curator's Roles and Responsibilities: an International Perspective", *Libri*, Vol. 69, No. 2, 2019, pp. 89 – 104.

[2]　Brown R. A., Wolski M., Richardson J., "Developing New Skills for Research Support Librarians", *The Australian Library Journal*, Vol. 64, No. 3, 2015, pp. 224 – 234.

[3]　Kim J., "Academic Library's Leadership and Stakeholder Involvement in Research Data Services", *Proceedings of the Association for Information Science and Technology*, Vol. 57, No. 1, 2020, p. e304.

[4]　Fan Z., "Context-based Roles and Competencies of Data Curators in Supporting Research Data Lifecycle Management: Multi-case Study in China", *Libri*, Vol. 69, No. 2, 2019, pp. 127 – 137.

[5]　Lyon L., Jeng W., Mattern E., "Developing the Tasks-toward-transparency (T3) Model for Research Transparency in Open Science Using the Lifecycle as A Grounding Framework", *Library & Information Science Research*, Vol. 42, No. 1, 2020, p. 100999.

[6]　Rahul K., Banyal R. K., "Data Life Cycle Management in Big Data Analytics", *Procedia Computer Science*, Vol. 173, 2020, pp. 364 – 371.

[7]　Flathers E: the Big Data Lifecycle in Open Ecoinformatics: Curation, Analysis, and Sharing, USA, Ph. D Dissertation, University of Idaho, 2022.

据生命周期管理的应用能帮助实现更为完善的大数据管理、分析和共享服务。

2. 利益相关者

利益相关者的经典定义：指能够影响一个组织目标的实现或者能够被组织实现目标的过程。在后来的发展过程中，许多学者对利益相关者理论在其他领域所能发挥的作用进行了拓展，例如 Savage[①]、Freeman[②] 关注利益相关者和组织之间可能存在的影响关系问题，Carroll 等[③]、Donaldson 等[④]将利益相关者理论中的法律关系作为切入点进行研究，而 Clarkson[⑤]、Freeman[⑥] 则对利益相关者在价值创造上发挥的作用进行了讨论。这些研究成果在利益相关者理论发展成熟的过程中均产生了卓越的贡献，并进一步将利益相关者理论的影响力辐射到了其他相关领域。

在 RDM 服务领域，利益相关者的思想主要伴随着科研数据的开放共享进程以及特定的数据传播和保存举措得到发展[⑦]。高校和高校图书馆的相关行为模式符合利益相关者理论，高校图书馆通过提供广泛的服务来响应不同用户群体的不同需求，涉及许多合作单位以及服务对象的利益关系。在利益相关者的划分上，Luesebrink 等[⑧]关注高校图书馆的内部

---

① Savage G. T., Nix T. W., Whitehead C. J., et al., "Strategies for Assessing and Managing Organizational Stakeholders", *Academy of Management Perspectives*, Vol. 5, No. 2, 1991, pp. 61 – 75.

② Freeman R. E., *Strategic Management: A Stakeholder Approach*, Cambridge, UK: Cambridge University Press, 2010.

③ Carroll A. B., Buchholtz A. K., *Business and Society: Ethics, Sustainability, and Stakeholder Management*, USA: Cengage Learning, 2014.

④ Donaldson T., Preston L. E., "The Stakeholder Theory of the Corporation: Concepts, Evidence, and Implications", *Academy of Management Review*, Vol. 20, No. 1, 1995, pp. 65 – 91.

⑤ Clarkson M. E., "A Stakeholder Framework for Analyzing and Evaluating Corporate Social Performance", *Academy of Management Review*, Vol. 20, No. 1, 1995, pp. 92 – 117.

⑥ Freeman R. E., "The Politics of Stakeholder Theory: Some Future Directions", *Business Ethics Quarterly*, Vol. 4, No. 4, 1994, pp. 409 – 421.

⑦ Wessels B., Finn R. L., Linde P., et al., "Issues in the Development of Open Access to Research Data", *Prometheus*, Vol. 32, No. 1, 2014, pp. 49 – 66.

⑧ Luesebrink M., Huang H., Bogdan K., et al., "Curation and Policy Issues in Collaborative Research Data Management Communities: Perspectives From Key Stakeholders", *Proceedings of the American Society for Information Science and Technology*, Vol. 51, No. 1, 2014, pp. 1 – 4.

作用，将 RDM 服务中的利益相关者分为管理者、信息科学家和研究科学家。而 Flores 等①对此进行了扩展，将外部利益相关者引入进来，分为政府和资助人、高校管理者、研究支持单位、研究人员四大类。尽管几乎所有学者都认为利益相关者的合作是影响 RDM 服务成功的关键②③④，但近年来也出现了一些不同的声音。Cox 等⑤认为，当高校图书馆和其他利益相关者在对传统管理领域进行扩张时可能会出现冲突。这对我国的理论工作同样也能带来一些启发。

（二）科研数据管理服务建设实践

近十年中，国外学者们调查研究 RDM 服务在高校图书馆的发展和实践的论文广泛存在，这些研究结果发现，RDM 服务的规模和范围差异巨大⑥。但总体而言，已有国外研究将 RDM 服务分为管理服务、共享服务和技术服务三类，下文也将从这三个角度分析国外学者们的研究成果。

1. 管理服务

管理数据是科学研究中一个重要且非常关键的方面，研究人员在工作期间花费了大量时间和精力收集科研数据，与传统研究不同的是，数字时代下科研数据格式的质量和版本正在迅速变化，因此科研人员迫切需要一个稳固可靠的数据存储库来保存数据。

① Flores J. R., Brodeur J. J., Daniels M. G., et al., "Libraries and the Research Data Management Landscape", *The Process of Discovery: the CLIR Postdoctoral Fellowship Program and the Future of the Academy*, Vol. 2010, 2015, pp. 82 – 102.

② Cox A. M., Kennan M. A., Lyon L., et al., "Developments in Research Data Management in Academic Libraries: Towards an Understanding of Research Data Service Maturity", *Journal of the Association for Information Science and Technology*, Vol. 68, No. 9, 2017, pp. 2182 – 2200.

③ Tenopir C., Talja S., Horstmann W., et al., "Research Data Services in European Academic Research Libraries", *Liber Quarterly*, Vol. 27, No. 1, 2017, pp. 23 – 44.

④ Faniel I. M., Connaway L. S., "Librarians' Perspectives on the Factors Influencing Research Data Management Programs", *College & Research Libraries*, Vol. 79, No. 1, 2018, pp. 100 – 119.

⑤ Cox A. M., Kennan M. A., Lyon L., et al., "Maturing Research Data Services and the Transformation of Academic Libraries", *Journal of Documentation*, Vol. 75, No. 6, 2019, pp. 1432 – 1462.

⑥ Kim J., "Determining Research Data Services Maturity: the Role of Library Leadership and Stakeholder Involvement", *Library & Information Science Research*, Vol. 43, No. 2, 2021, p. 101092.

美国国家科学院、国家工程院和医学研究所赞助的一项联合报告显示①，数字技术正在对数据管理的各个方面产生革命性的影响，互联网的机制使世界上任何地方的任何人都可以使用数据，而强大的计算机技术还能够自动化部分数据注释过程。并且数据存储库能够根据数字环境中发生的变化来管理数据并不断更新文件格式，以确保宝贵的科研数据免受数据过时的危害②。这意味着数据存储库提供了一种几乎能够无限保存数字数据的方法，尽管数据管理所需的基础设施仍在形成，但实现需求的绝大部分技术能力已经存在③。

作为对研究人员在数据管理方面需求的回应，高校图书馆也在一直积极参与研究数据服务。许多国外学者和研究人员已经证明了高校图书馆在数据管理服务中所能发挥的作用。Renwick 等认为④，由于缺乏数据管理所需的知识和技能，研究人员可能不熟悉以有组织的方式管理科研数据，而拥有这些知识和技能的图书馆员能够做到这一点。Flores 等认为⑤，数据管理服务涉及高校内外的许多利益相关者，而高校图书馆在这其中尤为重要，因为它在数据管理的许多问题上都拥有着专业的员工和设施，并且在众多利益相关者群体之间建立起了联系。

2. 共享服务

研究数据的开放性一直是 RDM 服务的关注重点之一。共享已经存在的研究数据为从中获得崭新的发现提供了可能性，并同时提高了研究结果

---

① Lawal I. , "Ensuring the Integrity, Accessibility, and Stewardship of Research Data in the Digital Age", *Portal: Libraries and the Academy*, Vol. 10, No. 3, 2010, pp. 365 – 366.

② Bhoi N. K. , "Mendeley Data Repository as A Platform for Research Data Management", *Marching Beyond Libraries: Managerial Skills and Technological Competencies*, 2018, pp. 481 – 487.

③ Lawal I. , "Ensuring the Integrity, Accessibility, and Stewardship of Research Data in the Digital Age", *Portal: Libraries and the Academy*, Vol. 10, No. 3, 2010, pp. 365 – 366.

④ Renwick S. , Winter M. , Gill M. , "Managing Research Data at an Academic Library in A Developing Country", *IFLA Journal*, Vol. 43, No. 1, 2017, pp. 51 – 64.

⑤ Flores J. R. , Brodeur J. J. , Daniels M. G. , et al. , "Libraries and the Research Data Management Landscape", *The Process of Discovery: the CLIR Postdoctoral Fellowship Program and the Future of the Academy*, Vol. 2010, pp. 82 – 102.

验证的透明度①。数据共享，尤其是原始数据的共享，通常被认为是研究人员所面临的一项复杂问题。

Joo 和 Peters 的一项访问调查显示②，几乎一半的受访者都不愿意分享他们的研究数据。而他们不愿意分享原始研究数据的一大主要原因是原始研究数据中通常包含着额外的信息，这往往会作为他们研究后期的成果发布③。Borghi 和 Van Gulick④ 认为不愿意分享原始研究数据的原因还包括对法律问题和数据滥用的恐惧等。

除了上述原因，还有一些学者指出了阻止高校图书馆开展共享服务的原因。Tenopir 等⑤认为，由于管理科研数据并与他人分享是一项耗时耗力的活动，许多研究人员可能没有足够的时间来承担这项工作。Unal 等⑥关于英国、法国、土耳其等大学的研究人员的一项调查结果表明，他们对数据管理的各个方面熟悉程度很低，并且普遍缺乏共享研究数据的能力。因此，具有专业数据处理能力的高校图书馆在共享服务上提供帮助或许能够有效改善这一困境。

3. 技术服务

Cox 等⑦的一项调查显示，2018 年图书馆提供的前十项 RDM 服务中，有九项是咨询相关的服务，仅有一项存储库相关服务可以归类为技术服

---

① Andreoli-Versbach P., Mueller-Langer F., "Open Access to Data: an Ideal Professed But Not Practised", *Research Policy*, Vol. 43, No. 9, 2014, pp. 1621 – 1633.

② Joo S., Peters C., "User Needs Assessment for Research Data Services in A Research University", *Journal of Librarianship and Information Science*, Vol. 52, No. 3, 2020, pp. 633 – 646.

③ Borghi J. A., Van Gulick A. E., "Data Management and Sharing in Neuroimaging: Practices and Perceptions of MRI Researchers", *Plos One*, Vol. 13, No. 7, 2018, p. e0200562.

④ Borghi J. A., Van Gulick A. E., "Data Management and Sharing: Practices and Perceptions of Psychology Researchers", *Plos One*, Vol. 16, No. 5, 2021, p. e0252047.

⑤ Tenopir C., Dalton E. D., Allard S., et al., "Changes in Data Sharing and Data Reuse Practices and Perceptions Among Scientists Worldwide", *Plos One*, Vol. 10, No. 8, 2015, p. e0134826.

⑥ Unal Y., Chowdhury G., Kurbanoglu S., et al., "Research Data Management and Data Sharing Behaviour of University Researchers" (July 3, 2022), http://www. Openaccess. hacettepe. edu. tr: 8080/ xmlui/handle/11655/23736.

⑦ Cox A. M., Kennan M. A., Lyon L., et al., "Maturing Research Data Services and the Transformation of Academic Libraries", *Journal of Documentation*, Vol. 75, No. 6, 2019, pp. 1432 – 1462.

务，这与 2014 年的模式相似。Yoon 和 Schultz[①]通过对 185 个图书馆网站进行调查，得到的结果显示各图书馆提供的 RDM 服务大多集中在数据管理规划和咨询服务上，而不是技术支持服务。Cox 等根据来自八个不同国家的 209 名受访者报告的研究也得到了相同的结果，对数据分析、数据挖掘、数据清理以及数据可视化等方面提供服务的高校图书馆数量仍然处于一个较低的水平。

技术服务通常包括协助数据分析、安全、长期存储、建立机构存储库和提供数据集等[②]内容。许多现有研究[③④]都强调了对技术支持的需求，包括大数据处理、数据管理技能、数据分析、数据可视化以及数据描述相关知识等。这些服务都需要由熟练且高度专业的技术人员提供，这也是高校图书馆想要开展技术服务所面临的一大挑战。

Cox 等[3]的另一项调查总结了高校图书馆应对这一挑战的三种方法：包括应聘新员工、为现有员工提供在职培训，以及将任务外包给内部单位或者外部组织。在实践上，格利菲斯大学[⑤]为其图书馆员计划了一项包括广泛培训课程和研讨会的专业发展计划，墨尔本大学[⑥]则专门成立了科研信息管理小组，用以提升高校图书馆提供研究支持服务的能力。罗格斯大

---

① Yoon A., Schultz T., "Research Data Management Services in Academic Libraries in the US: A Content Analysis of Libraries' Websites", Vol. 78, No. 7, 2017, pp. 920 – 933.

② Ashiq M., Usmani M. H., Naeem M., "A Systematic Literature Review on Research Data Management Practices and Services" (July 3, 2022), https://www Emerald Com/insight/content/doi/1. 1108/GKMC-07-2020-0103/full/html.

③ Perrier L., Barnes L., "Developing Research Data Management Services and Support for Researchers: A Mixed Methods Study", *Partnership: the Canadian Journal of Library and Information Practice and Research*, Vol. 13, No. 1, 2018, pp. 1 – 23.

④ Cox A. M., Kennan M. A., Lyon L., et al., "Maturing Research Data Services and the Transformation of Academic Libraries", *Journal of Documentation*, Vol. 75, No. 6, 2019, pp. 1432 – 1462.

⑤ Searle S., Wolski M., Simons N., et al., "Librarians as Partners in Research Data Service Development at Griffith University", *Program: Electronic Library and Information Systems*, Vol. 49, No. 4, 2015, pp. 440 – 460.

⑥ Mcrostie D., "The Only Constant is Change: Evolving the Library Support Model for Research at the University of Melbourne", *Library Management*, Vol. 37, No. 6, 2016, pp. 363 – 372.

学纽瓦克分校①不仅建设了专门的机构数据存储知识库，组织并培训了一批图书馆员，还与校内研究中心合作，为图书馆用户提供数据计算、统计分析等技术服务。

（三）科研数据管理服务角色定位

1. 高校图书馆的角色定位

高校图书馆作为高校机构信息资源的核心，它们的发展与所属机构的发展息息相关②。高校图书馆在 RDM 服务中的作用被视为知识存储、管理和传播的自然延伸。在 RDM 服务中，高校图书馆在其中承担的任务通常包括协助科研人员使用数据管理计划工具（DMP Tools）或者帮助其完成科研数据的存储和保存等。因此 Cox 和 Verbaan 认为③，高校图书馆并不作为科研数据管理流程中的主要任务承担者，更多的是扮演着一个协助者的角色，协助诸如研究机构、信息技术机构等参与单位，而 RDM 服务正需要这样广泛的机构合作才能成功。

高校图书馆的角色定位正在出现转变，这已经成为了一个共识，并且有许多迹象可以证明这一点④，例如在负责知识保存和传播定位的传统图书馆角色定位中加入研究性工作，又或者是高校图书馆从原本的为研究机构收集科研数据，到管理研究机构的科研数据产出，这同时也意味着高校图书对策展、保存、复用功能的强调，而不仅仅是关注获取和保存这两个传统功能。

在 RDM 服务实践中，Yoon 和 Schultz⑤ 认为高校图书馆提供着不同

---

① Wang M., "Supporting the Research Process Through Expanded Library Data Service", *Program*, Vol. 47, No. 3, 2013, pp. 282 – 303.

② Tzanova S., "Changes in Academic Libraries in the Era of Open Science", *Education for Information*, Vol. 36, No. 3, 2020, pp. 281 – 299.

③ Cox A. M., Verbaan E., "How Academic Librarians, It Staff, and Research Administrators Perceive and Relate to Research", *Library & Information Science Research*, Vol. 38, No. 4, 2016, pp. 319 – 326.

④ Cox A. M., Kennan M. A., Lyon L., et al., "Maturing Research Data Services and the Transformation of Academic Libraries", *Journal of Documentation*, Vol. 75, No. 6, 2019, pp. 1432 – 1462.

⑤ Yoon A., Schultz T., "Research Data Management Services in Academic Libraries in the US: A Content Analysis of Libraries' Websites", *College & Research Libraries*, Vol. 78, No. 7, 2017, pp. 920 – 933.

类型的服务：包括面对面或者线上的主动服务形式，通过在网页上提供有用信息的被动服务形式，以及通过研讨会和课程提供的教育服务三种类型，这也可以视作高校图书馆所承担的三种角色，即管理者、监督者以及教育者。

Alter 和 Gonzalez[①] 认为作为管理者，数据存储是 RDM 服务中最常见的内容，这也许与图书馆的传统功能有关，但在新时代下，对高校图书馆的数据存储也提出了新的要求，它们必须使用可靠和可信任的数据标准来确保数据的记录、保存和发现。

作为监督者，图书馆主要负责对数据管理政策，包括相关基础概念的普及。这些工作很大一部分来自一些机构对研究者提出的更为严格的数据管理要求。Yoon 和 Schultz[②] 认为这也是为什么许多图书馆都提供数据管理相关核心领域的信息，例如元数据、数据保存等，却很少提供数据文档、数据复用等详细信息。

在提供的教育服务中，数据素养吸引了主要的注意力，Koltay[③] 指出，数据素养应该成为研究人员与他人分享科研数据的激励措施，他将数据素养定义为一种帮助个人访问、解释、批判性评估、管理以及合乎道德地使用数据，从而将数据转化为信息和可操作性知识的特定技能和知识库。

2. 图书馆员的角色定位

随着研究朝数据密集趋势演化，研究人员在科研数据的管理、使用、共享方面也面临着全新的调整，图书馆从业人员在这一方面为他们提供着不可或缺的帮助，如数据管理计划的撰写、数据共享指导与数据素养培训，甚至包括一些数据可视化和数据筛选的需求。

---

① Alter G., Gonzalez R., "Responsible Practices for Data Sharing", *American Psychologist*, Vol. 73, No. 2, 2018, p. 146.

② Yoon A., Schultz T., "Research Data Management Services in Academic Libraries in the US: A Content Analysis of Libraries' Websites", *College & Research Libraries*, Vol. 78, No. 7, 2017, pp. 920 – 933.

③ Koltay T., "Data Literacy for Researchers and Data Librarians", *Journal of Librarianship and Information Science*, Vol. 49, No. 1, 2017, pp. 3 – 14.

　　图书馆从业人员是一个由来自不同教育和专业背景的专业人员组成的群体，并且不同图书馆员执行的工作类型可能大相径庭，这表明图书馆员可能不是一个单一的角色，而是一个允许专业人士专注于与他自己的兴趣或用户需求相关的领域的角色①。对于如此复杂的角色定位，如何成为一个称职的图书馆员是绝大多数图书馆从业人员所面临的难题。Federer 的一项研究就曾显示，仅有一部分人认为 ALA 认证的硕士学位对数据图书馆事业的成功至关重要，因为此类培养计划中包括信息检索、信息需求等其他相关知识的基础，另一部分人则认为这些技能培养对他们目前的工作并没有任何帮助。

　　分析图书馆员核心技能情况对了解这一矛盾观点背后的原因而言至关重要。Semeler 等②认为，由于数字环境下的科研需求，图书馆从业人员应当具备与数据创建、保存和管理相关的能力，以合并整理从不同来源获取的数据。而 Xie 和 Fox③ 认为，图书馆员并不具备在大数据环境下的数据分析应用能力和专业技能，这些额外的工作不应当由图书馆从业人员承担。Joo 和 Schmidt④ 通过一项针对美国各地研究型大学中从事数据服务的图书馆员所进行的在线调查显示，绝大多数图书馆员认为，他们提供 RDM 服务时，咨询服务比技术服务对用户更有价值。Wang⑤ 的一项针对新泽西州立大学纽瓦克校区和罗格斯大学图书馆数据服务的案例研究结果同样支持这一观点，他认为图书馆用户的需求多种多样，但图书馆员提供的服务应当以咨询为主，每当个别教职员工或者学生需要更为具体的技术服务时，与图书馆合作的研究中心可以提供更为专业的帮助。

---

　　① Federer L. , "Defining Data Librarianship: A Survey of Competencies, Skills, and Training", *Journal of the Medical Library Association: JMLA*, Vol. 106, No. 3, 2018, p. 294.

　　② Semeler A. R. , Pinto A. L. , Rozados H. B. F. , "Data Science in Data Librarianship: Core Competencies of A Data Librarian", *Journal of Librarianship and Information Science*, Vol. 51, No. 3, 2019, pp. 771 – 780.

　　③ Xie Z. , Fox E. A. , "Advancing Library Cyberinfrastructure for Big Data Sharing and Reuse", *Information Services & Use*, Vol. 37, No. 3, 2017, pp. 319 – 323.

　　④ Joo S. , Schmidt G. M. , "Research Data Services From the Perspective of Academic Librarians", *Digital Library Perspectives*, Vol. 37, No. 3, 2021, pp. 242 – 256.

　　⑤ Wang M. , "Supporting the Research Process Through Expanded Library Data Service", *Program*, Vol. 47, No. 3, 2013, pp. 282 – 303.

尽管上述研究对于理解图书馆从业人员在 RDM 服务中的角色现状具有一定帮助，但也存在一定的局限性，例如绝大多数研究都以访谈或者问卷调查形式进行，范围有一定的限制，对结果的客观性和全面程度可能会产生一定的影响。

（四）政策与安全问题

1. 科研数据服务政策

在 RDM 服务政策方面，世界各国都表现出了开放的态度。加拿大政府发布了强制政策，要求联邦政府部门和机构在遵守隐私、保密和安全等相关限制条件下最大限度地发布具有价值的数据和信息，并将符合条件的数据和信息以标准化的格式免费开放，且对重复使用不做限制[①]。美国国家科学基金会要求受资助的研究人员在工作过程中创建或收集的原始数据、样本、物理收藏和其他支持材料，并要求提交申请资助提案中包括不超过两页标有"数据管理计划"的补充文件，在补充文件中应描述提案如何符合美国国家科学基金会（National Science Foundation, NSF）关于传播和共享研究成果的政策[②]。欧洲研究委员会在 Horizon 2020 计划中提出，开放存取活动有利于提高研究结果质量，避免重复工作，加快创新并提升科学过程的透明度，因此要求受资助的研究项目开放研究数据[③]。

关于 RDM 服务政策，发展中国家和发达国家存在差距越来越明显[④][⑤][⑥]，

---

① Canada G. O., "Canada's Action Plan on Open Government 2014 – 16" (June 22, 2022), https://open. canada. ca/en/content/canadas-action-plan-open-government-2014-16.

② National Science Foundation, "Dissemination and Sharing of Research Results" (June 21, 2022), https://www. nsf. gov/bfa/dias/policy/dmp. jsp.

③ European Commission, "Guidelines on Fair Data Management in Horizon 2020" (June 26, 2022), http://ec. europa. eu/research/participants/data/ref/h2020/grants_ manual/hi/oa_ pilot/h2020-hi-oa-datamgt_ en. pdf.

④ Cox A. M., Kennan M. A., Lyon L., et al., "Maturing Research Data Services and the Transformation of Academic Libraries", *Journal of Documentation*, Vol. 75, No. 6, 2019, pp. 1432 – 1462.

⑤ Mohammed M. S., Ibrahim R., "Challenges and Practices of Research Data Management in Selected Iraq Universities", *DESIDOC Journal of Library & Information Technology*, Vol. 39, No. 6, 2019, pp. 308 – 314.

⑥ Tripathi M., Chand M., Sonkar S., et al., "A Brief Assessment of Researchers' Perceptions Towards Research Data in India", *IFLA Journal*, Vol. 43, No. 1, 2017, pp. 22 – 39.

但幸运的是，越来越多的人已经注意到了这一点并展开了研究：Piracha 和 Ameen[1] 对巴基斯坦大学图书馆的科研数据管理政策和未来规划问题展开了调查，得出巴基斯坦的 RDM 服务建设正面临动力、人员、专业技能等方面的调整。Huang 等[2]对中国高校图书馆的 RDM 服务政策和实践情况进行了研究，得出中国受限于国家级基础设施的存在，图书馆事业缺乏专业化动力，从而导致科研数据服务政策等领域发展缓慢。此外，还有一些学者强调数据共享[3]、对话协作[4]在制定科研数据服务机构政策上所能发挥的作用。

2. 敏感数据的安全问题

高校图书馆在科研数据上开展的服务应用极大地提升了这些数据所能够提供的收益，但是，这些机构必须采取足够多的数据安全预防措施来保护敏感数据。这些敏感数据不仅包括科研数据中所包含的个人信息，还包括机构用户在访问服务时产生的敏感信息。长期以来，学术界一直强调数据安全和版权问题，部分学者对接受将开放存取这一新兴概念扩展到科研数据领域依然保持着谨慎态度[5]。因为数据泄露并不少见，黑客可能会试图破坏用于存放科研数据的服务器，此外，一些敏感数据也需要受到额外重视，例如涉及患者的研究中收集到的科研数据、涉及国家贸易政策的研

① Piracha H. A. , Ameen K. , "Policy and Planning of Research Data Management in University Libraries of Pakistan", *Collection and Curation*, Vol. 38, No. 2, 2019, pp. 39 – 44.

② Huang Y. , Cox A. M. , Sbaffi L. , "Research Data Management Policy and Practice in Chinese University Libraries", *Journal of the Association for Information Science and Technology*, Vol. 72, No. 4, 2021, pp. 493 – 506.

③ Higman R. , Pinfield S. , "Research Data Management and Openness: the Role of Data Sharing in Developing Institutional Policies and Practices", *Program: Electronic Library and Information Systems*, Vol. 49, No. 4, 2015, pp. 364 – 381.

④ Smith Ii P. L. , Deumens E. , Gitzendanner M. A. , et al. , *Transforming RDM Conversations into Collaborations: From Projects to Programs to Policy*, Hershey, USA: Handbook of Research on Academic Libraries as Partners in Data Science Ecosystems. IGI Global, 2022.

⑤ Xiao S. , Ng T. Y. , Yang T. T. , "Research Data Stewardship at the University of Hong Kong", *Library Management*, Vol. 43, No. 1, 2021, pp. 128 – 147.

究数据[①]等。

四　国外研究述评

（一）整体现状

从文献计量学特征的角度来看，国外 RDM 服务相关研究近十年来整体保持着数量上涨的趋势，并且集中刊登相关研究的期刊之间并无明显数量断层，呈现出百家争鸣的姿态。而从关键词共词分析的角度来看，诸如数据管理、数据服务、高校图书馆等领域本质内容始终占据着主要位置，而诸如大数据、开放科学及开放获取等关键词随着时间推进有逐渐增加的趋势，反映出该领域的研究保持着与时俱进、不断丰富内涵的特点。从关键文献引文分析的角度来看，每隔一段时间都会出现一次关键文献的集体引用趋势，反映出该领域研究一直维持着一定的研究热度，同时从文献引用突现的角度来看，突现强度最高的文献以及突现持续时间最长的文献均为与 RDM 服务实践相关的论文。

（二）理论实践

在理论研究方面，当前 RDM 服务相关研究所参考的基础理论均主要起源于国外，国外学者对数据生命周期、利益相关者等基础理论的发展贡献了大量重要研究论文。在实践分析方面，国外研究在方法选择上以问卷调查为主，这种方法对研究结果的客观性可能会造成一定的不利影响。

从 RDM 服务在高校图书馆的建设实践成果来看，国外高校图书馆普遍对 RDM 服务的重要性有着充分的认识，在共享服务开展过程中遇到了一些来自法律和数据滥用问题的阻力，而在诸如可视化分析、数据挖掘等技术服务是否归属于 RDM 服务的问题上，国外学者还存在着较大争议，并且提供技术服务的高校图书馆数量也处于一个相对较低的水平。

对于 RDM 服务中的高校图书馆和图书馆员角色定位问题，国外学者

---

① Patel D., "Research Data Management: A Conceptual Framework", *Library Review*, Vol. 65, No. 4, 2016, pp. 226 – 241.

也产出了大量研究成果。高校图书馆的角色转变已经成为学界的共识，相较于传统图书馆数据管理者的角色，现代高校图书馆越来越重视对监管者和教育者角色的扮演。通过普及分享数据政策、相关基础概念以及提供数据素养培训工作，高校图书馆正在成为 RDM 服务中的核心角色。而对于图书馆员而言，工作性质的复杂程度为职业成长方向带来了一定的困扰，国外学者们依然对图书馆员是否应当具备一定程度的技术支持能力而争论不休，但在图书馆员应当具备专业的数据管理和咨询服务能力上达成了共识。

在 RDM 服务的政策和安全问题上，世界各国政府和组织都保持着开放和进步的态度，但该领域下发达国家和发展中国家存在着明显差距，一些国外学者也为如何缩短这一差距提供了建设性的参考建议。此外，在敏感数据的安全问题上，对患者数据、国家贸易数据等敏感数据泄露的忧虑导致部分国外学者对将开放获取这一新兴概念扩展到科研数据领域保持着谨慎态度。

第五节　研究内容与研究方法

一　研究内容

根据国内外研究述评结果，本书拟采用定性与定量相结合、静态与动态相结合以及理论与实证相结合的研究方法，就高校图书馆 RDM 服务的发展现状—认知与需求—模式搭建—系统运行四个主要层级逐步深入研究，讨论高校图书馆 RDM 服务问题。具体研究内容主要包括以下七部分：

第一章，本书的绪论部分。首先对高校图书馆 RDM 服务问题的研究背景和研究意义进行了阐述，对国内外 RDM 服务相关领域的研究现状进行了梳理并进行述评，总结描述了本书各章节的主要研究内容，并对课题研究中所采用的研究方法进行了介绍，规划了本书的研究思路和技术路线。

第二章，对本书所需的 RDM 服务相关概念进行界定，并对理论基础进行阐述。首先，根据各学者在科研数据领域的研究成果，对科研数据的定义进行梳理，并厘清数据管理、数据监管、数据治理之间的区别和联系，对数据共享和开放获取的含义进行叙述，阐述数据素养和数据素养教育的概念，在梳理各学者对 RDM 服务定义的基础上，对 RDM 服务概念进行界定。继而对本书所涉及的四个基础理论进行叙述，包括数据生命周期理论、利益相关者理论、项目生命周期理论和系统动力学理论等，并进一步对高校图书馆在 RDM 服务中的角色和职责进行阐述，论证高校图书馆开展 RDM 服务的必要性和可行性，为后续研究提供理论支撑。

第三章，对国内外高校图书馆 RDM 服务发展实践进行调研分析。首先，国外部分选取美国、英国、加拿大、澳大利亚四个国家的高校图书馆作为调查对象，对高校图书馆实际提供的 RDM 服务进行归纳，主要从政策性文件、培训、数据管理计划工具、数据存储与备份、数据出版与共享、数据引用、敏感数据、数据可视化，以及 COVID - 19 数据管理等方面对 RDM 服务现状进行了梳理，从而总结出国外高校图书馆 RDM 服务的实际经验。接着对我国高校图书馆的 RDM 服务进行调研，选取《第二轮"双一流"建设高校及建设学科名单》中的 147 所高校作为研究对象，分析目前我国高校图书馆的 RDM 服务现状。最后，参考借鉴国外经验为我国 RDM 服务发展提出启示。

第四章，对国内外高校科研数据服务平台——机构知识库的发展现状进行调查评估。首先，参考国际公认的开放性倡议标准形成机构知识库建设与服务评估指标，在此基础上进行后续调研。国外部分继续选取美国、英国、加拿大和澳大利亚四个国家的典型高校机构知识库作为调研对象，在基础建设、数据管理、管理政策、技术与安全四个方面对机构知识库的建设与服务进行分析，从而获取国外机构知识库建设的先进经验。国内部分选取"双一流"建设高校中注册有机构知识库的单位作为调研对象，获取其机构知识库的建设与服务情况。其次，参照国外高校机构知识库的建设标准与建设经验为我国机构知识库的建设提出发展建议。

第五章，对我国高校图书馆 RDM 服务的认知与需求进行考察，从高校科研人员和图书馆从业人员两个角度分别展开研究分析。在调查高校科研人员时，主要运用调查问卷法和半结构化访谈法，了解科研人员对 RDM 服务的认知与需求情况，问卷结果运用 SPSS 软件进行数据分析，辨析年龄、专业背景和身份等对 RDM 服务的认知与需求是否存在显著性差异，又通过半结构化访谈，深入挖掘被调查对象的认知与需求产生情境，并运用扎根理论分析影响高校科研人员对 RDM 服务认知与需求程度的因素。在调研高校图书馆从业人员时，主要采用问卷调查获知其对 RDM 服务的认知与能力需求情况，同样运用 SPSS 软件对收集的数据进行定量分析，研究不同特征下的高校图书馆从业人员对于 RDM 服务的认知与能力需求差异。最后，基于两部分调研结果，对高校图书馆 RDM 服务的发展提出需求建议。

第六章，对高校图书馆 RDM 服务模式要素进行识别，并搭建相应的概念模型。首先，选取美国 37 所高校图书馆的 RDM 服务网页文本，采用文本分析等方法，对 RDM 服务模式的要素进行提取，通过归纳整理得到包含流程要素、内容要素、支持要素和形式要素四大方面，共 11 个要素的 RDM 服务要素框架，进而对各要素及其之间的关系进行分析，形成 RDM 服务模式的要素词典，在此基础上搭建高校图书馆 RDM 服务模式概念模型。然后，以北京大学图书馆 RDM 服务为例，对搭建的模式进行应用，并根据应用情况优化初始模式，得到一个更能针对我国高校图书馆 RDM 服务实际情况的模型，更好地指导我国高校 RDM 服务的实践。

第七章，对高校图书馆 RDM 服务系统进行建构，并进行模拟仿真分析。首先，应用词频法进行关键词提取，获得各影响因子的权重系数。在系统动力学理论的指导下，划定服务系统模型边界以区分内外部因素，并提出假设条件确定实验的研究重点，继而构建系统动力学方程式，为后续的系统仿真实验提供支持。其次，从初始状态、灵敏度和情境三个方面进行系统仿真。系统的初始状态分析是对系统的服务水平在仿真过程中的自然增长趋势以及该趋势的形成原因进行分析。系统的灵敏度分析用以判断各系统变量对 RDM 服务系统的服务水平所产生的影响力和影响范围。系统的情境分析是从利益相关者角度分析不同变量在系统运行过程中的作用机理。最后，基于上述对系统的构建和仿真实验，确定促进 RDM 水平不断提高的影响因素，并据此提出针对性的系统优化建议，为 RDM 服务的健康发展提供参考。

二　研究方法

本书采用了多种研究方法，主要包括文献调查法、网络调查法、问卷调查法、访谈分析法、统计分析法、文本分析法、案例分析法和系统分析法。

（一）文献调查法。通过文献调查，对国内外高校图书馆 RDM 服务领域的研究现状进行梳理，对研究主题展开分析，发现研究不足，推演研究问题。系统归纳国内外 RDM 服务领域基础理论，获取研究所需理论支持。

（二）网络调查法。通过网络调查，对国内外高校图书馆 RDM 服务的实践情况展开调研，直观、全面地揭示美国、英国、加拿大和澳大利亚等国外高校图书馆以及我国 147 所"双一流"高校图书馆的 RDM 服务现状。逐个登录官方网站主页，访问 RDM 服务栏目，获取并记录关键信息。

（三）问卷调查法。采用问卷调查法获知目前我国高校图书馆从业人员和科研人员对 RDM 服务的认知与需求情况。围绕数据生命周期，设计问卷问题，通过网络发放并回收调查结果，保证调查对象范围更广、结果便于量化。

（四）访谈分析法。为补充问卷调查结果，采用访谈分析法进一步挖掘我国高校科研人员关于 RDM 服务的认知与需求情况，保证分析结果更加深入、完整。并结合扎根理论将访谈语句编码，探讨科研人员对 RDM 服务的认知与需求间的关系及其影响因素。

（五）统计分析法。统计分析法在本书中多次被应用。一是在文献综述部分结合文献计量学理论知识，对相关研究论文的热点主题、核心概念、主题演进等内容进行统计分析，方便进一步了解国内外 RDM 服务相关研究现状。二是通过统计分析法，对问卷调研结果进行定量分析，辨析多种因素对 RDM 服务的认知与需求是否存在明显差异性，科学、客观地揭示图书馆从业人员和科研人员认知与需求的影响因素。三是在高校图书馆 RDM 服务模式要素提取部分，对文本主题的关键词数，以及聚类维度的主题数和文本数等进行统计分析，以识别服务模式的重点要素。四是在高校图书馆 RDM 服务系统变量提取部分，对 RDM 主题论文的关键词共现频数和高频关键词中心度进行统计和计算，以得出对服务系统产生影响的主要变量。

（六）文本分析法。运用文本分析法对国外高校图书馆网站的 RDM 服务内容进行语义挖掘，采用机器学习、自然语言处理的手段获取文本，抽取隐含关系，实现文本分类，并通过分类结果分析得出国外高校图书馆 RDM 服务实践的关键要素，对我国的 RDM 服务模式搭建提供参考。

（七）案例分析法。在研究国内外高校图书馆 RDM 服务发展实践和平台建设情况的过程中，采用案例分析法找出实践经验丰富的典型个案，对其具体的平台建设和服务提供情况进行分析，梳理先进经验；另外，将所搭建的 RDM 服务模式应用于北京大学图书馆，通过个案分析提升模式应用的可行性。

（八）系统分析法。采用系统分析法对高校图书馆 RDM 服务进行研究，探讨系统运行机理，建构动力学模型并模拟仿真分析，掌握影响 RDM 服务水平的变量因素，洞悉不同变量对系统运行的影响力和影响范围，从而提出优化我国高校图书馆 RDM 服务系统的方案。

第六节　技术路线图

本书通过质性探索与量性检验相结合的科学研究思路，"由表及里""由面及体"地先后对高校图书馆 RDM 服务的相关概念内涵及理论范畴进行界定，为高校图书馆开展 RDM 服务提供理论研究前提；探索科研人员和图书馆从业人员对高校图书馆 RDM 服务的认知与需求，寻找 RDM 服务发展方向；构建高校图书馆 RDM 服务模式，厘清模式要素之间的关系，支撑 RDM 服务实践开展；系统分析高校图书馆 RDM 服务运行机理，辨析利益相关主体及其之间的作用关系，提出有效提升高校图书馆 RDM 服务水平的建议。具体见图 1-9。

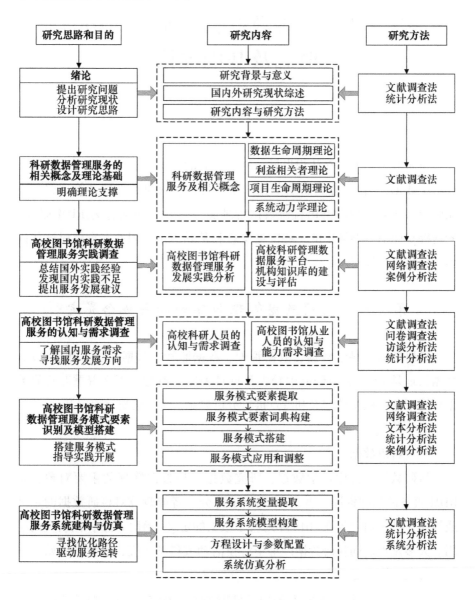

图 1-9　课题研究的技术路线

第二章 科研数据管理服务的相关概念及基础理论

科研数据是人类在认识世界、改造世界的科学研究活动中产生的原始及衍生数据①，高校作为科研数据的聚集地，对科研数据展开管理服务责无旁贷。研究高校图书馆科研数据管理服务（后文可简称为 RDM 服务）的前提是厘清该领域中的一些常见概念和基础理论，因此本章将对这些内容一一梳理、界定。

第一节 科研数据管理服务的相关概念界定

科研数据、科学数据、数据管理、数据监管、数据共享、开放获取、数据治理是 RDM 服务研究中较为常见且关键的概念，下文着重对科研数据环境下这些概念的定义和特点进行分析界定，为后续研究奠定基础。

一 科研数据

科研数据，又称科学数据、研究数据，是数据管理的主要对象，是 RDM 服务的基础资源。表 2 – 1 列出了部分学者或政策对科研数据的定义或描述，其中司莉等在 2013 年对科学数据的定义受到了较多国内研究的引用。大多观点认同科研数据产生于科技活动或科学研究，既包括原始基本

① 王继娜：《国外高校图书馆科学数据管理服务的调研与思考》，《情报理论与实践》2019 年第 8 期。

数据，也包括系统加工后得到的数据产品，有数字、数字集、文本、公式、图像、视频和音频等具体形式，具有原始性、基础性等特点。

科研数据和研究数据翻译自"research data"主要关注科研机构和科研人员在科学研究活动中产生的数据。科学数据最初翻译自"scientific data"，与科研数据和研究数据相比更多涉及自然科学领域以及政府和企业产生的数据。

表 2-1　　　　　　　　国内部分学者对科研数据的定义或描述

学者或政策	时间	定义或描述
司莉等①	2013	科学数据是一类在科学研究过程中所获取的并用于反映事物本质特征及变化规律的原始基本数据或数据集。
李慧佳等②	2013	科学数据通常指在科研过程中所产生的非文字类事实记录。
邱均平等③	2015	科学数据是指人类在科学研究过程中所产生的原始基础数据，以及根据不同需求加工产生的数据产品等。
《科学数据管理办法》④	2018	科学数据通常是指在某些领域的科研过程中所产生的原始数据及其衍生数据。
李梅⑤	2019	研究数据是学术调研和推论的原始基础材料，一般将通过观察或实验等手段产生的文本、图像等信息以数字形式存储。
蔚海燕等⑥	2019	科学数据是一种原始数据或衍生数据，通常在某些学科领域的基础研究或实验开发等过程中所产生。
马慧萍⑦	2020	科学数据（scientific data），也称科研数据（research data）、研究数据，是一种与科学论文同等重要的科研产出。

---

① 司莉、邢文明：《国外科学数据管理与共享政策调查及对我国的启示》，《情报资料工作》2013 年第 1 期。

② 李慧佳、马建玲、王楠等：《国内外科学数据的组织与管理研究进展》，《图书情报工作》2013 年第 23 期。

③ 邱均平、何文静：《科学数据共享与引用行为的相互作用关系研究》，《情报理论与实践》2015 年第 1 期。

④ 中华人民共和国中央人民政府：《国务院办公厅关于印发科学数据管理办法的通知》，http://www.gov.cn/zhengce/content/2018-04/02/content_ 5279272. htm，2021 年 10 月 28 日。

⑤ 李梅：《大学图书馆的研究数据服务创新与数据馆员新角色——英国爱丁堡大学范例研究》，《图书与情报》2019 年第 3 期。

⑥ 蔚海燕、范心怡：《研究型图书馆数据馆员能力需求及服务内容研究》，《图书馆》2019 年第 4 期。

⑦ 马慧萍：《2010—2019 年国内图书馆科学数据共享研究综述》，《图书馆学研究》2020 年第 8 期。

二 数据管理、数据监管和数据治理

数据管理（data management）是数据管理服务的核心部分，是一种侧重于在科学研究过程中获取数据内容本身的被动式管理和服务[①②]。

数据监管（Data Curation，DC）又称数据监护、数据管护、数据策管、数据策展，由数字资源长期保存发展而来。目前国内多数学者以英国联合信息系统委员会（Joint Information Systems Committee，JISC）于2004年所提出的数据监管概念为参考，即在数据生命周期中，为便于数据在当前或未来的使用，对数据进行管理维护、完善增值的过程[③]。一些学者认为数据监管和数据管理相同，也有学者认为数据监管是数据管理的具体操作，还有学者认为数据监管是一项数据管理服务[④]。从整体研究上来看，数据监管更侧重贯穿全数据生命周期的数据管理服务，具有持续性、系统性等特点，相关研究较多关注数据监管项目和高校实践。本书更倾向于认为数据监管是一种数据管理理念和服务项目[⑤]。

关于数据治理（data governance），国内的相关研究多以国际数据管理协会（The Data Management Association，DAMA）所提出的概念为依据，即数据治理是对数据管理过程的规划、监督和执行[⑥]。一些学者认为数据治理包含了数据管理的具体实施，但大多数学者认为数据管理或监管是在数据治理的指导下进行的。所以，从管理层次上来看，数据治理要高于数据

---

① 蔚海燕、卫军朝、张春芳：《高校研究数据管理需求调查实践与探索——以上海大学为例》，《图书情报工作》2016年第2期。

② 司莉、曾粤亮：《机构科研数据知识库联盟数据治理框架研究》，《图书馆论坛》2018年第8期。

③ Lord P., Macdonald A., "E-Science Curation Report：Data Curation for e-Science in the Uk：an Audit to Establish Requirements for Future Curation and Provision"（November 12, 2021），https：//www. Digitalpreservation Gov/ News/ 2004/e-ScienceReportFinal. pdf.

④ 王晴：《国内Data Curation研究综述》，《情报资料工作》2014年第5期。

⑤ 师衍辉、韩牧哲、刘桂锋：《融合区块链技术的机构知识库科学数据监护模型研究》，《现代情报》2020年第1期。

⑥ Science Europe, "Research Data Management"（June 22, 2022），https：//www. scienceeurope. org/our-priorities/research-data/research-data-management/.

管理和数据监管。图2-1展示了本书对三者管理层次和范围的划分。数据治理主要确定哪些决策需要制定以及谁来制定这些决策，数据管理主要制定决策，并确保决策的执行，而数据监管是一项系统、可持续的数据管理活动。虽然数据管理、数据监管、数据治理的范围和特点存在差异，但三者的目标是相同的，即实现数据的增值，这使得这些概念的相关研究往往相互关联。

图2-1　数据治理、数据管理、数据监管的管理层次和范围

三　数据共享和开放获取

数据共享是数据管理的一个重要环节，是实现数据重用的关键。黄国彬等①认为科学数据共享是通过直接或间接的形式将已经存储的有价值的科学数据提供给研究者以再利用。张静蓓等②认为数据共享是指科研人员

---

① 黄国彬、屈亚杰：《英国科研资助机构的科学数据共享政策调研》，《图书馆论坛》2017年第5期。

② 张静蓓、吕俊生、田野：《国外数据共享行为影响因素研究综述》，《图书情报工作》2014年第4期。

将未经处理的原始数据或预处理数据集以正式或非正式的形式分享给其他科研人员的一种行为。马慧萍认为科学数据共享是指将已有的科研成果再现供其他科研用户分享交流及再利用。综合学者们的观点，本书认为在数据共享中，数据的提供方是科研人员，共享的数据是提供方生产的科研数据，数据的接收方是其他科研人员，数据共享的方式较为多样，没有明确固定的形式。

开放获取（Open Access，OA），又称开放存取、开放共享，是一种为促进学术成果进行线上交流与传播等而采取的行动，同时也是一种具有共享理念的学术信息出版机制①。国内对开放获取定义的研究主要以《布达佩斯开放获取先导计划》等国际宣言为基础，认为文献开放获取是指在保持文献作品的完整性且注明引用信息的情况下，用户在互联网获取及使用免费文献时，不会受到经济、法律和技术的限制②。但开放存取出版需要具备一定的前提条件，即文献的作者或著作权人需向全体用户提供授权，同时作品的完整版、附件以及授权声明需上传至在线仓库。

四 数据素养和数据素养教育

数据素养这一概念的出现源于日益兴起的数据密集型科研范式以及在该范式下科研人员对数据管理与分析等方面的需求③。相比于传统的信息素养，数据素养是对其内涵的泛化或延伸④。如果说信息素养强调用户信息搜寻的过程及反馈，那么数据素养强调用户对信息搜寻结果的评估、处理及再利用。在用户对信息搜寻结果的评估、处理及再利用的

---

① 涂志芳、刘兹恒：《国内外学术图书馆参与开放存取出版的实践进展述略——从出版途径的视角》，《图书与情报》2017 年第 3 期。

② Boai，"Budapest Open Access Initiative"（November 12，2021），https://www.budapestopenaccessinitiative.org/read/.

③ 孟祥保、常娥、叶兰：《数据素养研究：源起、现状与展望》，《中国图书馆学报》2016年第 2 期。

④ 黄如花、李白杨：《数据素养教育：大数据时代信息素养教育的拓展》，《图书情报知识》2016 年第 1 期。

过程中，需要具备对数据的获取与整理、批判性分析与处理、符合数据伦理及数据规范的使用等方面的能力，这多种能力的集合被称为数据素养①。其中，获取数据的前提是能够认识到数据是一种资源并且对数据有一定的敏感性，这是用户数据意识的体现；对数据批判性分析与处理的基础是具备数据能力，包括数据生命周期中所涉及的各环节的数据处理能力；数据再利用的底线是了解数据共享、数据可用性相关政策，以实现在符合伦理道德的情况下对数据进行有效且恰当的共享与利用。总的来说，数据素养包括认识数据、处理数据、使用数据这几方面的能力，即数据意识、数据能力、数据伦理三方面所涉及的各项能力的集合。

　　数据素养教育包括数据意识、数据能力、数据伦理三方面，与数据素养所需能力相对应。其中，数据意识的教育重点在于对数据的敏感程度及洞察力的提升，数据伦理教育的目的在于树立数据安全意识及法制观念，这两方面均属于理论性教育；而数据能力是通过技能培训提高数据的获取、处理、利用等方面的能力，属于实践性教育。数据素养教育的初衷在于有针对性地提高个体的数据素养。从广义上讲，数据素养的教育对象包括初等教育、高等教育等不同教学层级的受教育群体；从狭义上讲，数据素养的教育对象为受第四科研范式影响最大的高等教育的学生和从事科学研究的工作人员②。由于不同的教育对象对数据素养所需的程度不同，因此数据素养教育内容在面对不同的教育对象时也存在一定的差异。面向本科生群体的数据素养教育强调通识性③；而面向研究生群体的数据素养教育更强调专业背景④。面向从事科学研究的工作

---

　　① Prado J. C., Marzal M. Á., "Incorporating Data Literacy into Information Literacy Programs: Core Competencies and Contents", *Libri*, Vol. 63, No. 2, 2013, pp. 123－134.

　　② Erwin R. W., "Data Literacy: Real-world Learning Through Problem-solving with Data Sets", *American Secondary Education*, Vol. 43, No. 2, 2015, pp. 18－26.

　　③ 刘霞、方小利、郑怡萍：《武汉大学面向本科生的数据素养通识课程的建设与思考》，《图书情报工作》2020 年第 22 期。

　　④ 张群、刘玉敏：《面向研究生的高校图书馆科学数据素养教育研究》，《大学图书馆学报》2017 年第 3 期。

人员其数据素养教育注重数据生命周期中对数据的理解、管理和利用能力等①②。基于此，高校图书馆作为数据素养的主要阵地由于其自身资源的局限性，在进行数据素养教育的过程中往往寻求与其他相关主体合作以面向不同教育对象提供教育实践活动③④，例如，通过与网络学习平台合作提供在线课堂等。综上，数据素养教育是运用多种教育形式面向不同教育对象，以提高个体数据素养为目标，将理论性教育与实践性教育相结合的一种综合性的能力教育。

五　科研数据管理服务

由于科研数据管理与科研数据服务概念近似，因此通常被研究人员交替使用⑤，其核心都是数据权益⑥，在高校图书馆、资助机构及科研人员等多方参与下进行权益博弈，最终目的是形成高效稳定的行为模式框架，在实践上可表达为对科研数据的收集、存储、组织、共享与利用等。

表2-2列出了国内部分学者对科研数据管理和科研数据服务的定义或描述，综合学者们的观点，本书使用科研数据管理服务这一概念，认为其是围绕数据生命周期，对科研数据进行计划、收集、组织、保存、分析、共享等一系列管理和服务的活动。

---

① 秦小燕、初景利：《面向我国科研人员的科学数据素养能力评价研究》，《情报理论与实践》2020年第2期。

② 董薇：《数据密集型科研范式下馆员数据素养能力培养路径分析》，《数字图书馆论坛》2017年第11期。

③ 杨晓琼：《大数据时代高校数据素养教育的合作路径》，《情报资料工作》2015年第3期。

④ 胡卉、吴鸣、陈秀娟：《加拿大高校图书馆数据素养教育模式》，《图书情报工作》2016年第8期。

⑤ 陈媛媛、柯平：《高校图书馆科研数据服务研究综述》，《图书馆工作与研究》2017年第1期。

⑥ 顾立平：《科研模式变革中的数据管理服务：实现开放获取、开放数据、开放科学的途径》，《中国图书馆学报》2018年第6期。

表 2-2　　国内部分学者对科研数据管理相关概念的定义或描述

学者	时间	定义或描述
马波等①	2018	科研数据管理是指以科研数据为对象所进行的计划与获取、组织与存储、分析与整合、共享与重用等活动。
刘莉等②	2019	科研数据管理贯穿于整个科研生命周期，是学术创新、教学实践、资源整合以及科研成果重用等学术研究过程中的关键。
李梅③	2019	研究数据管理服务包括元数据创建和管理、分配唯一识别符等数据管理技术方面的服务，以及版本控制、永久存储等相关基础设施服务。
胡元元等④	2019	科研数据管理服务包括相关政策法规的制定、数据生命周期过程中所包含的服务以及参与科研生命周期的相关技术、人员、机构等要素。
盛小平等⑤	2020	狭义的定义：数据管理是将数据或信息以一种易于解释或处理的形式表示。广义的定义：数据管理是对数据计划、政策、程序和实践的开发、执行和监督，以便在整个生命周期内传递、控制、保护和提高数据和信息资产的价值。

第二节　科研数据管理服务研究的基础理论

一　数据生命周期理论

进入大数据时代以来，数字数据因其易共享性、易保存性、易编辑性及可复用性等诸多优点，受到了极大的关注度，也使其成为生产活动及科研活动中不可或缺的存在。但如何正确地收集、使用、保存数字数据却依然存在较多分歧，错误地利用数字数据，不仅会对生产科研工作效率产生负面影响，更有可能导致经济成本或机会成本的损失，出于此类原因，开展数据生命周期的研究对资助机构、高校机构、科研人员等利益相关者来

① 马波、李宇：《欧美国家高校图书馆科研数据管理实践及启示》，《图书馆工作与研究》2018 年第 8 期。
② 刘莉、刘伯实：《英国医学院校科研数据管理政策解析——以伦敦大学医学院为例》，《图书馆论坛》2019 年第 7 期。
③ 李梅：《大学图书馆的研究数据服务创新与数据馆员新角色——英国爱丁堡大学范例研究》，《图书与情报》2019 年第 3 期。
④ 胡元元、朱慧敏：《我国科研数据管理服务：内涵·主题演变·研究框架及其启示》，《图书馆学研究》2019 年第 4 期。
⑤ 盛小平、宋大成：《数据管理与数据治理的比较分析及其对制定科学数据开放共享政策的启示》，《图书情报工作》2020 年第 22 期。

说存在着重要意义。

数据生命周期是指数据从进入系统的那一刻到从系统中删除或存储的那一刻，所经历的一系列阶段过程①。具体而言，数据生命周期是一个循环过程，其中包括数据产生、加工和发布以及再利用三个阶段②。数据生命周期模型的建立灵感最早源于知识发现③（The Knowledge Discovery in Databases，KDD），其包括五个主要阶段：数据选择、数据预处理、数据转换、数据挖掘、数据解释。它包括了从数据中提取知识的整个过程，但单一的线性流程已经无法满足后续数字数据利用场景中成指数增长的复杂性需求。为此，基于 KDD 扩展的跨行业数据挖掘标准流程④（Cross-Industry Standard Process for Data Mining，CRISP DM）在该领域第一次引入循环周期的概念，包括需求理解、数据理解、数据准备、数据建模、数据评估及数据运用，其中数据理解类似于 KDD 中的数据预处理及数据转换，而需求理解和数据运用则是相较于 KDD 的拓展，通过在数据运用场景中发现新的数据需求，进而实现数据的循环过程。

真正意义上的数据生命周期在 2008 年由数据文档倡议联盟（DDI Alliance）提出⑤。它包括五个阶段：（一）数据发现及规划；（二）初始数据收集；（三）最终数据准备和分析；（四）数据发布和共享；（五）数据的长期管理。相较于 KDD 和 CRISP-DM，DDI 数据生命周期提出的数据共享及数据长期管理更具有广泛适用性，也是第一次对数据使用中的重要概念进行的精确概括。

---

① Simonet A., Fedak G., Ripeanu M., "Active Data: A Programming Model to Manage Data Life Cycle Across Heterogeneous Systems and Infrastructures", *Future Generation Computer Systems*, Vol. 53, 2015, pp. 25–42.

② 武彤：《基于数据生命周期的美国研究图书馆科学数据开放共享服务研究》，《图书与情报》2019 年第 1 期。

③ Fayyad U., Piatetsky-shapiro G., Smyth P., "From Data Mining to Knowledge Discovery in Databases", *AI Magazine*, Vol. 17, No. 3, 1996, p. 37.

④ Chapman P., Clinton J., Kerber R., et al., "CRISP-DM 1.0: Step-by-step Data Mining Guide", *Spss Inc*, Vol. 9, No. 13, 2000, p. 13.

⑤ Alliance D., "DDI Lifecycle 3.0" (June 17, 2022), https://ddialliance.org/Specification/DDI-Lifecycle/3.0/.

数据生命周期的相关理论在政府管理①②③、公共安全④、医疗卫生⑤、高校科研⑥⑦等诸多领域都得到了应用。同时，科研活动周期和数据生命周期也被视作科研数据管理体系基础研究的重要组成部分⑧。许多机构及高校在数据管理实践中提出了自己对数据生命周期的理解。如美国政治与社会科学研究校际联盟（ICPSR）提出科学数据生命周期模型包括制定及发展数据管理计划、数据收集、数据分析、数据共享、数据存储五个阶段；弗吉尼亚大学图书馆认为数据生命周期在此基础上还包括数据发现阶段；而加利福尼亚大学数字图书馆认为数据生命周期除了数据计划、数据收集、数据管理、数据存储、数据共享这五个阶段以外，还应包括数据出版阶段⑨。

结合上述美国各大高校基于数据生命周期的 RDM 服务实践，本书认为数据生命周期主要分为数据生产与收集、数据处理、数据分析、数据存储与保存、数据共享、数据重用或再利用这六个阶段。

二　利益相关者理论

科研数据生命周期管理是一个需要由机构和人员多方协作的有机复杂

---

① 黄如花、赖彤：《数据生命周期视角下我国政府数据开放的障碍研究》，《情报理论与实践》2018 年第 2 期。

② 丁红发、孟秋晴、王祥等：《面向数据生命周期的政府数据开放的数据安全与隐私保护对策分析》，《情报杂志》2019 年第 7 期。

③ 王卫、王晶、张梦君：《基于数据生命周期的政府数据开放平台框架构建研究》，《图书馆理论与实践》2019 年第 3 期。

④ 陆莉、沙勇忠、徐雪峰：《基于生命周期的公共安全数据管理模型研究》，《图书与情报》2019 年第 4 期。

⑤ 吴丹、马乐：《基于可穿戴设备的医疗健康数据生命周期管理与服务研究》，《信息资源管理学报》2018 年第 4 期。

⑥ 武彤：《基于数据生命周期的美国研究图书馆科学数据开放共享服务研究》，《图书与情报》2019 年第 1 期。

⑦ 储节旺、夏莉：《嵌入生命周期理论的科学数据管理体系构建研究——牛津大学为例》，《现代情报》2020 年第 1 期。

⑧ 杨乐、颜石磊、李洪波：《科研数据生命周期研究和数据知识库理论架构》，《图书情报工作》2019 年第 1 期。

⑨ Fayyad U., Piatetsky-shapiro G., Smyth P., "From Data Mining to Knowledge Discovery in Databases", *AI Magazine*, Vol. 17, No. 3, 1996, p. 37.

系统，涉及数据生命周期中的各个工作过程以及数据计划、数据映射、语义注释等众多环节①。而被这个有机复杂系统所涉及的多方机构和人员，被称作利益相关者。

利益相关者概念作为战略管理理论发展过程中的重要角色，其最先由斯坦福研究院（Stanford Research Institute，SRI）提出，而后由美国学者弗里曼（Freeman）完善②，他认为利益相关者是一个与组织目标的实现相互影响的人③。这也意味着，利益相关者对任何组织的良性发展都极为重要，组织发展需要在兼顾各相关者利益的同时调动其能动性，减少因利益相关者利益受损而对组织整体运行产生负面影响的情况④。

利益相关者理论强调利益相关者利益最大化，这对制订科学数据开放共享计划与行动纲领具有极其重要的指导意义⑤。在 RDM 服务领域，利益相关者的思想主要伴随着科研数据的开放共享进程以及特定的数据传播和保存举措得到体现⑥。同时，也为科研数据共享实践中所涉及的界定利益主体、明确利益相关者诉求、解决利益冲突等问题提供理论基础⑦。

现有研究中关于 RDM 服务领域的利益相关者划分存在多种标准。从直接利益相关者和间接利益相关者的角度来看，高校、图书馆、科研人员等属于直接利益相关者，国家相关部门、科研资助机构、数据出版商等属于间接利益相关者。从首要或次要、关键或非关键两个维度进行划分，又

---

① 王代礼：《基于利益相关者的高校图书馆科学数据管理策略分析》，《图书馆工作与研究》2020 年第 9 期。

② 齐宝鑫、武亚军：《战略管理视角下利益相关者理论的回顾与发展前瞻》，《工业技术经济》2018 年第 2 期。

③ Freeman R. E., *Strategic Management：A Stakeholder Approach*, Cambridge, UK：Cambridge University Press, 2010.

④ 王代礼：《基于利益相关者的高校图书馆科学数据管理策略分析》，《图书馆工作与研究》2020 年第 9 期。

⑤ 盛小平、吴红：《科学数据开放共享活动中不同利益相关者动力分析》，《图书情报工作》2019 年第 17 期。

⑥ Wessels B., Finn R. L., Linde P., et al., "Issues in the Development of Open Access to Research Data", *Prometheus*, Vol. 32, No. 1, 2014, pp. 49 – 66.

⑦ 陈媛媛、王苑颖：《科研数据开放共享的利益相关者互动关系》，《图书馆论坛》2020 年第 5 期。

可以分为科研人员、科研机构等首要关键利益相关者，数据中心等首要非关键利益相关者，数据出版商、图书馆、科研资助机构等次要关键利益相关者，以及政府及公共部门、行业协会等次要非关键利益相关者。从角色划分的角度，还可以分为生产者、资助者、组织者等①。

　　本书在上述划分方案的基础上，结合数据生命周期理论，将参与到科研数据循环中的利益相关者概括精简为研究人员、图书馆、政府、资助机构以及数据存储服务供应商。具体而言：（1）在数据产生阶段，研究人员为了能够得到资助机构的资助，需要参与制订 DMP（提出 DMP 计划是部分资助机构的前置要求）。此外，对研究人员的论文引用率以及学术声誉来说，一个规范的 DMP 也会产生显著的正面影响②③。（2）在数据收集处理和分析存储阶段，图书馆为了促进新的研究，提升研究成果的质量，避免重复工作，广泛获取、使用和再利用科研数据，创建更完整和透明的科学记录，也需要制定开展科研数据相关管理服务④⑤。（3）在数据出版与共享阶段，政府为了提高科学研究透明度，促进公众对国家科学研究的了解，提高公众参与积极性和满意度，需要制定相关数据开放和数据保护政策⑥⑦⑧。数据存储服务供应商则通过科研数据开放行为，打破数字壁垒，

---

① 盛小平、袁圆：《国内外科学数据开放共享影响因素研究综述》，《情报理论与实践》2021年第8期。

② Piwowar H. A., Day R. S., Fridsma D. B., "Sharing Detailed Research Data is Associated with Increased Citation Rate", *Plos One*, Vol. 2, No. 3, 2007, p. e308.

③ Van Den Eynden V., Knight G., Vlad A., et al., "Towards Open Research: Practices, Experiences, Barriers and Opportunities", *Figshare*, 2016, pp. 1 –66.

④ Wessels B., Finn R. L., Linde P., et al., "Issues in the Development of Open Access to Research Data", *Prometheus*, Vol. 32, No. 1, 2014, pp. 49 –66.

⑤ Fry J., Lockyer S., Oppenheim C., et al., *Identifying Benefits Arising From the Curation and Open Sharing of Research Data Produced by UK Higher Education and Research Institutes*, Citeseer, 2008.

⑥ Kowalczyk S., Shankar K., "Data Sharing in the Sciences", *Annual Review of Information Science and Technology*, Vol. 45, No. 1, 2011, pp. 247 –294.

⑦ Janssen M., Charalabidis Y., Zuiderwijk A., "Benefits, Adoption Barriers and Myths of Open Data and Open Government", *Information Systems Management*, Vol. 29, No. 4, 2012, pp. 258 –268.

⑧ Miller R. J., "Open Data Integration", *Proceedings of the VLDB Endowment*, Vol. 11, No. 12, 2018, pp. 2130 –2139.

提升跨学科、跨高校、跨机构研究水平，最大限度发挥数字技术和网络的研究潜力[1]。(4) 在数据利用阶段，资助机构为了加速研究成果的转化和推广，刺激下游应用和商业创新，获得更大的经济回报，也会对受资助者提出更高的科研数据管理要求[2]。

三 项目生命周期理论

(一) 项目生命周期的界定

美国项目管理协会（Project Management Institute，PMI）是项目管理领域的权威机构，其认为项目是为创造独特产品、服务或成果而进行的临时性工作，每个项目都有开始和结束，它们诞生、成熟，并随着项目的完成"死亡"。PMI 将项目生命周期定义为描述项目生命的高调形式，包括交付项目的流程以及为事情发生而采取的步骤[3]。PMI 在官网介绍的项目生命周期包含项目启动、计划、执行、监控、收尾这五个阶段。表 2 - 3 是 PMI 对这些阶段的定义和管理步骤的描述，内容来自官方网站。

表 2 - 3 PMI 项目生命周期阶段

项目生命周期阶段	定义	管理步骤
项目启动	定义需要做的事情	制定项目章程、确定项目边界和可交付成果、进行可行性研究、估算成本并创建业务案例、识别利益相关者
项目计划	定义如何完成这些需要做的事情	创建项目计划、创建财务计划、创建资源计划、创建质量计划、创建风险计划、创建验收计划、创建沟通计划、创建采购计划

---

[1] 盛小平、吴红：《科学数据开放共享活动中不同利益相关者动力分析》，《图书情报工作》2019 年第 17 期。

[2] Wessels B., Finn R. L., Linde P., et al., "Issues in the Development of Open Access to Research Data", *Prometheus*, Vol. 32, No. 1, 2014, pp. 49 - 66.

[3] Aston B., "What is the Project Life Cycle: the 5 Phases & Why It's Important" (June 20, 2022), https:// thedigitalprojectmanager. com/project-management -life-cycle/# what-is-the-project-life-cycle.

续表

项目生命周期阶段	定义	管理步骤
项目执行	实施项目	团队领导力、创建任务、任务简报、客户管理、沟通
项目监控	保持项目正常进行	成本和时间管理、质量管理、风险管理、验收管理、变更管理
项目收尾	结束项目	项目绩效分析、团队分析、项目结束、实施后审查

PMI 还在《项目知识管理机构指南》（Project Management Book of Knowledge, PMBOK）中提出了一个通用项目生命周期，即开始项目、组织与准备项目、执行项目、结束项目，并指出项目生命周期是由一系列项目管理活动构成的。而项目管理是通过项目管理过程实现的。其中项目管理过程可以按项目管理的逻辑组合，分为启动、规划、执行、监控和收尾五个过程组；还可以按所需知识内容，分为整合管理、范围管理、进度管理、成本管理等十大知识领域[①]。

（二）科研项目生命周期的界定及阶段划分

科研项目是项目的一种具体表现形式，根据项目生命周期的定义和科研项目的特点，科研项目生命周期（research project lifecycle）是科研项目从形成假设或研究问题开始，到最后以最终研究成果结束所经历的所有阶段以及相应的管理过程。不同高校或学者已经对科研生命周期阶段进行了划分。华盛顿大学开发的科研项目生命周期模型涵盖计划和申报、实施、管理、收尾四个阶段[②]。波士顿大学将科研生命周期划分为寻找资金来源、准备申请、审核和提交申请、审核和接受资助、启动资金、管理资金、实施研究、结束资助、推向市场、推广作品十部分[③]。崔海媛等将科研生命

[①] 美国项目管理协会：《项目管理知识体系指南（PMBOK 指南）》，电子工业出版社 2018 年版。

[②] University of Washington, "My Research Project Lifecycle" (June 20, 2022), https://www.washington. edu/research/wp-content/uploads/2017/08/Research-Management-Lifecycle-banner-08. 1. 17. png.

[③] Boston University Research Support, "Project Lifecycle" (June 20, 2022), https:// www. bu. edu/researchsupport/project-lifecycle/.

周期划分为项目选题和方向调研、项目申请和研究方向、项目开展和方案执行、数据分析和数据处理、项目结题和成果发表五个阶段①。虽然这些科研生命周期的划分各不相同，但都涵盖了 PMI 通用项目生命周期的四个阶段。本书在上述项目生命周期划分的基础上，进一步把科研项目生命周期概括为前期、中期、后期三个阶段，其中前期主要进行项目的资金来源选择、项目的计划或申报，以及项目相关事项的调研和准备；中期主要进行项目的实施和监管；后期主要进行项目成果的验收、存储和推广。

本书主要将项目生命周期理论运用于两个方面：一是借鉴项目生命周期与项目管理过程的关系，来分析数据生命周期与数据管理过程的关系，将数据生命周期流程与 RDM 服务内容联系起来，以此为第六章 RDM 服务模式的构建提供依据；二是在项目生命周期的基础上对科研项目周期进行划分，从而为 RDM 服务模式的流程要素设计提供支持。

四　系统动力学理论

系统动力学（system dynamics）源于控制论，由于受到工业科技不断发展的影响，自控制论理论建立以来便受到国内外学者的广泛关注，部分学者在研究控制论的相关问题时就对系统动力学的相关问题进行了阐述②。后来美国麻省理工学院 Forrester 教授以系统论、控制论和信息论为理论基础，提出系统动力学是一门研究社会、经济等具有高阶次、非线性问题的科学③④⑤，并在《哈佛商业评论》上发表了相关论文，这些文章被称为系

---

① 崔海媛、罗鹏程、李国俊等：《研究数据管理服务框架研究与构建：以北京大学为例》，《图书情报工作》2019 年第 1 期。

② 赵红潮：《系统动力学的研究与发展综述》，《南京理工大学学报》（自然科学版）1992 年第 2 期。

③ Forrester J. W., "The Beginning of System Dynamics", *The McKinsey Quarterly*, No. 4, 1995, pp. 4 –5.

④ 王其藩、车宏安、张晓波：《系统动力学的理论与应用》，《控制与决策》1986 年第 3 期。

⑤ 申静、于梦月：《基于系统动力学的智库知识服务发展机制模型构建》，《图书馆论坛》2022 年第 7 期。

统动力学的奠基之作①。系统动力学最初以"工业动力学"命名，主要应用于企业管理领域，随后 Forrester 教授应用该方法研究宏观层面的城市兴衰问题，由此产生了"城市动力学"②。此后，系统动力学方法被不断完善，研究领域也逐步发展成沟通自然科学领域与社会科学领域的横向学科，并被定义为"系统动力学"。

系统动力学主要用于研究复杂系统行为的动力学特征③，利用连续系统仿真来回答复杂的政治、经济、社会问题④，是从定性、半定量到定量的一个研究过程。首先分析系统微观结构确定系统边界，其次运用因果关系图、水平方程等方法对系统要素之间的逻辑关系及数量关系进行描述，最后将数学模型转换成计算机程序进行仿真模拟⑤。

使用传统的研究方法评估具有许多利益相关者、相互关联作用的持续复杂系统时存在较大局限性。过去的研究人员在评估和观测这类动态系统的可持续问题时往往严重依赖主观判断，缺乏理论支撑和可供参考的评估标准⑥。为此，一种能够捕捉复杂结构中的互动因果关系以及时序因果关系的建模工具⑦应运而生，即系统动力学。系统动力学基于"系统思考"的原则，"系统结构决定系统功能"的思想，强调系统的、联系的、发展的观点⑧。系统动力学将所研究的政治、经济、社会等复杂问题都看作一个开放的系统，系统内部的各结构构成动态的整体，并在内外因的推动下

---

① Forrester J. W., "Industrial Dynamics: A Breakthrough for Decisionmakers", *Harvard Business Review*, Vol. 36, No. 4, 1958, pp. 37 – 66.

② 陈国卫、金家善、耿俊豹:《系统动力学应用研究综述》,《控制工程》2012 年第 6 期。

③ 钟永光、贾晓菁、李旭等:《系统动力学》, 科学出版社 2009 年版。

④ Forrester J. W., "Lessons From System Dynamics Modeling", *System Dynamics Review*, Vol. 3, No. 2, 1987, pp. 136 – 149.

⑤ 李洪波、熊励、刘寅斌:《基于系统动力学的信息管理研究: 框架与综述》,《情报科学》2017 年第 2 期。

⑥ Mihailovs N., Cakula S., "Dynamic System Sustainability Simulation Modelling", *Society. Technology. Solutions. Proceedings of the International Scientific Conference*, 2019, p. 7.

⑦ Fang Y., Lim K. H., Qian Y., et al., "System Dynamics Modeling for Information Systems Research: Theory Development and Practical Application", *MIS Quarterly*, Vol. 42, No. 4, 2018, pp. 1303 – 1329.

⑧ 王其藩:《系统动力学理论与方法的新进展》,《系统工程理论方法应用》1995 年第 2 期。

产生一定变化，然而在特定的条件下可以将其简化为封闭的系统进行研究①。系统动力学方法与其他分析方法之间存在的一个最明显的特征是：系统动力学方法认为系统行为与系统内部结构存在一定的关联性。内部结构主要有两个含义，一方面是系统内部组成结构及其关系，另一方面是更重要的内部反馈回路和其相互作用②。在社会经济复杂系统中，内部反馈回路由状态、决策和信息构成。系统通过与外界进行信息、物质交流获取外部动力，内部结构之间进行不断耦合形成内部动力，这是复杂系统所具备的自组织特征的表现。在一定条件下，虽然外部环境会产生一定干扰，但最终是由内因带动外因。因此强调改变系统的内在因素，也就是说，在系统动力学研究中，存在一个清晰的系统边界，系统边界以外的影响因素对系统边界内部的影响被人为截断了，福瑞斯特对这些系统边界以外的影响因素概念化为"无界环境"（limitless environment）③。事实上，一个更窄的系统边界被证明是深入了解系统动态的关键所在④。因此，系统动力学方法能够从内源性的角度看待复杂的系统，并始终以问题为导向，建立量化模型进行仿真和预测⑤。

系统动力学研究过程通常包含六个阶段⑥：（1）问题识别和定义。（2）系统概念化。（3）模型阐述。（4）模型测试和评估。（5）模型的使用、实施和传播。（6）学习策略的设计。因其研究过程的特殊性质，使用系统动力学模型作为主要方法进行研究，存在着许多限制，例如，建立系统动力学定性模型的过程没有固定规律可循，绝大多数的系统模

---

① 王其藩、车宏安、张晓波：《系统动力学的理论与应用》，《控制与决策》1986 年第 3 期。

② 王其藩：《系统动力学的理论与应用（一）》，《国外自动化》1985 年第 6 期。

③ Forrester J. W., "Urban Dynamics", *IMR*；*Industrial Management Review* (*pre*-1986), Vol. 11, No. 3, 1986, p. 67.

④ Richardson G. P., "Reflections on the Foundations of System Dynamics", *System Dynamics Review*, Vol. 27, No. 3, 2011, pp. 219 – 243.

⑤ Király G., Miskolczi P., "Dynamics of Participation：System Dynamics and Participation—an Empirical Review", *Systems Research and Behavioral Science*, Vol. 36, No. 2, 2019, pp. 199 – 210.

⑥ Martinez-Moyano I. J., Richardson G. P., "Best Practices in System Dynamics Modeling", *System Dynamics Review*, Vol. 29, No. 2, 2013, pp. 102 – 123.

型都是基于作者的主观意见进行构建的，这也导致所建模型的质量在很大程度上取决于研究者的过往经验和知识储备①。此外，系统动力学方法主张从整体行为角度研究系统中的因果反馈关系，而非个体行为的仿真建模②③。但即便如此，系统动力学在进行某些方面的研究中依旧处于不可替代的地位。由于其具有研究不同策略下系统行为模式及各变量之间互相影响关系的能力，并且在处理线性及非线性交互作用、分析大规模复杂动态系统行为上所具有的良好适用性④，在网络舆情⑤⑥、环境科学⑦⑧⑨、供应链管理⑩⑪等不同领域的研究中均得到了有效应用。

① Forrester J. W., "Lessons From System Dynamics Modeling", *System Dynamics Review*, Vol. 3, No. 2, 1987, pp. 136 – 149.

② Park B. W., Ahn J. H., "Policy Analysis for Online Game Addiction Problems", *System Dynamics Review*, Vol. 26, No. 2, 2010, pp. 117 – 138.

③ Jafari M., Hesamamiri R., Sadjadi J., et al., "Assessing the Dynamic Behavior of Online Q&A Knowledge Markets: A System Dynamics Approach", *Program*, Vol. 46, No. 3, 2012, pp. 341 – 360.

④ 宋金波、史庆斌、高景鑫：《城市基础设施投资结构的动态仿真与分析——以北京市为例》，《系统管理学报》2022 年第 3 期。

⑤ 董凌峰：《基于 SD 演化博弈的网络舆情形成阶段主体研究》，《情报科学》2018 年第 1 期。

⑥ 曾润喜、陈创：《网络舆情信息传播动力机制的比较研究》，《图书情报工作》2018 年第 7 期。

⑦ Zomorodian M., Lai S. H., Homayounfar M., et al., "The State-of-the-art System Dynamics Application in Integrated Water Resources Modeling", *Journal of Environmental Management*, Vol. 227, 2018, pp. 294 – 304.

⑧ Liu J., Liu Y., Wang X., "an Environmental Assessment Model of Construction and Demolition Waste Based on System Dynamics: A Case Study in Guangzhou", *Environmental Science and Pollution Research*, Vol. 27, No. 30, 2020, pp. 37237 – 37259.

⑨ Mak T. M., Chen P-C, Wang L., et al., "A System Dynamics Approach to Determine Construction Waste Disposal Charge in Hong Kong", *Journal of Cleaner Production*, Vol. 241, 2019, p. 118309.

⑩ Olivares-Aguila J., Elmaraghy W., "System Dynamics Modelling for Supply Chain Disruptions", *International Journal of Production Research*, Vol. 59, No. 6, 2021, pp. 1757 – 1775.

⑪ Rebs T., Brandenburg M., Seuring S., "System Dynamics Modeling for Sustainable Supply Chain Management: A Literature Review and Systems Thinking Approach", *Journal of Cleaner Production*, Vol. 208, 2019, pp. 1265 – 1280.

第三节　高校图书馆开展科研数据管理服务的必要性和可行性

本节将从科研人员和高校图书馆的需求、高校图书馆的职能和优势等方面分析高校图书馆开展和加强 RDM 服务的必要性和可行性。

一　科研人员的科研数据管理服务需求

科研人员的科研数据管理需求是图书馆开展 RDM 服务的动力之一。在高校，科研人员主要为教师和研究生，他们从事科学研究活动，对于知识管理和成果发表一直较为重视。随着科学研究中产生和需要的科研数据增加，以及开放数据理念的发展，科研人员的科研数据管理意识和对 RDM 服务的需求也逐渐增长。作为高校图书馆的主要服务对象，科研人员的需求推动高校图书馆创新服务来为其提供支持。

二　高校图书馆可持续发展需求

高校图书馆自身发展的需求，是其开展 RDM 服务的另一个重要动力。一方面，高校图书馆推动传统的文献服务向数据服务转型，以提升自身服务能力，更好地满足用户的需求，从而实现自身的价值。另一方面，高校图书馆自身有创新和推动高校学术水平提升的需求。科研数据对于科研创新有着重要价值，为了加强科研人员的科研水平，高校图书馆开展信息素养教育，并逐渐向数据素养延伸和拓展。在"双一流"高校建设的背景下，高校图书馆更是要提升自身水平，符合世界一流大学和世界一流学科的要求，为高校的创新和学术水平提高提供支持。

三　高校图书馆职能和科研数据管理服务的协同

图书馆具有社会文献信息管理和社会教育等职能，本章通过图 2-2 来展示图书馆的主要社会职能及对应的主要数据生命周期管理阶段，这里参考了《图书馆学概论》对图书馆社会职能的划分和描述，以及本书第一章文献综述部分对数据生命周期管理阶段划分的总结①。可以看出图书馆职能与数据管理和数据素养教育等服务相适应，而高校图书馆长期为师生提供服务，更多地接触科研活动，更是较为理想的科研数据管理机构。高校图书馆可以制订发展 RDM 服务的计划，明确 RDM 服务与图书馆职能和目标的协同点，以在原有的部门、人员、服务和目标的基础上发展 RDM服务。

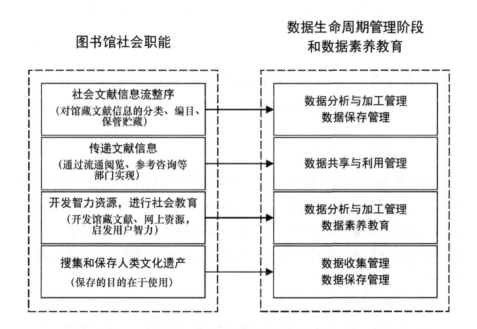

图 2-2　图书馆主要社会职能与数据管理阶段的对应关系

四　高校图书馆的资源和经验优势

高校图书馆长期进行科学文献的管理工作，积累了文献资源和文献资源管理的经验，在 RDM 服务方面相比高校其他部门有较为明显的优势。国内大部分"双一流"高校都开展了学科服务，以针对不同学科的需求为

① 吴慰慈、董焱：《图书馆学概论》，国家图书馆出版社 2019 年版。

研究人员提供个性化的咨询和培训。由于科研数据也会因学科的不同而在形式、规模和质量等方面存在差异，高校图书馆可以在学科服务的基础上发展 RDM 服务，以更好地满足不同学科的科研数据管理需求。许多学者也已经对学科馆员的转型和面向 RDM 服务的学科服务的可行性进行了研究，并认为高校图书馆学科服务具有开展 RDM 服务的可行性。我国还有许多高校图书馆主持建设了数据平台，数据平台建设一般涉及平台定位、系统选型、元数据方案、本地化配置、用户评价和反馈等方面，涉及了 RDM 服务的相关要素，这为高校图书馆开展 RDM 服务打下了设施和经验基础。

第四节　高校图书馆在科研数据管理服务中的角色和职责

一　高校图书馆的角色

完整的 RDM 服务伴随科研数据生命周期和科研工作流程的展开，即科研项目进行前制订科研数据管理计划；科研项目进行中涉及的科研数据收集、组织、存储；科研项目后期包括的科研数据分析和共享等[①]。高校图书馆作为数据密集型科研环境下 RDM 服务的主要阵地之一，在 RDM 服务中扮演着以下几种角色：

（一）科研数据管理计划制订的指导者

科研数据管理计划的内容包括数据获取、数据描述、数据伦理、数据共享与重用等项目进行期间的各个阶段科研人员对数据资源的分配及使用计划，具有一定的完整性与系统性[②]。高校图书馆作为以科研和教学为主体的学术研究机构，通过向科研人员提供制订科研数据管理计划模板、工

---

① 周力虹、段欣余、宋雅倩：《我国高校图书馆科研数据管理服务调查与分析》，《图书情报工作》2017 年第 2 期。

② 王思明：《美国高校图书馆数据管理计划服务及启示》，《数字图书馆论坛》2018 年第 12 期。

具等方式指导科研数据管理计划的撰写①。

（二）科研数据组织与存储的协助者

在 RDM 服务中，科研人员需要通过建立元数据标准以及统一文件命名格式等方式实现对科研数据的有效管理，为未来提取科研数据用于共享或再利用做铺垫。目前高校图书馆通过提供科研数据的推荐格式声明、版本控制指南或引导科研人员对元数据工具的使用等方式，协助科研人员对科研数据的组织与存储②③。

（三）数据政策的制定者

科研数据管理政策的制定是科研数据共享与再利用的关键。目前，高校图书馆一般通过制定科研数据管理政策或提供主要资助机构的科研数据管理政策，协助科研人员解决知识产权、访问权限等方面的问题，为科研数据共享提供保障④。

（四）科研数据管理服务平台的建设者

在科研项目进行的过程中，由于科研数据的不断产生，高校图书馆需要及时地为科研人员提供整理及存储数据等方面的服务⑤。因此，高校图书馆一般通过搭建科研数据管理平台、与其他研究中心或高校进行合作，对科研数据进行及时的备份和整理，以便未来在科研信息提取、科研决策等方面对科研数据进行有效利用⑥⑦。

---

① 陈秀娟、胡卉、吴鸣：《英美数据管理计划与高校图书馆服务》，《图书情报工作》2015年第 14 期。

② 李志芳：《英美高校图书馆科研数据管理服务调查》，《图书馆》2019 年第 1 期。

③ 唐燕花：《高校科研数据管理服务实践研究及建议》，《图书情报工作》2016 年第 24 期。

④ 马波、李宇：《欧美国家高校图书馆科研数据管理实践及启示》，《图书馆工作与研究》2018 年第 8 期。

⑤ 史艳芬、刘玉红：《基于科学数据管理生命周期的高校图书馆服务角色定位研究》，《新世纪图书馆》2016 年第 4 期。

⑥ 谢春枝、燕今伟：《国内外高校科学数据管理和机制建设研究》，《图书情报工作》2013年第 6 期。

⑦ 许燕、曾建勋：《面向科研管理的机构知识库建设政策与机制》，《图书情报工作》2015年第 6 期。

（五）数据素养教育的实施者

由于科研工作者的数据素养水平会影响 RDM 服务的进行，因此高校图书馆通过在线培训、讲座、研讨会等教育形式，从对科研数据有效管理和利用的意识[1]、科研管理过程中科研数据组织、管理的能力[2]，以及科研数据共享的版权意识[3]三方面内容对科研人员进行数据素养教育。

综上所述，高校图书馆在 RDM 服务的过程当中充当数据管理计划制订的指导者、科研数据组织与存储的协助者、科研数据管理政策的制定者、RDM 服务平台的建设者以及数据素养教育的实施者。

二　数据馆员的岗位设置

数据馆员这一职位的出现源于科研人员对科研数据生命周期中数据管理活动日益迫切的需求[4]。数据馆员一般嵌入整个数据生命周期中，从数据资源获取阶段、数据加工阶段、数据存储阶段、数据再利用阶段等协助科研人员对科研数据的管理与使用[5]。为使科研人员的数据管理活动顺利进行，数据馆员会对这个过程中所涉及的数据采集、上传、管理、分析等相关问题提供咨询服务。同时，数据馆员充分利用高校图书馆的教育职能，对科研人员进行数据素养教育，目的是使科研人员在数据监管方面的技能水平得到提升[6]。

数据馆员自身的素质能力对 RDM 服务水平有着直接的影响。数据馆员需要具备的素质能力包括科研数据管理的相关理论知识、专业技术和其

---

① 王婉：《澳大利亚高校图书馆参与科研数据管理服务研究》，《图书馆论坛》2014 年第 3 期。

② 李晓辉：《图书馆科研数据管理与服务模式探讨》，《中国图书馆学报》2011 年第 5 期。

③ 黄红华、韩秋明：《英国大学图书馆科研数据管理服务研究》，《图书馆理论与实践》2017 年第 8 期。

④ 刘桂锋、卢章平、阮炼：《美国高校图书馆研究数据管理服务内容研究》，《图书馆论坛》2015 年第 8 期。

⑤ 蔚海燕、范心怡：《研究型图书馆数据馆员能力需求及服务内容研究》，《图书馆》2019 年第 4 期。

⑥ 蒋丽丽、陈幼华、陈琛：《国外高校图书馆数据馆员服务模式研究》，《图书情报工作》2015 年第 17 期。

他综合能力三个方面。其中，理论知识包括数据生命周期等基础理论[①]；专业技术包括计算机技术、数据管理技术等专业技术能力，以及管理和沟通等综合能力。

综上所述，在 RDM 服务中，数据馆员的岗位职责主要包括 RDM 服务、数据咨询服务、数据素养教育三大方面，同时自身应具备有关科研数据生命周期管理的理论与实践能力以及其他综合能力。

第五节　本章小结

本章节主要阐述了与 RDM 服务研究相关的概念和理论基础，在概念研究方面，采用文献分析和网络调查的方法，列出了国内部分学者对科研数据的定义和描述，进一步区分和明晰数据管理、数据监管和数据治理三者之间的联系，分析数据共享和数据开放获取的含义，叙述数据素养和数据素养教育的概念，同时经过分析学者对科研数据管理和 RDM 服务的概念理解后，结合本书研究，对 RDM 服务概念作出界定。

在理论基础研究方面，主要运用到了四个基础理论，即数据生命周期理论、利益相关者理论、项目生命周期理论和系统动力学理论。本书将数据周期分为数据产生到数据利用等六个阶段，明确科研数据的生命周期可以更好地助力数据管理工作，提供良好的 RDM 服务。利益相关者贯穿整个科研数据管理过程，界定清楚各利益相关者的权责，结合数据生命周期理论，更深入地了解科研数据管理的各个环节。根据项目生命周期理论界定科研项目生命周期及阶段划分，并将科研项目生命周期同 RDM 服务流程联系起来，为后续 RDM 服务模式的构建与流程的设计提供依据。研究采用系统动力学理论，可以达到定性与定量相结合的研究目的，该理论不依据理想的假设，而是以现实存在的调查数据作为支撑，不以追求最优解

---

① 孟祥保、钱鹏：《国外高校图书馆数据馆员岗位设置与管理机制》，《图书与情报》2013年第 4 期。

为研究目的，而重于寻求改善系统行为的机会和途径。

另外，高校图书馆作为 RDM 服务的重要参与者和主阵地之一，在 RDM 服务过程中发挥着积极作用，本章节还对高校图书馆在 RDM 服务中的角色和其设置的数据馆员岗位职责进行界定，并探讨了高校图书馆开展 RDM 服务的必要性和可行性，为后续 RDM 服务的实践研究提供参考。综上所述，五个基础概念和四个理论基础的深入解析共同为下一步 RDM 服务的研究奠定基础。

第三章　高校图书馆科研数据管理服务发展实践分析

本章将对国内外高校图书馆的科研数据管理（RDM）服务实践发展情况展开调研。国外部分选取了美国、英国、加拿大、澳大利亚四个国家的高校图书馆作为调查对象，主要从政策性文件、培训、数据管理计划工具、数据存储与备份、数据出版与共享、数据引用、敏感数据、数据可视化，以及 COVID－19 数据管理等方面对 RDM 服务现状进行了梳理，国内部分对入选《第二轮"双一流"建设高校及建设学科名单》的 147 所高校图书馆的 RDM 服务进行调查，以期通过总结国外高校图书馆的实践经验，为我国 RDM 服务发展提供参考借鉴。

第一节　国外高校图书馆科研数据管理服务实践

一　美国高校图书馆调查

泰晤士高等教育（Times Higher Education，THE）世界大学排名注重教学和研究两方面价值，并结合知识转移和国际展望来综合判定一所研究密集型大学的优劣情况。而高校图书馆 RDM 服务主要提供给研究人员帮助其进行科学研究，因此，本书将选取 THE2021 排名中位于前 100 名的 37 所美国高校图书馆作为调研对象，考察其 RDM 服务的提供情况，具体服务内容调研结果见表 3－1。

表 3 - 1　　　　　　　　美国高校图书馆的科研数据管理服务内容

序号	图书馆	科研数据管理服务内容	序号	图书馆	科研数据管理服务内容
1	斯坦福大学	政策、数据管理计划、研讨会、数据工具、DMPTOOL、敏感信息、数据共享、数据保存、数据最佳实践、英国数据档案、案例研究、数据存储、数据备份、数据保护、咨询	2	哈佛大学	政策、数据管理计划、研讨会、数据空间、COVID - 19 数据、咨询、数据共享、数据保存、DMPTOOL、培训
3	加州理工学院	政策、数据管理计划、数据存储、数据共享、数据保护、科研数据存储库、咨询、培训、DMPTOOL	4	麻省理工学院	指南、政策、数据管理计划、DMPTOOL、数据存储、数据共享、数据备份、数据保护
5	加州大学伯克利分校	科研数据管理计划、数据管理、数据备份、数据采集、数据许可、DMPTOOL、数据保存和存档、数据出版、数据安全性、数据共享、数据传输、数字资产管理、查找数据、赠款写作援助、元数据、持久性标识符、培训、研讨会、咨询	6	耶鲁大学	政策、指南、数据管理计划、数据备份、数据安全、DMPTOOL、数据管理计划示例、数据管理、数据引用、数据保存、数据归档
7	普林斯顿大学	指南、政策、研究生命周期指南、咨询、培训、数据管理计划、研讨会、数据采集、数据分析、数据出版、数据保存、数据工具、DMPTOOL	8	芝加哥大学	指南、数据管理计划、DMP-TOOL、数据管理计划示例、审查数据管理计划、数据格式、文件命名、数据描述、数据存储、计算资源、数据共享、咨询
9	约翰·霍普金斯大学	指南、政策、咨询、培训、研讨会、数据空间、数据管理计划、DMPTOOL、数据访问、数据管理、数据分析和可视化、数据共享、数据保护	10	宾夕法尼亚大学	政策、咨询、数据管理计划、文件组织、文档、数据共享、数据存储和备份、可持续文件类型、数据引用、DMPTOOL
11	加州大学洛杉矶分校	指南、政策、数据管理计划、DMPTOOL、数据存储和备份、数据共享、科学数据管理、人文数据管理	12	哥伦比亚大学	指南、咨询、可视化数据
13	康奈尔大学	指南、咨询、研讨会、DMP-TOOL、数据收集和分析、数据共享、知识产权与版权、高性能计算、数据存储与备份	14	杜克大学	指南、研讨会、咨询、数据管理计划、DMPTOOL

序号	图书馆	科研数据管理服务内容	序号	图书馆	科研数据管理服务内容
15	密歇根大学安娜堡分校	政策、指南、数据生命周期、数据管理计划、DMPTOOL、数据组织、文档、元数据、数据共享、数据出版、敏感数据、数据引用、数据保存	16	美国西北大学	指南、咨询、政策、数据调查、数据管理计划、DMPTOOL、元数据、数据存储、培训、数据引用
17	纽约大学	指南、政策、咨询、教学和培训、文件格式选择、文件组织、数据存储和备份、版本控制、数据处理、数据共享、数据出版、数据管理计划、DMPTOOL、科研数据生命周期、数据所有权	18	卡耐基梅隆大学	指南、咨询、研讨会、培训、数据管理计划、DMPTOOL、文件命名、文档和版本控制、元数据、数据安全、数据备份、数据共享、数据可视化
19	华盛顿大学	指南、政策、研讨会、数据管理计划、数据组织与格式、数据存储、数据共享、数据保存、数据查找、数据引用、最佳实践	20	加州大学圣地亚哥分校	指南、政策、数据管理计划、数据分享、数据出版、DMP助理、DMPTOOL、数据保存、教育培训、NSF数据管理计划、Dryad数据库、电子实验室笔记本（ELN）、OpenRefine
21	佐治亚理工学院	指南、政策、数据管理计划、DMP助理、DMPTOOL、数据组织、数据存储、数据安全、数据备份、数据共享、联邦托存图书馆计划（FDLP）、培训、开放存取服务、SMARTech、MANTRA	22	得克萨斯大学奥斯汀分校	指南、政策、数据管理计划、DMP助理、DMPTOOL、数据组织、数据管理、数据共享、数据出版、得克萨斯存储库
23	伊利诺伊大学厄巴纳－香槟分校	指南、数据管理计划、DMP助理、DMPTOOL、数据组织、数据管理、数据存储、数据共享、研究救援（RR、数据迁移）、开放存取服务、Dryad数据库	24	威斯康星大学麦迪逊分校	指南、政策、数据管理计划、DMP助理、DMPTOOL、数据组织、数据文档、数据存储、数据保存、数据安全、数据备份、数据共享、数据出版、咨询、教育培训、数字学者实验室、Dryad数据库、电子实验室笔记本（ELN）、COVID－19数据集
25	圣路易斯华盛顿大学	指南、政策、数据管理计划、DMP助理、DMPTOOL、DMPonline、数据存储、数据备份、数据安全、数据保存、数据出版、敏感数据、数据空间、数据引用、培训、数据咨询	26	南加利福尼亚大学	指南、政策、数据存储、南加州大学数字保存库

序号	图书馆	科研数据管理服务内容	序号	图书馆	科研数据管理服务内容
27	波士顿大学	指南、数据管理计划、DMPTOOL、DMP助理、NSF数据管理计划	28	北卡罗来纳大学教堂山分校	指南、数据管理计划、DMPTOOL、DMP助理、数据存储、数据共享、数据可视化服务、科研数据工具包、纪律资料库（UNC外部）、卡罗来纳州数字存储库(CDR)
29	布朗大学	指南、科研数据管理、DMP助理、数据出版、数据引用、数据存放、数据存档、数据管理最佳实践资源	30	加州大学戴维斯分校	政策、数据管理、数据出版、数据保存、数据选择、数据提取、数据格式化、数据可视化、（布莱斯德尔医学图书馆）健康数据管理支持、计算研究服务
31	加州大学圣塔芭芭拉分校	指南、政策、DMP助理、DMP-TOOL、数据管理、数据出版、数据引用、数据保存、Dryad数据库、数据管理最佳实践评估清单、数据素养系列	32	俄亥俄州立大学	政策、DMP助理、DMPTOOL、数据管理、数据分享、数据查找、数据保存、培训、数据出版、数据组织、数据描述、数据归档、数据可视化、数字人文支持、OSU库（知识库）
33	埃默里大学	指南、政策、DMP助理、DMPTOOL、数据管理、数据收集、数据分析、数据存储、数据共享、识别数据存储库、地理信息系统（GIS）	34	明尼苏达大学	指南、政策、咨询、培训、DMP助理、DMPTOOL、数据查找、数据存储、数据备份、数据引用、数据保留、版权和数据许可、比较数据库服务、保留数据、电子实验室笔记本（ELN）、Dryad数据库、明尼苏达大学数据存储库（DRUM）
35	马里兰大学帕克分校	指南、政策、数据管理、数据共享、数据出版、数据长期保存、DMP助理、DMPTOOL、数据归档、数据引用、数据架构和治理、数据转换和操作、定制软件开发、通过ICPSR查找数据、Dryad数据库、Zenodo、REDCap	36	普渡大学西拉法叶分校	指南、数据管理、培训、DMP助理、DMPTOOL、咨询、DOI、数据计划、数据描述、数据传播、数据存档
37	加州大学欧文分校	指南、政策、数据管理、FAIR原则、数据描述、数据存储、数据跟踪、数据组织、DMP助理、DMPTOOL、数据共享、数据保存、数据引用、Dryad数据库、EZID标识符、Protocols.io、NSF数据管理计划、AHRQ数据管理计划、处理敏感数据、COVID-19数据库、REDCap			

（一）政策性文件

2013 年，美国白宫下设的科技政策办公室（White House Office of Science and Technology Policy，OSTP）发布"促进联邦资助研究成果获取"政策，要求凡是政府直接资助的研究成果，无论是科研数据还是最终出版物，都必须能被公众和科学社区用户获取[1]。在此基础上，美国各大高校图书馆针对各校实际情况制定了针对开放数据的保护及管理政策。

在本次调查所涉及的 37 所高校图书馆中有 26 所高校图书馆都在官方页面上设置了相关政策访问链接。例如，加州大学圣地亚哥分校图书馆提供了针对国立卫生研究院（NIH）及医疗保健和研究质量局（AHRQ）研究资助申请所需要遵守的 NIH 严谨性和可重复性政策。该政策致力于在各种资助计划的支持下，在所有科学领域中促进更为严格和透明的研究[2]。佐治亚理工学院图书馆则提供了联邦机构公共访问政策，以确保每一位获得国家科学基金会（NSF）、能源部或者其他大型联邦机构资助的高校研究人员的文章和科研数据可用且可公开访问，该政策提供了包括国立卫生研究院（NIH）及医疗保健和研究质量局（AHRQ）在内的 17 所大型联邦机构所对应的单独指南。此外，佐治亚理工学院图书馆、马里兰大学帕克分校图书馆以及伊利诺伊大学厄巴纳 – 香槟分校图书馆还将开放存取原则单独列出作为参考政策，加州大学欧文分校图书馆也将 FAIR 原则列为了参考政策，FAIR 原则提供 15 条具体指导方针，用来提高数字资产的可查找性（findable）、可获取性（accessible）、互操作性（interoperable）和可重用性（reusable）[3]。

（二）培训

在数据管理计划咨询与培训服务方面，美国高校图书馆工作人员大多

① 张颖：《美国研究型图书馆科研数据服务的实践进展及趋势》，《图书情报工作》2017 年第 9 期。

② UC San Diego Library，"NIH Policy on Rigor and Reproducibility"（September 11，2021），https：// library. ucsd. edu/lpw-staging/research-and-collections/data-curation/data-management/NIH-Policy-on-Rigor. html.

③ Scientific Data，"FAIR Principles"（October 14，2021），https：// www. go-fair. org/fair-principles/.

选择以邮箱、电话等方式解答 RDM 相关问题，相关培训主要有研讨会、在线课程等方式。例如，斯坦福大学图书馆列举 RDM 实践案例供访问者研究学习，而佐治亚理工学院则提供 MANTRA 科研数据管理培训服务。MANTRA 是由爱丁堡大学图书馆开发的在线培训平台，服务对象包括研究生、职业研究员、高级研究员和信息工作者等。平台提供了 9 个学习模块，分别为科研数据背景、数据管理计划、组织数据、文件格式和转换、存储和安全、保护敏感数据、共享和访问、数据处理教程和文档以及元数据与引文等。各模块均提供了优质的在线课程视频，以帮助那些将数字数据作为研究项目一部分进行管理的研究人员展开更好的研究①。

（三）数据管理计划工具

除华盛顿大学圣路易斯分校图书馆、南加利福尼亚大学图书馆以及加州大学戴维斯分校图书馆外，其余 32 所高校图书馆在数据管理计划工具方面均提供了 DMPTool，这是一项在线工具，可用于帮助研究人员编写、共享和发布数据管理计划，同时还支持搜索公共数据管理计划以帮助研究人员了解所在领域的其他学者所提交的内容②。

此外，不同高校图书馆还会提供一些针对性的工具以解决在编写数据管理计划中遇到的各种问题。例如，威斯康星大学麦迪逊分校图书馆、加州大学圣地亚哥分校图书馆以及明尼苏达大学图书馆在网站页面中提供了电子实验室笔记本（ELN）服务，以便于研究人员记录研究过程并管理数字科研数据，同时 ELN 还可作为完整研究档案使用。加州大学圣地亚哥分校和华盛顿大学圣路易斯分校选择在数据管理指南中提供 OpenRefine 在线工具，用来清理数据可能存在的一致性错误和格式问题等。而加州大学策展中心（UC3）则选择在 DMPTool 的基础上提供 EZID（easy-eye-dee）来帮助研究人员为他们的科研数据和来源创建与管理长期且全球唯一的标识符，以确保它们未来的可发现性。

---

① The University of Edinburgh, "Research Data Mantra" (September 11, 2021), https://mantra. ed. ac. uk/.

② California Digital Library, "DMPTOOL" (September 10, 2021), https://dmptool. org/.

（四）数据存储与备份

调查中发现，大多数美国高校都会帮助高校研究人员收集、策划、保存对研究具有持久价值的数字资产，并为它们提供能够长期保存和管理数据的数字存储库。例如，佐治亚理工学院的 SMARTech 数字存储库、加州大学圣地亚哥分校的 Chronopolis 数字保存网络、得克萨斯大学奥斯汀分校的得克萨斯存储库、北卡罗来纳大学教堂山分校的卡罗来纳州数字存储库、俄亥俄州立大学的 OSU 库、普渡大学的 D2C2 分布式数据管理中心以及明尼苏达大学的明尼苏达大学数据存储库（DRUM）等。

与此同时，还存在一些第三方组织提供着类似的服务，例如 Dryad、开放科学框架（OSF）、Zenodo、re3data. org 等。Dryad 是一个由北卡罗来纳州立大学主办的非营利性会员组织，其成员包括数十所来自世界各地的高校和出版商，致力于使数据可在现在和未来的研究和教育中重复使用。同时，作为数据知识库，Dryad 支持来自任何领域的任何文件格式的数据提交，提交的数据文件拥有永久可解析的 DOI 标识，可供研究人员下载和重新利用。OSF 是由开放科学中心维护的一款免费的开源项目管理工具，致力于帮助研究团队私下开展项目或者将整个项目公开广泛地传播，通过工作流系统连接到包括 Dropbox 和 GoogleDrive 等第三方服务来进行自动版本控制、预注册研究以及共享预印本。re3data. org 是科研数据存储库的全球注册处，涵盖不同学科的科研数据存储库，它为研究人员、资助机构、出版商和学术机构提供数据集的永久存储和访问存储库。

及时地进行数据备份，能有效减少数据遗失的风险。加州大学伯克利分校和耶鲁大学等图书馆均采取"3-2-1"的备份规则：保存 3 份数据、2 份本地（在两台不同设备上）和 1 份非现场数据。图书馆建议原始数据可以保存在个人电脑上，本地副本可以存储在外部硬盘驱动器或部门/大学服务器上，而异地数据副本可以存储到云端①。

---

① Yale University Library, "Overview-research Data Management-yale University Library Research Guides at Yale University"（September 12, 2021），https://guides. library. yale. edu/datamanagement? _ ga = 2. 232438175. 1699644062. 1631408899-1214036508. 1631408899.

（五）数据安全与保护

当研究人员的 RDM 计划中涉及长期保存的部分时，部分美国高校图书馆也会提供数据安全或保护服务。例如，马里兰大学帕克分校的 DRUM 存储库，DRUM 存储库建立在 DSpace 软件上。DSpace 软件是一种广泛使用的可靠数字存储库平台。DRUM 每晚对所有文件执行比特级别的完整性测试，并将所有内容定期复制到备份存储中以确保数字科研数据能够受到安全可靠的保护。而威斯康星大学麦迪逊分校则选择利用 MINDS@ UW 机构知识库帮助高校研究人员收集、分发和保存与威斯康星大学研究和教学任务相关的数字成果。此外，威斯康星大学麦迪逊分校图书馆还成立了科研数据服务（RDS）组织，RDS 作为一个跨学科组织，致力于推进校园 RDM 实践，帮助高校研究人员解决如何最好地存储分析和共享他们的数据。对于一些存在潜在过时风险的研究材料，伊利诺伊大学厄巴纳－香槟分校图书馆提供了研究救援服务（RR），该服务包括迁移传统媒体上的数据或将当前物理媒体上的研究材料数字化，以保护那些存在过时风险的研究材料。

（六）数据出版与共享

为确保科研数据的可发现性、可访问性、可重用性，调查发现，绝大多数的美国高校图书馆为研究人员提供对科研数据出版和共享方面的建议。加州大学欧文分校图书馆从 Dryad 的最佳实践案例中将数据共享总结为五大步骤：（1）收集数据和相关信息；（2）验证数据中是否存在受版权保护信息或者敏感信息以确保该数据可被公开分享；（3）使用描述性的、有意义的和一致的文件名以及有逻辑的目录/文件夹组织方式来整理这些需要被发布和共享的数据；（4）选择开发的而不是专有的文件格式，例如，将文字内容保存为文本（.txt）而不是 Microsoft Word 格式（.docx）；（5）获取数据集的永久标识符并上传至数据存储库中进行分享。

（七）数据分析

在数据分析方面，得克萨斯大学奥斯汀分校、华盛顿大学圣路易斯分校、加州大学戴维斯分校、俄亥俄州立大学、埃默里大学以及普渡大学西拉法叶分校均提供了地理信息系统（GIS）服务，以帮助研究人员克服在研究生命周期的所有阶段所面临的针对地理信息处理的技术挑战，从而促进大学的地理空间研究。

除此之外，埃默里大学图书馆还为研究人员提供了其他地理空间和定量数据的支持。它通过帮助研究人员对相关数据的定位和组合来测试和评估研究人员的论点与假设，具体可分为以下四大服务：（1）确定与研究和教学相关、可靠且有用的数字数据源和统计信息；（2）协助研究人员清理数据和分析准备；（3）为研究人员提供使用统计和绘图软件（R、SAS、SPSS、Stata、ArcGIS）的支持；（4）提供有关数据访问和资源问题的课堂指导[①]。

（八）数据引用

引用是学术写作的重要组成部分，是一种符合学术行为标准的道德实践，研究或学术团体成员应该坚持这一标准，同样的科研数据也应注重引用。耶鲁大学图书馆、宾夕法尼亚大学图书馆、布朗大学图书馆、加州大学圣塔芭芭拉分校图书馆、明尼苏达大学图书馆、马里兰大学帕克分校图书馆和加州大学欧文分校图书馆等在其网站页面中均对数据引用进行了说明。例如，耶鲁大学图书馆建议数据引用包含以下关键词：作者、标题、发布年份、发布商、任何适用标识符及可用性和访问，还建议使用 DataCite 的数据引文格式。而马里兰大学帕克分校图书馆则选择提供多种引文生产器（Citation Generator、EasyBib 等）和引文工具 LibGuide 的链接来帮助高校研究人员更快更好地进行数据引用。

（九）敏感数据

敏感数据是指泄露后可能会给社会或个人带来严重危害的数据。包括个人隐私数据，如姓名、身份证号码、住址、电话、密码等，也包括企业或社会机构不适合公布的数据，如企业的经营情况等。在处理敏感数据方面，斯

---

① Emory University Libraries, "What We Do-data Resources and Support-libguides at Emory University Libraries" (September 11, 2021), https: // Guides Libraries Emory Edu/ Main/ Data _ Services.

坦福大学图书馆和加州大学欧文分校图书馆提供了对处理敏感信息的管理指南，包括告知研究者有关涉及人类参与者的研究项目可能会受到的来自 IRB 的监督，并明确列出《健康保险流通与责任法案》（HIPAA）以便于访问者进一步了解保护相关敏感数据的隐私规则。同时，在收集和管理敏感数据方面，2 所高校图书馆均不建议在这一过程中使用 Excel。Excel 仅应在分析去标识化或匿名化的数据时使用。为此，2 所图书馆均在网站上提供了研究电子数据采集和分析工具（REDCap 和 Qualtrics）来帮助研究者进行敏感数据的收集。REDCap 是一个用于构建和管理在线数据库的应用程序，该程序具有收集 HIPAA 合规性的数据以及管理每个用户访问权限的能力。而 Qualtrics 作为一种在线调查工具，具有生成报告、查看统计数据和导出数据进行分析的能力，可用于存储和传输包含患者健康信息（PHI）的低、中和高风险数据。但值得注意的是，Qualtrics 不得用于存储和传输其他类型的非 PHI 高风险数据。在此基础上，斯坦福大学图书馆还提供了斯坦福转化研究综合数据库（STRIDE）以帮助研究人员更好地保存敏感数据。

在针对敏感数据进行分类的标准上，斯坦福大学图书馆和加州大学欧文分校图书馆根据数据机密性、完整性以及可用性丧失对研究者所产生的不利影响等标准，将敏感数据分为低风险、中风险或高风险三个等级，并针对不同等级提供了不同的存储策略。而在共享敏感数据方面，加州大学欧文分校图书馆则建议研究者将敏感数据分为两个版本，一个适合公开发布的版本，一个适合进一步研究但受到严格限制的可用版本，并对如何对敏感信息进行去标识化提供了专家判定法和安全港法作为参考①。

（十）数据可视化

数据可视化不仅可以清晰简洁地传达大量信息，同时还能帮助研究人员深入了解只检查原始数据所看不到的事物，例如对人口普查数据的统计又或者是对文学作品的文本分析。为了更好地促进数据科学方法的应用从

---

① University of California Irvine，"Working with Sensitive Data-research Data Management-research Guides at University of California Irvine"（September 11，2021），https：// guides. lib. uci. edu/ datamanagement/ sensitive.

而形成最佳实践，美国部分高校图书馆提供了数据提取和可视化的服务。例如，密歇根大学安娜堡分校图书馆、卡耐基梅隆大学图书馆、俄亥俄州立大学图书馆、华盛顿大学圣路易斯校区图书馆和普渡大学西拉法叶校区图书馆等。

卡耐基梅隆大学图书馆提醒研究人员在进行可视化时，需注意以下几点：（1）保持数据清洁和清晰；（2）明确可视化表达需求；（3）将图表中显示的数据保持在所需的最小程度，避免杂乱无章；（4）明确数据受众期望的图表类型、明确图表被阅读时可能面临的问题与挑战；（5）明确所使用的图形种类；（6）确保图形设计具有吸引力，并且不会遮挡其中显示的数据信息。[①] 俄亥俄州立大学图书馆也提供相关服务，以帮助高校研究人员根据研究问题、数据类型、受众和媒介来确定呈现数据的最佳格式，并创建静态、动态和交互式可视化和信息图表，以及为高校研究人员的研究项目确定合适的数据可视化软件并进行工具使用的培训。

（十一）COVID – 19 数据管理

因全球正处在 COVID – 19 疫情的大环境下，部分美国高校图书馆开始提供相应的 COVID – 19 数据服务。哈佛大学图书馆在 RDM 页面显示 Dataverses 中涉及 COVID – 19 的有关内容。威斯康星大学麦迪逊分校和加州大学欧文分校也都在官方页面中提供 COVID – 19 有关的数据集，来帮助研究人员对这一影响巨大的传染病进行更好的研究。威斯康星大学麦迪逊分校图书馆在相关页面中提供了有关 COVID – 19 的各种权威资源的集合，按照来源和对象可分为以下六类：（1）本校及当地政府所提供的各类政策介绍及数据报告。（2）其他高校组织提供的 COVID – 19 数据可视化工具。（3）世界卫生组织及各类美国国家部门发布的 COVID – 19 相关的信息情况。（4）来自出版商所提供的免费信息资源及专业科研数

①　Carnegie Mellon University，"Visualizing Data-data 101-libguides at Carnegie Mellon University"（September 11，2021），https：//guides Library Cmu Edu/ Data 101/visualizingdata.

据库。（5）其他组织机构提供的信息资源补充。（6）美国兽医协会等机构所提供的COVID – 19对动物可能产生影响的说明。① 加州大学欧文分校图书馆则更专注于为高校研究人员提供高质量的 COVID – 19 数据集服务，该服务提供由 FigShare 数据集、OpenICPSR 数据储存库、CORD – 19 开放科研数据集等各类数据资源组成的 COVID – 19 科研数据集，以及由 N3C 数据飞地与 UC CORDS 科研数据集组成的 COVID – 19 临床数据集。并希望通过此类服务能够帮助研究人员对这一影响巨大的传染病进行更好的研究②。

二 英国高校图书馆调查

本书选取由英国一家国际教育市场咨询公司 Quacquarelli Symonds（简称 QS）所发表的 2021 年度世界大学排名中排在前 300 名的 34 所英国大学的高校图书馆作为调研对象，但由于伯明翰大学、卡迪夫大学、贝尔法斯特女王大学、拉夫堡大学、萨塞克斯大学因权限以及其他原因没有明确显示其 RDM 服务的现状，故本次共统计了 29 所学校。

英国作为最早开展 e-science 的国家之一，该国诸多大学已制定或是正在起草相关的科研数据管理政策，并且重视规范科研数据管理流程、细化科研数据管理责任。在大学进行科研数据管理的过程中，图书馆通过自身优势，提供相应的 RDM 服务，避免数据丢失，提升研究成果的曝光度和影响力，促进科研数据重复利用，实现科研数据共享，具体服务内容见表 3 –2。

---

① University of Wisconsin-Madison，"Home-COVID-19（coronavirus Disease 2019）-research Guides at University of Wisconsin-Madison"（October 15，2021），https：// researchguides. library. wisc. edu/covid19.

② University of California Irvine，"COVID-19 Data-research Data Management-research Guides at University of California Irvine"（October 15，2021），https：// guides. lib. uci. edu/datamanagement/covid19-data.

表 3 – 2　　　　　　　英国高校图书馆的 RDM 服务内容

序号	图书馆	科研数据管理服务内容	序号	图书馆	科研数据管理服务内容
1	牛津大学图书馆	政策文件、数据管理计划（DMP）、数据组织、伦理道德和数据保护、数据备份、数据存储和安全、数据保护、数据共享、DMPonline、服务与培训、数据存档、数据引用 FAQ	2	剑桥大学图书馆	指南、政策、数据管理计划、数据存储、数据组织、数据共享、敏感数据、数据获取、DMPonline、数据引用、培训和工具、事件、新闻、FAQ、支持
3	帝国理工学院图书馆	指南、政策、数据管理计划、数据存储和安全、敏感数据管理、数据组织、DMPonline、数据共享、数据发现和重用、培训和资源、一对一定制、COVID – 19 数据管理	4	伦敦大学图书馆	政策、数据管理计划、数据安全、数据存储、数据备份、数据分享、数据归档、数据出版、数据保存、数据发现、DMPonline、培训
5	爱丁堡大学图书馆	指南、政策数据管理计划、培训和工具、数据安全、数据发现和重用、DMPonline、敏感数据、版本和质量控制、数据共享、数据协作和质量控制、数据长期保存	6	曼彻斯特大学图书馆	政策、数据管理计划、DMPonline、数据组织、数据存储、数据安全、数据共享、培训与工具
7	伦敦国王学院图书馆	指南、政策、数据管理计划、数据组织、数据存储和安全、数据共享、数据获取和再利用、培训、资源和工具、DMPonline、新闻、事件、FAQs、支持	8	伦敦政治经济学院图书馆	指南、政策、数据管理计划、数据组织、数据保护、数据安全、DMPonline、道德伦理、工具
9	布里斯托大学图书馆	指南、数据管理计划、数据存储和再利用、数据共享、敏感数据、数据公开和获取、DMPonline、事件、培训和工具、资源	10	华威大学图书馆	指南、数据管理计划、数据组织、数据存储、数据获取、数据安全、数据备份、数据保存和共享、DMPonline、新闻、工具
11	格拉斯哥大学图书馆	政策、数据管理计划、数据存储和成本、数据组织、培训、数据创建、道德伦理、数据共享、数据保存、数据备份、帮助和支持	12	雷丁大学图书馆	指南、政策、数据管理计划、伦理道德、数据保护、数据存储、数据组织、DMPonline、质量控制、数据保存、数据共享、数据归档、数据选择
13	阿伯丁大学图书馆	指南、政策、数据管理计划、DMPonline、数据创建、数据组织、数据保存、数据存储、数据安全、数据备份、数据查找、数据共享、开放获取、培训	14	斯凯莱德大学图书馆	政策、数据管理计划、数据存储、数据安全、数据归档、数据共享、培训、DMPonline

序号	图书馆	科研数据管理服务内容	序号	图书馆	科研数据管理服务内容
15	杜伦大学图书馆	政策、数据管理计划、数据共享、数据存储、数据备份、数据组织、培训	16	南安普敦大学图书馆	政策、数据管理计划、DMPonline、敏感数据、数据安全、数据共享、数据存储、数据引用、数据保护、COVID-19、培训、事件、FAQ资源、支持
17	利兹大学图书馆	指南、政策、数据管理计划、科研数据管理时间表、数据组织和描述、数据存储、数据共享、数据查找、数据引用、数据重用、DMP工具、伦理道德、DMPonline	18	谢菲尔德大学图书馆	指南、政策、数据管理计划、数据查找、数据重用、数据存储、数据组织、数据安全、数据保存、数据发现、DMPonline、数据共享、培训
19	圣安德鲁斯大学图书馆	政策、数据管理计划、数据处理、敏感数据、数据存档、数据保存、培训、数据安全、数据组织、数据引用、DMPonline、支持	20	诺丁汉大学图书馆	指南、政策、数据管理计划、数据存档、数据保存、数据共享、DMP工具、DMPonline、支持
21	伦敦大学玛丽女王学院图书馆	数据管理计划、DMPonline、数据引用、数据描述、数据存储、数据保护、数据组织	22	兰卡斯特大学图书馆	政策、数据管理计划、培训、DMPonline、道德伦理、数据查找、数据组织、数据引用、博客、数据共享、数据开放、支持
23	约克大学图书馆（英国）	指南、数据管理计划、道德伦理、数据安全、数据存储、培训、COVID-19、数据共享、DMP工具、DMPonline、数据保护、敏感数据、资源与训练、数据保存、数据存档、数据组织	24	纽卡斯尔大学图书馆（英国）	数据管理计划、数据共享、数据发现、数据重用、数据引用、数据存储、敏感数据、数据组织、数据分析、DMPonline、FAQs、支持
25	莱斯特大学图书馆	数据管理计划、数据出版、数据共享、数据保存、工具、原则	26	埃克塞特大学图书馆	政策、数据管理计划、DMPonline、敏感数据、数据组织、数据共享、数据存储、数据保护、数据备份、数据安全、数据发现、数据重用、资源、培训、支持
27	巴斯大学图书馆	政策、数据管理计划、DMPonline、数据存储、数据组织、敏感数据、数据共享、数据归档、数据安全、培训、支持	28	利物浦大学图书馆	政策、数据管理计划、DMPonline、数据组织、数据归档、数据共享、数据存储、敏感数据、数据重用
29	萨里大学图书馆	政策、数据管理计划、数据重用、数据安全、数据存储、数据备份、数据创建、数据保存、数据共享、DMPonline、数据选择、数据描述			

（一）政策性文件

科研数据管理政策性文件是图书馆开展科研数据管理的基础和保障，确保了科研数据得到最高标准的管理与保存，以及在符合相关法律要求的情况下实现科研数据的再利用，促进了数据的共享与合作。大多数英国高校的图书馆在科研数据管理方面都制定了相关的数据管理政策，这不仅帮助了研究者更好地管理科研数据，更推动了英国图书馆对科研数据管理政策的制定。英国的科研数据政策最早是在 2011 年，由英国研究理事会（Research Council UK, RCUK）发布的《RCUK 数据政策共同原则》（RCUK common principles on data policy），此外还提供了科研数据管理与共享的 7 条原则[①]。此后，RCUK 下属的研究理事会相继出台了自己的科研数据政策。在此背景下本次调查发现，除了布里斯托大学、约克大学、华威大学、伦敦大学玛丽女王学院、纽卡斯尔大学、莱斯特大学 6 所英国大学的高校图书馆官网未明确显示与科研数据管理相关政策性文件，其余的 23 所都在受到英国研究理事会（RCUK）资助的要求和倡导下在其主页或图书馆页面设置了相关政策文件的项目栏。经过对各高校图书馆政策类目的统计发现，23 所高校数据政策主要包括以下四个方面的内容：（1）政策简介。包括政策声明、背景、原则和目的、责任、适用范围等。（2）科研数据的收集、管理、保存、共享等方面的政策要求。（3）政策实施。如政策的研发者、解释权等。（4）数据政策的其他信息。如相关辅助政策法规、政策的修订等。其中剑桥大学图书馆在 RDM 服务中提供了排名前 20 高校的科研数据管理政策概要和链接[②]，包括 UKRI、AHRC（人文科学研究理事会）、BBSRC（生物技术与生物科学委员研究会）、British Heart Foundation（英国心脏基金会）、Cancer Research UK（英国癌症及医学研究基金）、EC、ERC、EPSRC（自然科学研究理事会）、ESRC、Isaac Newton

① UK Research and Innovation, "Common Principles on Data Policy" (August 10, 2017), https://www.ukri.org/funding/information-for-award-holders/data-policy/common-principleson-data-policy/.

② University of Cambridge, "Funders' policies" (August 11, 2018), https://www.data.cam.ac.uk/funders.

Trust、Leverhulme Trust、MRC（英国医学研究理事会）、NERC（自然环境研究委员会）、NIH（全国健康协会）、NIHR（英国国家健康研究所）、Royal Society（英国皇家学会）、STFC（英国科学与技术设施理事会）、Wellcome Trust（维康信托基金会），帮助研究者理解资助机构的政策要求，本次调查的 23 所学校均依据上述某几个资助机构发布的内容编写本校的政策文件，如圣安德鲁大学图书馆制定了《版权政策》和《知识产权政策》。萨里大学图书馆发布的《信息安全政策》《数据保护政策》《道德政策》和《出口管制政策》[①]。曼彻斯特大学图书提供了《曼彻斯特大学档案管理政策》《曼彻斯特大学数据保护政策》《曼彻斯特大学知识产权政策》等[②]。

（二）培训

培训服务的设立是为了更好地培养研究者获取、利用数据的能力，提高研究者的数据素养，其开展形式主要包括在线课堂、讲座、研讨会等。经调查，除了伦敦政治经济学院、利兹大学、诺丁汉大学、伦敦大学玛丽女王学院、纽卡斯尔大学、华威大学、莱斯特大学、雷丁大学、利物浦大学、萨里大学 10 所高校图书馆未提及教育培训外，其余的 19 所高校图书馆均提供了各种形式的培训活动，其内容主要是以 RDM 服务为中心开展的相关内容的学习培训，基本包括数据管理计划的介绍和编写、管理科研数据以及对科研数据的处理等内容。爱丁堡大学图书馆在培训服务中与北卡罗来纳大学合作，利用 Coursera 在线教育平台，将与 MOOC（大规模在线开放课程）结合的课程免费提供给跨学科、跨领域的学习者，其课程的主要内容涵盖项目的所有阶段，包括理解科研数据、数据管理计划、处理数据、共享数据、归档数据五部分，旨在培养研究者数据管理与共享的能力。除此之外，爱丁堡大学图书馆的 MANTRA（曼德拉科研数据管理培

---

① Surrey University Library，"Research Data Policies"（July 30, 2021），https:// www. surrey. ac. uk/library/open-research/research-data-management-and-sharing.

② University of Manchester，"Research Data Policies"（August 2, 2021），https:// www. library. manchester. ac. uk.

训）是专为研究生和早期职业研究人员设计，提供与科研数据管理相关的培训与在线课程①。阿伯丁大学、南安普顿大学也将该培训作为外部资源，以访问链接的形式提供给本校的研究者。牛津大学图书馆通过 SlideShare 服务和相关网站提供科研数据管理的相关课程②；帝国理工学院图书馆针对不同类型的研究者提供了多种不同的培训资源和课程，包括软件安装包和技术、DMP、Gartner IT 战略资源等；曼彻斯特大学提出了 My Research Essentials 计划，通过研讨会、在线资源和学习路径的方式提供 RDM 相关学习资料。

（三）数据管理计划工具

数据管理计划（DMP）是 RDM 的核心内容，是对项目过程中和完成后所产生的科研数据进行如何管理的一份计划书，即对研究者管理、分析和储存数据方式的描述，以及在项目结束后对共享和保存数据的机制选择。经调查，表 3 - 2 所示的 29 所高校图书馆的科研数据管理都提供了该项服务。其中，除了莱斯特大学、格拉斯哥大学外的 27 所都采用了 DMPonline 工具，DMPonline 是由英国数据监管中心（DCC）开发，基于网络的数据管理规划工具，它可以帮助编写、分享和导出数据管理计划、为许多主要的资助者提供内置的数据管理计划模板。例如，伦敦大学图书馆、牛津大学图书馆、曼彻斯特大学图书馆、布里斯托大学图书馆、华威大学图书馆等高校图书馆的 DMP 就是以 DMPonline 为主进行编写的，其编写的 DMP 内容主要包括基本信息、数据收集、文档和元数据、道德与法律合规、数据保存与备份、数据选择与保护、数据共享、责任与资源等方面。此外，除了利用 DMPonline，剑桥大学、爱丁堡大学和伦敦国王学院等高校图书馆还会采用自己图书馆以及资助机构提供的编写模板。由于 DMP 是不断变化的，因此研究者需要根据项目的变化随时作出调整以及在此过程中对其进行持续的监护。对此，例

---

① Edinburgh University Library, "Research Data Management. Research Data Training" (August 13, 2021), https://www.ed.ac.uk/information-services/ Research-support/ Research-data-service.

② Bodleian Library, "Bodleian Library" (August 15, 2021), https://www.ox.ac.uk/research/libraries.

如国家科学基金会（NSF）、国家人文科学基金会（NEH）要求在投标阶段和资金注入后制订和维护数据管理计划，这项计划也被称为"数据共享计划"（NIH）或"技术计划"（AHRC）①。

（四）数据共享

科研数据的共享和利用是研究者进行科研数据管理的目的和意义，它能最大限度地发挥科研数据的价值，提升科研质量和效率，减少重复研究，因此研究资助机构大多都要求研究者在完成项目后共享其科研数据，供其他研究人员人查阅、使用。根据调查结果，除了伦敦政治经济学院、圣安德鲁斯大学、伦敦大学玛丽女王学院 3 所高校图书馆没有明确表示提供数据共享服务，其余的 26 所大学均表明了数据共享的可能，并对在何时共享、如何共享以及共享的原则作出了进一步的相关说明。其中，杜伦大学提出数据共享服务分为两个阶段，一是项目进行中的内部分享，二是项目发布后对外界的成果共享，这也是大多数高校所认可的划分方式②。关于共享原则，伦敦大学认为在项目完成后，研究者应根据资助机构的要求明确科研数据的存储位置、开放程度以及共享时间范围，方便数据共享和获取③。雷丁大学、谢菲尔德大学、埃克塞特大学以 FAIR 原则作为有效开放数据共享的基础，根据该原则，他们认为数据应该是可查找的、可访问的、可互操作的和可重用的。南安普顿大学认为应该符合 OECD（经济合作与发展组织）关于获取科研数据的原则和指导方针。关于共享的方式，爱丁堡大学的研究者通过自建的 DataShare 数据储存库进行科研数据的上传、查看和共享等操作；牛津大学图书馆自建立的机构知识库 ORA-Data，方便数据的储存和共享重用；伦敦大学的开放存取库 Discovery，支持在线免费访问和查询。除了通过高校自建数据库的方式共享数据，还可以通过

---

① MIT Libraries, "Data Management"（August 2, 2018）, https://libraries.mit.edu/data-management/plan/funder-requirements/.

② Durham University Library, "Research Data Management"（August 10, 2021）, https://www.durham.ac.uk/departments/library/.

③ University College Library London, "Research Data Management. Data Sharing"（August 9, 2021）, https://www.ucl.ac.uk/library/research-support/research-data-management.

资助机构建立的公共存储库、在期刊上发布数据或者作为补充数据的形式附加在论文后面的方式获取、共享数据。

（五）数据存储与备份

数据的存储和备份都是对数据的一种保存方式，不同的是数据存储用于解决数据的存放和获取问题，而数据备份则是避免由于硬、软件或者病毒、黑客入侵而导致的数据丢失和损坏等问题。据调查，29 所高校图书馆中，除了莱斯特大学图书馆未明确表示提供数据存储和备份服务外，其他的28 所高校图书馆均至少提供了数据存储或备份中的一项服务，其中纽卡斯尔大学建议通过使用 re3data. org 为特定的学科数据找到一个特定的数据存放中心，促进科研数据的共享文化，增加访问以及更好的可见性①。

对于数据存储的方式，29 所高校图书馆普遍使用以下三种方式：（1）学校自己建立学术知识存储库或者学术库，如牛津大学的 ORA-Data，是为校内研究者提供科研数据保存的知识库。（2）存储在通用数据库，如能让用户数据可视化的开放存储库 Figshare、免费开放的长尾数据存储库 Mendeley Data 等。（3）资助机构的知识库，如 ESRC（经济与社会研究理事会）和 NERC（自然环境研究委员会）都建立了自己数据中心来存储科研数据。对于数据备份，曼彻斯特大学、帝国理工大学以及杜伦大学等高校图书馆使用"3－2－1"备份策略，即遵循保留 3 份备份文件在至少 2 种不同类型的介质上，至少 1 份副本要进行异地存储的方式保证数据的安全。牛津大学还为校内研究者提供了 HFS（分层文件服务器）备份服务，它支持误删、丢失后的文件复原，帮助研究者找回数据②③④。

---

① Newcastle University Library, "Research Data Management" (August 9, 2021), https://www. ncl. ac. uk/library/academics-and-researchers/research/rdm/.

② University of Manchester, "Research Data Policies" (August 2, 2021), https:// www. library. manchester. ac. uk.

③ Durham University Library, "Research Data Management" (August 10, 2021), https://www. durham. ac. uk/departments/library/.

④ Science Europe, "Research Data Management" (June 22, 2022), https:// www. scienceeurope. org/our-priorities/research-data/research-data-management/.

（六）数据引用

通过对科研数据的引用，能够便于确认和识别数据的来源和途径，促进提高研究成果的曝光度和可见度。各界对于数据的引用存在各种各样的争议和问题，目前尚未形成统一的引用形式和内容。通过调查发现，牛津大学、圣安德鲁斯大学、兰开斯特大学、华威大学、利兹大学、南安普敦大学、伦敦大学玛丽女王学院7所高校图书馆提供了数据引用的服务。除了牛津大学，其中6所大学均明确表示了数据引用的格式以及引用的元素。对于引用元素6所高校具有较高的一致性，均包括创建者、标题、出版年份以及标识符4个元素。利兹大学和圣安德鲁斯大学认为数据引用的格式因期刊的风格而异，因此需要使用唯一标识符DOI来明确地识别数据，通过让标识符与元数据相结合，使元数据可以随着时间的推移进行修改，以方便跟踪其所识别的数据对象的位置和特征。

（七）数据组织

数据组织是科研数据管理中具有重要意义的一项服务，它不仅帮助了研究人员节省时间、提高工作效率，并且经过合理组织的科研数据能够更好地被分享和使用。因此，高校图书馆会要求研究人员在文件或文件夹的命名、格式以及元数据等方面要遵守统一的规则。经过对29所英国高校图书馆的调查发现，除了南安普敦大学、伦敦大学、爱丁堡大学、诺丁汉大学、布里斯托大学、莱斯特大学、斯凯莱德大学、萨里大学8所大学没有提供数据组织相关栏目和内容外，其余21所大学均对数据文件的构建和相关规则做出了规定。这21所高校图书馆的数据组织服务基本均提供了以下几个方面的规则制定：（1）文件和文件夹名。具有一定规律且有效的文件和文件夹名可以使研究人员迅速分辨、查找到需要的文件。帝国理工学院认为好的文件名不仅可以提供文件内容和状态的有效线索，也可以唯一地表示一个文件，因此规定文件名要包含项目和研究人员首字母缩写、版本号、日期、文件状态信息[①]。

---

① Science Europe，"Research Data Management"（June 22, 2022），https://www.scienceeurope. org/our-priorities/research-data/research-data-management/.

此外，文件夹可以通过文件的获取日期、项目阶段、关键词和研究方法进行分类。剑桥大学图书馆在制定命名规则时认为词汇表、标点符号、日期格式、顺序、数字等元素最为重要①。（2）元数据。使用元数据进行注释更加有助于研究者访问、理解和利用科研数据，也帮助研究者的科研数据被引用，提高引用率和曝光度。剑桥大学介绍了常用的元数据跟踪工具 ISA 和数据标准工具 FAIRsharing。华威大学和兰开斯特大学建议研究者使用标题、唯一资源标识符、描述、主题、创建者、资助者、资源语言、出版日期、出版商及联系邮件等元素描述数据集②。（3）文件格式。文件的格式直接影响文件的可使用及其他人访问文件的效果。对于文件的格式一般具有以下几个特点，如未加密、未压缩、适用于提取和查看数据、便于使用数据进行注释等。伦敦政治经济学院指出，文件有开放和封闭两种格式，并认为开放格式是科研数据共享和长期访问的首选③。利兹大学图书馆给出了适合开放式的文件格式，其中文本格式有 doc、docx、odt 等；视频格式为 MP4；图片格式有 TIFF、PNG、PDF、JPEG2000；空间数据有 SHP、DBF 等；表格数据有 csv、tab、ods 等；表格中的元数据有 por、XML 等④。

此外，剑桥大学图书馆还对参考文献进行了管理，支持参考文献管理软件的使用并提供相关技术的培训，该软件它不仅可以帮助跟踪引文，还可以在出版时部分自动化构建参考文献。巴斯大学图书馆在数据组织服务中提供了对数据版本的控制，其版本控制表主要包括新版本号、更改日期、更改人员以及更改的性质和目的⑤。此外，还提供了版本控制

---

① University of Cambridge, "Organising Your Data" (August 12, 2021), https://www.data. cam. ac. uk/data-management-guide/organising-your-data.

② Science Europe, "Research Data Management" (June 22, 2022), https://www. scienceeurope. org/our-priorities/research-data/research-data-management/.

③ Science Europe, "Research Data Management" (June 22, 2022), https:// www. scienceeurope. org/our-priorities/research-data/research-data-management/.

④ Leeds University Library, "Organising and Describing Data" (August 8, 2021), https:// library. leeds. ac. uk/info/14062/research_ data_ management/64/organising_ and_ describing_ data.

⑤ Bath University Library, "Working with Data: Sensitive Data" (August 7, 2021), https:// library. bath. ac. uk/research-data/working-with-data/sensitive-data.

系统 GitHub 的服务，可以对访问文件存储进行监视以及记录更改时间和内容。

（八）COVID - 19 的数据管理

为应对新冠疫情（COVID - 19）的全球影响，Wellcome 基金会发表了一份联合声明，呼吁共享与该病毒有关的研究成果和数据，帮助研究人员尽可能迅速和广泛地了解和共享与疫情有关的研究进程和数据。在此背景下，帝国理工学院、约克大学在 COVID - 19 的科研数据管理中均提供了以下四项服务：（1）管理道德和法律义务。（2）存储在数据存储库中。（3）鼓励科研数据可发现、可访问和可重用。（4）查找和使用 COVID - 19 相关数据。

南安普顿大学图书馆认为正在进行相关研究的研究人员应履行以下义务：（1）将他们的研究论文作为预印本，包括明确的数据声明。（2）迅速传递与疫情有关的临时和最终科研数据，以及用于收集数据的协议和标准，包括与公共卫生界以及世界卫生组织（WHO）共享。针对 COVID - 19 数据的存储，该高校认为手稿以及其他数据集的目录记录应通过 Pure 保存在本校的机构存储库中，研究人员可以通过搜索 Res3Data. org 找到相关主题的数据存储库①。

（九）敏感数据

敏感数据是指泄露后可能会给社会或个人带来严重危害的数据。包括个人隐私数据，如姓名、身份证号码、住址、电话、密码等，也包括企业或社会机构不适合公布的数据，如企业的经营情况等。

调查结果显示，29 所英国高校图书馆中有 11 所明确表示提供管理敏感数据的相关内容，这些高校分别为南安普敦大学、剑桥大学、帝国理工学院、圣安德鲁斯大学、爱丁堡大学、约克大学、布里斯托大学、纽卡斯尔大学、埃克塞特大学、巴斯大学和利物浦大学。对于敏感数据的保护，

---

① University of Southampton Library, "Research Data Management" (August 23, 2021), https://www. nottingham. ac. uk/library/.

研究人员有限制对敏感数据的物理访问或者对其进行加密保护两种做法。巴斯大学图书馆将敏感数据和资料分成三个级别，即高度限制、限制和内部。其中，第一级别高度限制是指敏感的个人数据，如工资信息或者具有重大商业价值或者义务的科研数据；第二级别限制是指不属于"敏感"的个人资料，如学生/校友联络资料、教职员联络资料等；第三级别内部是指非机密的内部通信，如工作组会议记录等。巴斯大学认为对敏感数据的加密是对数据进行模糊的处理，只有拥有正确的密钥或密码的人才能读取数据，对敏感数据的存储除了可以存储在本校的加密数据库（X：Drive）中，还可以通过 Dropbox、Google Drive 和 OneDrive 等外部存储提供商进行存储①。圣安德鲁斯大学提出在涉及收集、存储、共享和归档敏感数据的过程中，研究人员应履行以下义务：（1）遵守保密义务。（2）获得参与者信息共享的知情同意，适当评估可公开的信息。（3）选择满足数据安全要求的存储介质。（4）在适当的地方才用匿名和访问控制。（5）在处理敏感数据时，要注意数据安全、法律以及道德义务。爱丁堡大学图书馆针对敏感数据的保护提供了数据安全港（DSH），DSH 是获得 ISO 27001（是为ISMS 信息安全管理系统的实施制定规范的国际标准）认证的一个受控和安全的服务环境，它提供了强大的控制和保障措施，可以使敏感数据转移到一个高度安全的环境中，以便获批准的研究者操纵和分析数据②。

三　加拿大高校图书馆调查

美国研究图书馆协会指出研究型图书馆应该是那些具备丰富学术馆藏、强大服务能力、高素质的馆员，且足以支持用户高水平、多学科的科学研究，并具备辅助研究能力的大学图书馆③。因此，下文选取加入加拿

---

① Bath University Library, "Working with Data：Sensitive Data"（August 7, 2021），https：//library. bath. ac. uk/research-data/working-with-data/sensitive-data.

② Edinburgh University Library, "Research Data Management. Research Data Training"（August 13, 2021），https：//www. ed. ac. uk/information-services/ Research-support/ Research-data-service.

③ 钱庆、侯丽、孙海霞：《研究型图书馆为科研服务的创新性思考》，《情报资料工作》2010年第 5 期。

大研究型图书馆协会（CARL）的 29 所加拿大高校图书馆中的 25 所作为调研对象。因拉瓦尔大学、蒙特利大学、魁北克－蒙特利大学和舍布鲁克大学 4 所高校图书馆的官方语言为法语，故暂不列为本书的调研范畴。加拿大高校图书馆通过提供 RDM 服务，合理保管科研数据，避免重复研究，鼓励科研数据重复使用，在原有数据的基础上不断发现新问题，最大限度地提高研究效益，展示研究成就，具体服务内容见表 3 – 3。

表 3 – 3 　　　　　　　　加拿大高校图书馆的 RDM 服务内容

序号	图书馆	科研数据管理服务内容	序号	图书馆	科研数据管理服务内容
1	阿尔伯塔大学图书馆	政策、数据组织、数据管理计划、数据咨询、数据保护、数据备份、数据共享、数据访问、数据存档、DMP 助理、数据空间	2	英属哥伦比亚大学图书馆	指南、政策、MANTRA RDM 培训、数据咨询、数据管理计划、数据组织、数据存储、数据备份、数据保护、数据共享、数据出版、数据引用、许可证、DMP 助理、DMP 工具、数据空间
3	卡尔加里大学图书馆	指南、政策、数据管理计划、数据咨询、数据存储、数据共享、DMP 助理、DMP 工具、敏感数据管理、COVID – 19 数据管理、数据空间	4	曼尼托巴大学图书馆	指南、数据管理计划、MANTRA RDM 培训、DMP 助理、DMP 工具、数据创建、数据共享、数据保护、数据存储、数据备份、数据空间
5	里加纳大学图书馆	指南、政策、数据管理计划、DMP 助理、DMP 工具、数据存储、数据共享、查找数据、数据空间、MANTRA RDM 培训	6	萨斯喀彻温大学图书馆	指南、政策、数据管理计划、DMP 助理、DMP 工具、数据组织、数据存储、数据安全、数据备份、数据共享、MANTRA RDM 培训
7	西蒙弗雷泽大学图书馆	政策、数据咨询、数据管理计划、数据组织、数据安全、数据备份、数据共享、数据出版、敏感数据管理、DMP 助理	8	维多利亚大学图书馆	政策、指南、MANTRA RDM 培训、数据管理计划、数据查找、数据组织、数据存储、数据出版、数据安全、数据共享、敏感数据管理、DMP 助理、DMP 工具、数据空间、数据咨询
9	布鲁克大学图书馆	政策、数据管理计划、DMP 助理、MANTRA RDM 培训、数据空间、数据咨询	10	卡尔顿大学图书馆	政策、数据管理计划、DMP 助理、数据空间、数据共享、数据存储、MANTRA RDM 培训、英国数据档案在线培训

序号	图书馆	科研数据管理服务内容	序号	图书馆	科研数据管理服务内容
11	圭尔夫大学图书馆	政策、数据管理计划、DMP助理、数据组织、数据保存、数据共享、数据重用、数据存储、数据安全、数据空间、数据咨询、数据备份、MANTRA RDM 培训	12	麦克马斯特大学图书馆	政策、指南、数据咨询、数据管理计划、DMP 助理、DMP工具、数据安全、数据查找、数据组织、数据发布、数据保存、数据共享、数据备份、敏感数据管理、数据空间
13	渥太华大学图书馆	政策、数据管理计划、DMP助理、敏感数据管理、COVID－19数据共享和存款支持、培训、数据空间	14	皇后大学图书馆	政策、数据管理计划、DMP助理、存储数据、培训、数据存储、数据备份、数据安全、数据共享、数据保存、数据空间
15	瑞尔森大学图书馆	指南、数据管理计划、DMP助理、归档、数据共享、数据存储、数据备份、数据再利用、CCS－数据销毁服务、数据空间、数据咨询	16	多伦多大学图书馆	指南、政策、数据管理计划、DMP 助理、DMP 工具、DMPonline、数据存储、数据备份、数据安全、数据保存、数据出版、敏感数据管理、数据空间、数据引用、培训、数据咨询、MANTRA RDM 培训
17	滑铁卢大学图书馆	政策、数据管理计划、DMP助理、数据存储、MANTRA RDM培训、数据空间、数据咨询	18	韦仕敦大学图书馆	指南、政策、数据管理计划、DMP助理、数据组织、数据共享、数据归档、数据空间、数据咨询
19	温莎大学图书馆	数据管理计划、DMP助理、DMP工具、数据存储、数据归档、数据空间、数据咨询	20	约克大学图书馆	指南、政策、数据管理计划、DMP助理、数据存储、数据共享、敏感数据管理、数据出版、数据空间
21	康考迪亚大学图书馆	政策、数据管理计划、DMP助理、DMP工具、DMPonline、数据查找、数据管理、数据存档、数据共享、数据引用、许可证、数据空间	22	麦吉尔大学图书馆	政策、数据管理计划、DMP助理、DMP 工具、DMPonline、数据共享、访问、使用数据、数据空间、MANTRA RDM 培训
23	达尔豪斯大学图书馆	政策、指南数据管理计划、DMP助理、数据安全、数据存储、数据引用、共享数据、数据空间、MANTRA RDM 培训、敏感数据管理	24	纽芬兰纪念大学图书馆	政策、数据管理计划、DMP助理、DMP 工具、DMPonline、DMP Exemplars、数据共享、数据引用、数据咨询、数据查找、RDM 道德、数据空间
25	纽宾士域大学图书馆	政策、数据管理计划、DMP助理、数据存储、数据共享、数据空间			

（一）政策性文件

除了曼尼托巴大学和温莎大学 2 所加拿大高校图书馆网页未明确列有科研数据管理相关政策性文件，其余 23 所大学都在页面设置相关政策访问链接。除了纽芬兰纪念大学图书馆，其余 22 所列有相关政策的加拿大高校图书馆，均提供由 3 所科研机构——加拿大卫生研究所（CIHR）、加拿大自然科学和工程研究理事会（NSERC）及加拿大社会科学与人文研究理事会（SSHRC）制定发布的《Tri-Agency Statement of Principles on Digital Data Management》（以下简称三机构数据政策）访问链接，该政策定义了科研数据包括作为支持科学和技术调查、学术和研究创造的主要来源的关于世界的观测结果，以及作为研究过程中的证据。旨在合理保管科研数据，避免重复研究，鼓励科研数据重复使用，在原有数据的基础上不断发现新的问题，最大限度地提高加拿大人的研究效益，展示加拿大研究人员的成就①。此外，FAIR 原则也被卡尔加里大学图书馆、约克大学图书馆列出用于指导访问者。约克大学还单独列出 CARE 土著数据治理原则，包括集体利益（collective benefit）、控制权（authority to control）、责任（responsibility）、道德（ethics），这些原则补充了现有的 FAIR 原则，以加强土著人民根据土著价值观和集体利益参与 RDM 决策的权利。OCAP 的原住民原则，包括所有权（ownership）、控制权（control）、访问权（access）和占有权（possession），规定了如何收集、保护、使用或共享原住民的数据和信息，也被卡尔加里和萨斯喀彻温大学高校图书馆列为参考政策。以成为加拿大最敬业的研究型大学为目标的西蒙弗雷泽大学图书馆，出台了本校的科研数据管理原则草案（Draft SFU Principles for Research Data Management（RDM）），该原则草案为研究者们提供了更为详细的科研数据管理指导。皇后大学、西蒙费雷泽大学、麦吉尔大学和达尔豪西大学高校图书馆也出台了适合本校的相关政策。

---

① Government of Canada, "Tri-agency Statement of Principles on Digital Data Management" (September 10, 2021), https://science. gc. ca/eic/site/063. nsf/eng/h_ 83F7624E. html.

（二）培训

调研发现，以英属哥伦比亚大学图书馆为代表的 14 所加拿大高校图书馆都通过提供图书馆工作人员邮箱、电话号码和在线聊天对话框等方式，为服务对象展开科研数据管理过程中的帮助指导。随着新媒体的不断发展，各高校图书馆开始尝试使用新的咨询服务方式，如多伦多大学图书馆使用 Twitter、YouTube 等。

MANTRA 科研数据管理培训（MANTRA Research Data Management Training）是由爱丁堡大学图书馆开发的在线培训平台，服务对象包括研究生、职业研究员、高级研究员和信息工作者等。平台提供 9 个学习模块，分别为科研数据背景、数据管理计划、组织数据、文件格式和转换、存储和安全、保护敏感数据、共享和访问、数据处理教程和文档以及元数据与引文等。此外，平台还提供科研数据管理培训工具包，该工具包是由爱丁堡大学 EDINA 数据图书馆、英国数据档案馆、数字管理中心（DCC）和普渡大学图书馆分布式数据管理中心合作提供的①。调查显示，英属哥伦比亚大学、里加纳大学、布鲁克大学等 12 所研究型大学图书馆提供 MANTRA 科研数据管理培训的访问链接，为用户提供科研数据管理培训学习路径。

卡尔顿大学图书馆提供英国数据档案在线培训的访问链接，其作为在数据策划、数字保存等方面有数十年经验的英国数据档案馆，分享数据发现、数字策划和数据出版、信息治理和数据访问、数据保存和信任 5 个模块的科研数据管理的最佳实践，帮助研究者更加有效地管理科研数据②。

由 Portage 提供的培训资源也被皇后大学图书馆、萨斯喀彻温大学图书馆列为培训访问链接，Portage 网络提供一系列培训材料，从指南到在线培

---

① University of Edinburgh，"Research Data Management Trainning"（September 10，2021），https：//mantra. ed. ac. uk/#online.

② UK Data Service，"Research Data Management"（September 10，2021），https：// www. data-archive. ac. uk/managing-data/.

训模块，涵盖科研数据生命周期，便于研究者了解基础性知识①。

此外，一些加拿大高校图书馆还通过开展网络研讨会、讲座、在线课程等方式开展培训教育服务。例如，渥太华大学图书馆通过实时网络研讨会提供培训课程，2021年1月到6月已经开展5场有关RDM的不同主题的研讨会活动。达尔豪斯大学图书馆提供科研数据管理和共享的MOOC课程链接，研究者通过在线课程学习科研数据管理知识并获得结业证书。

（三）数据管理计划工具

数据管理计划（DMP）概述了研究人员计划如何在项目研究期间和之后管理科研数据。根据表3-3可知，加拿大高校图书馆提供的RDM服务大部分都是围绕DMP展开的，涉及数据管理生命周期的每个阶段。根据调研，25所加拿大高校图书馆均提供DMP服务，但是提供的方式有所差别。本次调研对象均使用DMP助理，这是一种全国性的、在线的双语数据管理规划工具，由Portage网络与主办机构阿尔伯塔大学合作开发，旨在协助研究人员制订数据管理计划（DMP）。该工具可免费提供给所有研究人员，并通过一系列关键数据管理问题开发DMP，并辅之以最佳实践指导和示例②。部分加拿大高校图书馆还补充使用DMPTOOL，创建符合机构和资助者要求的数据管理计划。较少的加拿大高校图书馆使用其他工具，如纽芬兰纪念大学图书馆，还提供DMPonline、DMP Exemplars帮助学者创建DMP，其中DMPonline是创建DMP的一种简单工具，学者只需回答问题，该工具就能制订出相应计划。

（四）数据安全与保护

经调研发现，有11所加拿大高校图书馆提供数据安全或保护服务，该服务主要包括数据的物理安全、数据加密、访问控制和格式等。阿尔伯塔

---

① Portagenetwork, "Training Resources" (September 10, 2021), https:// portagenetwork. ca/tools-and-resources/training-resources/.

② Digital Research Alliance of Canada, "Welcome to Dmp Assistant" (September 10, 2021), https://assistant. portagenetwork. ca/.

大学和英属哥伦比亚大学等图书馆都提供加密程序，使得未经授权访问和泄露敏感数据信息的风险降至最低，目的是确保所有计算设备都加密从而保护各个阶段的数据安全。另外，高校图书馆不建议研究者使用免费云服务如 Dropbox 云驱动器。多伦多大学图书馆还提供三种安全文件传输服务：常规电子邮件、UTSend 临时文件传输服务、多伦多大学斯卡伯拉学院的文件传输系统。这有助于帮助用户和教职工安全、快捷传送数据。西蒙弗雷泽大学图书馆针对数据安全还提出研究者需要注重选择合理的文件格式，文件格式类型将取决于保存的数据类型，以及用于保存或打开文件的程序类型①。

（五）数据存储与备份

数据存储与备份都是数据保存的方式，良好的数据保存也有助于数据开放共享。多伦多大学图书馆为研究者提供三种途径存储数据：数据空间、使用 re3data.org 工具查找涵盖不同学科的学科特定科研数据库、多学科数据存储库如 Figshare。渥太华大学图书馆强调选择合适的文件格式对数据存储同样很重要。纽芬兰纪念大学等高校图书馆都遵循"3-2-1"的数据存储与备份规则：存储 3 份数据副本（除原始数据文件外，还有 2 份副本），将数据存储在两种不同的介质类型（硬盘驱动器、外部驱动器、中央服务器等）上，在远程外部设备（中央服务器、云存储等）存储 1 份副本。研究者遵循这一规则，在更改内容后或完成数据收集后定期及时备份更新数据，并记录数据位置以及备份频率②。

（六）数据出版

数据出版是指从科学研究的角度对科研数据进行同行评议和公开发布，创建标准和永久的数据引用信息，供其他研究者再利用及引用。调查发现，仅有英属哥伦比亚大学、西蒙弗雷泽大学、维多利亚大学和多伦多

① University of Toronto Libraries, "Secure File Transfer" (September 10, 2021), https://onesearch.library.utoronto.ca/researchdata/secure-file-transfer.

② University of Memorial Libraries, "Storage and Backup" (September 10, 2021), https://guides.library.mun.ca/datamanagement/bestpractices.

大学 4 所高校图书馆提供该项服务。英属哥伦比亚大学图书馆认为数据存储库为科研数据提供一个稳定可靠的出版环境，研究人员可以在此管理和共享数据、提供版本控制、创建永久的数据引用、为数据集提供数字唯一标识符 DOI。西蒙弗雷泽大学和维多利亚大学图书馆认为科研数据除了伴随已发表的研究，也可以存入开放数据存储库或数据空间。多伦多大学图书馆提供具体的数据共享出版的期刊要求。

（七）数据引用

英属哥伦比亚大学和康考迪亚大学图书馆明确列出数据引用的相关原则。数据应被视为合法、可引用的研究产品，在学术记录中应与其他研究对象（如出版物）的引文同等重要。因此，数据引用应尝试包含与出版物引文相同的元素：作者、发布日期、标题、发布者（对于数据集，这通常是其所在的归档文件）、版本或译本、资源类型（如数据集或数据库）、访问信息（URL 或其他持久标识符）。遗憾的是，目前对于数据引用并没有统一的标准，对此，英属哥伦比亚大学图书馆给予研究者相关引用格式的建议：ACS、APA、CSE、Vancouver 四种格式[①]。康考迪亚大学图书馆还提供数据引文生成器，如果研究者拥有数据集的 DOI，使用 CrossCite 的 DOI 引文格式设置器，可根据研究者所选样式（如 APA、Chicago）创建数据引文。

（八）敏感数据管理

被调查的加拿大高校图书馆中，涉及提供敏感数据管理相关内容的有 8 所。麦克马斯特大学图书馆将科研数据划分三个风险级别，即低、中或高，这些风险水平是围绕涉及人类参与者的研究设计的。低风险数据是不包含任何有关个人、组织或社区的敏感或可识别信息。披露、丢失或未经授权发布低风险数据不会产生重大风险。中风险数据是可能或确实包含有关个人、组织或社区的机密、敏感或可识别信息的科研数据。

① University of British Columbia, "Cite and Get Credit" (September 10, 2021), https://researchdata. library. ubc. ca/share/cite-and-get-credit-for-your-data/.

披露、丢失或未经授权发布中等风险数据可能导致参与者处于危险之中。高风险数据是包含有关个人、组织或社区的高度敏感信息的科研数据。披露、丢失或未经授权发布高风险数据可能会给参与者、研究人员和潜在的机构带来重大风险,包括声誉损害、重大专业或个人中断、财务后果和法律责任[①]。卡尔加里大学图书馆为研究人员提供敏感数据工具包,工具包内包含三方面内容:(1)用于研究目的的敏感数据术语词汇表,该表提供加拿大环境中敏感数据管理时的常用术语定义;(2)人类参与者科研数据风险矩阵,根据矩阵确认人类参与者科研数据的风险水平并作出相关决定;(3)为获得知情同意制定科研数据管理语言。此外,还提供反识别和匿名化指南和现有管理敏感数据的最佳实践案例研究等服务[②]。针对敏感数据,维多利亚大学图书馆采取匿名(删除个人与其数据之间的联系,以至于几乎不可能重新建立该链接)、去识别(删除或替换个人标识符,因此很难在个人及其数据之间重新建立联系)、普遍化(在数据库中创建连续的汇总数据层的过程)、假名(身份识别数据会进行转换,然后替换为在不知道特定密钥的情况下无法与数据关联的标识符)的方式进行数据保护。

(九)COVID-19数据管理

因全球正处在 COVID-19 疫情的大环境下,部分加拿大高校图书馆开始提供相应 COVID-19 数据服务。如卡尔加里大学图书馆在科研数据管理栏目下单独设置 COVID-19 数据管理分区,共提供四项具体服务:(1)加拿大研究人员快速响应 COVID-19 数据共享和存储指南。(2)我可以共享我的数据吗?该决策旨在帮助研究人员开发储存有关人类参与者数据时注意该数据的隐私保护。(3)反识别指南,旨在帮助研究人员在共享从人类参与者那里收集数据时最大限度地降低披露风险。(4)COVID-19 数据

---

① University of Mcmaster Libraries, "Sensitive Data Risk Levels" (September 10, 2021), https://library. mcmaster. ca/services/rdm#tab-secure-your-data.

② University of Calgary Libraries, "Sensitive Data Tools" (September 10, 2021), https://library. ucalgary. ca/c. php? g = 395022&p = 515038.

库，为研究者提供存储库的选择，便于对 COVID – 19 数据的即时和长期访问①。

渥太华大学研图书馆也提供 COVID – 19 数据共享和存储支持服务。学者可以通过加拿大 COVID – 19 研究人员在线社区、Can COVID Slack workspace 等随时了解情况。图书馆页面还列出给予疫情相关研究快速资金支持的机构，并对如何满足这些资助者的要求提供指导。此外，还提供相应共享和存储科研数据的存储库访问链接②。

四 澳大利亚高校图书馆调查

澳大利亚高校图书馆 RDM 服务起步较早，发展也较为成熟，有丰富的参考借鉴的经验，本书选取澳大利亚"The Group of Eight（Go8）"组织成员作为主要研究对象，"Go8"作为澳大利亚地区最具影响力的高校合作组织，其成员分别是：墨尔本大学、悉尼大学、澳大利亚国立大学、昆士兰大学、莫纳什大学、新南威尔士大学、阿德莱德大学和西澳大学。另外，本书还额外补充调研了 14 所澳大利亚其他高校图书馆的 RDM 服务情况，共计 22 所，调研结果见表 3 – 4。

表 3 – 4 　　　　　　　澳大利亚高校图书馆的 RDM 服务内容

序号	图书馆	科研数据管理服务内容	序号	图书馆	科研数据管理服务内容
1	墨尔本大学	指南、数据管理计划、DMPMelbourne、DMP 模板、MANTRA 科研数据管理培训、咨询、数据保存、数据共享、数据组织、数据存储与备份、保护与道德、Data Champions Network、培训、咨询、研讨会	2	悉尼大学	指南、政策、数据管理计划、数据出版、元数据、数据保存、咨询、数据安全、数据引用、敏感数据

① University of Calgary Libraeies，"COVID-19 Data Management"（September 10, 2021），https://library. ucalgary. ca/guides/researchdatamanagement/covid.
② UOttawa，"COVID-19 Data Sharing"（September 11, 2021），https://biblio. uottawa. ca/en/services/faculty/research-data-management/faq-covid-19-rapid-response-data-sharing-and-deposit.

序号	图书馆	科研数据管理服务内容	序号	图书馆	科研数据管理服务内容
3	澳大利亚国立大学	政策、数据分析、培训、数据重用、DMPTOOL、数据管理计划、数据组织、数据存储、数据共享、数据出版、数据安全、敏感数据、咨询、研讨会、数据重用	4	昆士兰大学	政策、指南、数据管理计划、元数据、敏感数据、数据引用、数据存储、培训、研讨会、数据共享、数据保留、数据出版、UQRDM
5	莫纳什大学	政策、指南、数据管理计划、数据规划、数据安全、道德、数据存储和备份、格式、数据出版、培训	6	新南威尔士大学	政策、培训、数据管理计划、数据存储、数据共享
7	阿德莱德大学	指南、政策、数据管理计划、数据查找、数据整理、数据出版、数据保存、培训、数据存储和备份、敏感数据	8	西澳大学	指南、政策、数据管理计划、文档和元数据、数据存储和备份、培训
9	澳大利亚天主教大学	指南、政策、数据管理计划、数据采集、数据出版、敏感数据、数据存储	10	邦德大学	指南、政策、数据管理计划、数据共享、数据存储与备份
11	中央昆士兰大学	指南、政策、数据管理计划、数据存储和备份、数据共享、敏感数据、数据引用	12	查尔斯达尔文大学	指南、政策、数据管理计划、数据存储、数据引用
13	查尔斯特大学	指南、政策、敏感数据、数据存储、数据出版、培训	14	澳大利亚联邦大学	指南、政策、数据管理计划、数据引用、数据存储、敏感数据、数据出版、咨询、培训
15	皇家墨尔本理工大学	指南、政策、数据管理计划、数据存储、数据共享、数据出版、数据引用	16	南澳大学	指南、政策、数据存储、数据引用、数据共享、敏感数据、数据分析
17	新英格兰大学	指南、政策、咨询、研讨会、MANTRA科研数据管理培训、数据管理计划	18	伍伦贡大学	指南、政策、ReDBOX、数据管理计划、数据存储、培训
19	阳光海岸大学	指南、政策、数据管理计划、数据存储、数据共享、数据引用	20	澳大利亚纽卡斯尔大学	指南、政策、数据管理计划、咨询、数据引用、数据共享、数据出版
21	格里菲斯大学	指南、政策、数据可视化、数据引用	22	拉筹伯大学	指南、政策、数据管理计划、数据存储、敏感数据

（一）政策性文件

政策性文件的制定出台，有助于高校图书馆 RDM 服务的建设发展，并能有效用于规范 RDM 服务。本次调查发现，澳大利亚 "Go8" 8 所高校图书馆都明确显示澳大利亚研究理事会（Australian Research Council, ARC）的数据管理要求；也提供澳大利亚国家卫生和医学研究理事会（National Health and Medical Research Council of Australia, NHMRC）和澳大利亚研究理事会联合发布的《2018 年澳大利亚负责任的研究行为准则》（Australian Code for the Responsible Conduct of Research 2018），对科研机构和研究人员的责任，以及科研数据的存储、所有权、安全性等问题都提出明确的要求。其中，墨尔本大学、悉尼大学、澳大利亚国立大学、昆士兰大学和莫纳什大学共 5 所高校图书馆还参考国家层面的机构组织发布的政策要求，结合本单位实际情况编写适用于本单位的政策文件，如澳大利亚国立大学出台的《ANU 研究行为准则》和《ANU 知识产权政策》[1]、悉尼大学图书馆发布的《悉尼大学（知识产权）规则 2002》。此外，墨尔本大学图书馆还单独设立相关政策汇总整理页面，页面中罗列出与科研数据管理相关政策的具体内容和有关立法，和《信息获取法》《信息安全法》等[2]。澳大利亚联邦大学图书馆在数据计划页面明确列有 1988 年的《隐私法》和 2001 年的《健康记录法》等涉及科研数据管理的法律文件[3]。

（二）培训

墨尔本大学图书馆提供科研数据管理计划培训，如 "Managing Data @ Melbourne"，该培训由 6 个简短的模块组成，概述了良好数据管理的基本做法，能有效帮助研究人员学习起草科研数据管理计划，此外还提供MANTRA 科研数据管理培训以及在线课程。悉尼大学图书馆开设研究电子

① University of Australian National Library, "Policies" (September 11, 2021), https://anulib. anu. edu. au/research-learn/research-data-management/policies-procedures.

② University of Melbourne Library, "Management of Research Data and Records Policy" (September 11, 2021), https://policy. unimelb. edu. au/MPF1242.

③ University of Federation Library, "Data Planning" (September 11, 2021), https://libguides. federation. edu. au/rdm/plan.

数据捕获（REDCap）这一数据库应用程序的相关课程培训，如如何构建一个简单的数据输入项目、如何设置调查、如何使用 REDCap 进行纵向数据收集等，使得研究人员熟练使用该程序，提高工作效率。澳大利亚国立大学图书馆开设 NVivo 面对面培训、SPSS 培训等与分析处理数据有关软件的培训。新南威尔士大学图书馆提供科研数据管理在线培训（RDM online Training，RDMoT），旨在帮助研究人员了解应该如何规划数据管理、数据如何分类、怎样选择合适的工具。阿德莱德大学图书馆开设本校在线课程，还在 MOOC 提供医疗保健数据使用情况的洞察，包括最佳实践概述等。西澳大学图书馆还提供外部培训，如数字策划中心培训，旨在为研究人员和数据保管人提供有效共享和保存数据所需的技能；英国数据存档培训；MANTRA 科研数据管理培训。

（三）数据管理计划工具

数据管理计划是高校 RDM 服务中最为重要的内容之一，合理的数据管理计划有助于研究人员进行科研数据管理。高校图书馆除了提供有关数据管理计划的指南、DMP 示例模板等文字参考外，还提供辅助研究人员编写制定DMP 的软件工具。经调查，墨尔本大学图书馆研发了一款帮助研究人员创建DMP 的在线工具 DMPMelbourne，当研究人员登录 DMPMelbourne 时，将会被引导至"我的计划"页面，然后可以编辑、共享、导出或删除个人的任何计划，研究人员还可以看到他人共享给自己的计划[①]。此外，还提供健康科学、心理学、社会科学等不同学科领域的 DMP 示例模板供研究人员参考。澳大利亚国立大学提供 DMPTool。昆士兰大学图书馆专门设计用于帮助研究人员管理其项目的科研数据的系统 UQRDM，研究人员可以通过该系统实现创建数据管理计划、与合作伙伴共享协作、提供 1TB 的存储空间、根据安全和备份的"数据类型"要求存储数据、协助满足资助机构的要求等功能[②]。

① University of Melbourne Library，"DMPmelbourne"（September 11，2021），https://dmp. research. unimelb. edu. au/.

② University of Queensland Library，"Uqrdm"（September 11，2021），https://web. library. uq. edu. au/library-services/services-researchers/before-you-start？p = 1#1.

伍伦贡大学图书馆的数据管理工具是 ReDBox，它可以通过预配存储等方法帮助研究人员，还可以创建符合本校政策要求的科研数据管理计划。

（四）数据共享

科研数据的共享和利用是研究者进行科研数据管理的目的和意义，它能最大限度地发挥科研数据的价值，提升科研质量和效率，减少重复研究，因此研究资助机构大多都要求研究者在完成项目后共享其科研数据，供其他研究人员查阅、使用。昆士兰大学图书馆对于数据共享服务提供相关指导意见，如当研究人员想要共享科研数据时，应先考虑是否有适用于数据使用的条款和条件；受到资助时资助机构应包括有关计划如何使项目数据可供重复使用的声明；在共享数据时，应设置不同级别的访问，以保护不同级别的数据等①。阳光海岸大学图书馆对于数据共享提供三种选项：（1）开放访问：数据可通过指向存储库的 Web 链接在线访问，或在开放访问物理空间中访问。（2）中介访问：应研究者或其他指定的看门人的请求，允许访问数据。（3）受限访问：数据的存在是发布或传播的，但协议和策略限制对特定定义组的访问②。

（五）数据存储与备份

数据存储是 RDM 服务中最为基础的组成部分之一，合适的数据存储与备份也能在一定程度上保护数据，便于数据共享，达到良好的科研数据管理实践。悉尼大学图书馆提供给研究人员五种科研数据存储选项建议，分别是悉尼电子奖学金机构库（Sydney eScholarship Repository）、科研数据存储库（Research Data Store）、在线记录（Records Online）、开放获取机构库（Open access repository）、存档电子书（eNotebooks）。就五种选项的存储内容大小、访问方式、是否有本校管理、是否接受敏感数据等问题也明

---

① University of Queensland Library，"Sharing Research Data"（September 11，2021），https://web. library. uq. edu. au/library-services/services-researchers/ongoing.

② USC，"Options for Sharing Your Data"（September 11，2021），https://libguides. usc. edu. au/c. php? g = 508408&p = 3478283.

确解答，便于研究人员对比选择适合的存储方式①。莫纳什大学图书馆告知研究人员，在存储数据之前应明确数据的安全分类是什么？需要如何访问和使用数据？谁将访问这些数据？针对这些问题，该大学图书馆对数据的安全分类进行定义：非常敏感、灵敏、限制、公共。如果研究人员的数据设计不同的安全分类，并且研究人员不打算分别存储，则必须使用符合最高分类级别的服务。对于存储空间，莫纳什大学图书馆同样提供五种选项：莫纳什网络存储库（Monash network storage）、保护数据安全区—存储库（Secure Data Enclaves-Storage）、科研数据存储库（Research Data Storage）、谷歌驱动器（Google Drive）、云存储（Cloudstor）。对于数据备份，莫纳什大学图书馆对于存储在莫纳什管理下的数据提供自动备份服务。中央昆士兰大学建议最少将数据安全存储备份到至少三个不同的位置。

（六）数据引用与数据组织

引用是学术写作的重要组成部分，是一种符合学术行为标准的道德实践，研究或学术团体的成员应该坚持这一标准，同样的科研数据也应注重引用。昆士兰大学图书馆在数据引用页面提供了澳大利亚国家数据服务局（The Australian National Data Service，ANDS）的数据引用链接，有助于研究人员更好地了解数据引用和实践操作，此外，昆士兰大学图书馆的机构存储库 UQ eSpace 提供数据引文服务②。

数据组织是科研数据管理中具有重要意义的一项服务，有利于提高数据处理效率。因此，高校图书馆会要求研究人员在文件或文件夹的命名、格式以及元数据等方面要遵守统一的规则。拉筹伯大学图书馆对元数据进行了规范并提供元数据优秀实践示例供参考。该大学还对文件名称、数据版本和文件格式都给予规范化建议。澳大利亚国立大学图书馆

---

① The University of Sydney Library, "Archive Digital Content" (September 12, 2021), https://www. library. sydney. edu. au/research/archiving-data. html.

② University of Queensland Library, "Data Citation" (September 11, 2021), https://web. library. uq. edu. au/library-services/services-researchers/during-research? p = 2#2.

认为数据组织的标准方式是：文件传输和远程访问、文件同步、协作和修订控制。对此，该校图书馆在指南中建议了一些自动化或更高效的替代方案来满足研究人员上述四种数据管理需求，从而提高数据处理效率。

（七）敏感数据

研究人员需知晓，并非所有科研数据都可以公开发布或共享，有时候发布或共享的数据可能会对参与研究的人、濒危物种、国家安全造成伤害，或者可能导致商业损失，这一类数据就可划为敏感数据。作为研究人员有责任采取额外的管理措施来保护敏感数据免受不当访问和使用。悉尼大学单独设置敏感数据出版或共享指南，提供《1988 年隐私法》（Privacy Act 1988）、《2002 年健康记录和信息隐私法》（Health Records and Information Privacy Act 2002）、《2014 年科研数据管理政策》（Research Data Management Policy 2014）等政策法律文件，供研究者熟知敏感数据的隐私性和被保护性。拉筹伯大学图书馆对共享敏感数据提供选项对比表格，还提供 IQDA 定性数据匿名化工具。

（八）数据可视化

ANDS 认为可视化充其量是一种视觉解释，它利用大脑的视觉感知系统帮助我们理解一些东西——一个大数据集、一组关系或空间关系。数据可视化具有能使得研究人员更好地分析和理解数据、能更直观形象地说明数据背后的故事等优点。数据可视化，也可能增加科研数据的重复使用、发现和连接性。昆士兰大学图书馆提供与数据可视化有关的技术表格，供研究人员参考。还为研究人员创建可视化数据提供指导、工具和软件。格里菲斯大学图书馆通过 RED 培训为研究人员举办数据研讨会介绍数据可视化的方法和工具。

五　国外高校图书馆科研数据管理服务分析

根据上文调研分析发现，国外高校图书馆在科研数据管理服务方面发展较早，服务相对成熟完善，主要体现在以下方面：

（一）政策制定具有指导性

四个国家均有国家机构层面的有关科研数据管理的政策出台，如美国国家自然科学基金委员会（NSF）指定的数据管理计划和国家卫生研究院（NIH）关于数据共享的政策声明以及有关执行该政策的其他信息；英国研究理事会（UK Research Councils，RCUK）发布的《RUCK 数据政策通用原则》；加拿大 3 所科研机构［加拿大卫生研究所（CIHR）、加拿大自然科学和工程研究理事会（NSERC）和加拿大社会科学与人文研究理事会（SSHRC）］联合制定发布 Tri-Agency Statement of Principles on Digital Data Management（以下简称三机构数据政策）；澳大利亚研究理事会（Australian Research Council，ARC）的数据管理要求。

除去公共政策要求以外，各国高校图书馆依照国家机构层面发布的政策，制定了适合本校的科研数据管理政策。如英国圣安德鲁大学图书馆制定的《版权政策》和《知识产权政策》、加拿大西蒙弗雷泽大学图书馆的科研数据管理原则草案（Draft SFU Principles for Research Data Management（RDM））等。此外，不同高校图书馆还共用共享相关政策，如澳大利亚不同高校图书馆之间存在相互链接，阿德莱德大学图书馆页面引用了墨尔本大学和悉尼大学 2 所高校图书馆的科研数据管理政策，格里菲斯大学图书馆参考了莫纳什大学图书馆的科研数据管理政策。

（二）服务内容覆盖全生命周期

国外高校图书馆提供的 RDM 服务涉及数据生命周期的各个阶段。（1）在科学研究前期计划阶段：高校图书馆不仅提供 DMPTOOL、DMPoline、DMPMelbourne 等数据管理计划工具帮助科研人员编写 RDM 计划，还展示 DMP 示例模板供科研人员借鉴参考。（2）数据收集和产生阶段：高校图书馆会要求研究人员在文件或文件夹的命名、格式以及元数据等方面要遵守统一的规则。（3）数据处理与分析阶段：向科研人员介绍相关数据软件工具并展开有关培训，部分高校还提供数据可视化服务，帮助科研人员更好地分析数据。（4）数据存储阶段：除了向科研人员提供本校建立的存储库，还提供其他第三方存储服务的相关链接，便于科研人员选择合适的存储方式进行数据存储。同时，高校图书馆通常还会提醒科研人员采用"3-2-1"的备份规则进行数据备份，尽可能避免数据遗失的情况发生。(5) 数据出版与共享阶段：当科研人员准备共享科研数据时，高校图书馆会提供最佳实践案例供其参考，并向科研人员说明何时共享、如何共享、共享原则等内容；当涉及数据出版时，部分高校图书馆也会为科研人员提供相关数据出版期刊的要求和提供稳定的出版环境如数据存储库等。(6) 数据重用阶段：该阶段科研人员通常会涉及数据引用，高校图书馆会罗列数据引用的相关格式或提供多种引文生产器和引文工具等帮助科研人员更快更好地进行数据引用。此外，高校图书馆还全程提供咨询和培训服务，帮助解决科研人员在科研工作过程中遇到的各种数据管理方面的问题，以便科研人员更好地开展研究。

(三) 面向特色需求的科研数据管理服务

科研数据管理服务除了为大多数科研人员提供科学研究过程中各个环节的支持，还应该能够满足不同群体、不同类型数据，抑或是社会热点问题研究的需求，为科研数据的价值创造提供更多的可能性。

在部分科学研究过程中，不可避免地会涉及如姓名、身份证号码、住址、电话、密码等个人隐私的数据，或者像企业的经营情况等企业或社会机构不适合公布的数据，这些科研数据被称为敏感数据。国外高校图书馆尤其注重此类敏感数据的 RDM 服务，部分高校图书馆会将敏感数据划分成三个等级，按照级别制定相应的数据管理要求与措施。还提供敏感数据常用术语、共享敏感数据对比表格，以及匿名、去识别、普遍化、假名等工具和方法帮助科研人员进行敏感数据管理。

全球新冠疫情的大背景，决定了相关研究数据的激增，疫情肆虐带来的经济、社会、民生问题亟待解决。本次调查发现，美国、英国和加拿大均有部分高校图书馆提供 COVID-19 数据服务。国外高校图书馆和其他机构组织都积极呼吁科研人员共享有关 COVID-19 的科研数据，高校图书馆将有关 COVID-19 的政策、数据等资源整合，并单独设置 COVID-19 数据库和数据管理分区，此外提供相关数据可视化等数据软件工具等，这一系列举措有利于推动 COVID－19 的科学研究。例如，美国哈佛大学图书馆等仅在数据存储地涉及 COVID－19 的数据管理；英国帝国理工学院、约克大学等提供 COVID－19 的数据管理道德和法律义务、存储、查找和使用等服务；加拿大卡尔加里大学图书馆还建立 COVID－19 数据库，为研究者提供存储库的选择，便于对 COVID－19 数据的即时和长期访问；加拿大渥太华大学图书馆还进一步列出给予疫情相关研究快速资金支持的机构，并对研究人员提供如何满足这些资助要求的指导。

第二节　我国高校图书馆科研数据管理服务实践

本书还对我国《第二轮"双一流"建设高校及建设学科名单》中所发布的 147 所"双一流"高校的图书馆网站进行浏览，以了解我国高校图书馆 RDM 服务的开展情况。通过调查发现，北京大学、武汉大学、复旦大学、湖南大学、对外经济贸易大学和上海外国语大学 6 所高校图书馆网站有 RDM 服务相关栏目。其中，对外经济贸易大学单独设立了 RDM 服务栏目，详细介绍了科研数据管理流程、研究数据、数据管理服务工具、科研数据管理计划等内容，还罗列了复旦大学、武汉大学和上海外国语大学的数据管理平台链接，但对外经济贸易大学自身并未提供本校的数据管理平台，只停留在理论介绍层面，上海外国语大学的数据管理平台网站始终无法访问，故在统计时并未包括这两所高校的相关内容。表 3－5 展示了北京大学、武汉大学、复旦大学、湖南大学 4 所高校 RDM 服务在服务指南、技术平台、服务主体、服务人员、服务对象、资源工具、服务内容和服务形式方面的基本情况。调查可知 4 所高校核心的 RDM 服务都是在技术平台的基础上进行的，主要的服务内容有数据搜集、数据分类、数据保存和数据共享，4 所高校的服务指南也多为指导用户使用平台而制定。其他服务，如科研数据相关的资源导航、讲座、咨询和培训等主要是在图书馆传统服务和学科服务的基础上拓展和延伸出来的，并主要通过"以软件为主体"的服务方式，向用户提供科研数据整理、处理和分析的资源与工具，并开展相应的指导和培训。在这 4 所提供 RDM 服务的高校中北京大学和武汉大学的服务主体是图书馆，复旦大学和湖南大学的服务需要图书馆的参与，实施服务的人员主要为图书馆员和学科馆员，许多高校还会邀请相关专家来进行讲座和培训，服务对象主要为本校师生，少数高校的服务还会面向企业和校外科研人员。一些高校的 RDM 服务还由院系和研究所主导，如湖南大学的 RDM 服务主体是其经济与贸易学院，专家、数据库的开发者和管理者在服务实施中扮演了重要的角色。还有很多"双一流"高校建设了数据平台或机构知识库（这部分内容将在第四章详细展开论述），但并没有开展具体的 RDM 服务，这说明国内高校图书馆的 RDM 服务意识和作用发挥仍需加强。

表 3 - 5　　　　　　　　　　4 所国内高校 RDM 服务基本情况

高校	北京大学	武汉大学	复旦大学	湖南大学
服务指南	学术规范与投稿指南；北京大学开放研究数据平台用户指南	CALIS 科学数据管理项目组建立的 RDM 规范（具体内容未提供）	复旦大学社会科学数据平台用户指南	数据使用说明；数据使用规则
技术平台	北京大学开放研究数据平台（基于 Dataverse 二次开发）	武汉大学科研数据管理（高校科学数据共享平台）（基于 Dspace 二次开发）	复旦大学社会科学数据平台（基于 Dataverse 二次开发）	湖南大学经济数据研究中心数据管理系统
服务主体	图书馆	图书馆	图书馆、社会科学数据研究中心	经济与贸易学院
服务人员	图书馆员	图书馆员	学科馆员	专家、图书馆员、数据库开发商、数据库开发者和管理者
服务对象	本校科研人员	本校师生	本校师生	本校师生、其他国内学者
资源工具	数据库、统计数据和研究数据、工具与软件(SPSS、AutoCAD、ZineMAke、Note Express、EndNote)	数据库、统计数据、工具（NoteExpress、SPSS）	数据库	特色数据、基础数据

高校	北京大学	武汉大学	复旦大学	湖南大学
服务内容	数据搜集、数据整理、数据分类、数据归档、数据处理和分析、数据管理咨询、学科开放数据导航	数据保存、数据管理、数据共享、数据库导航	数据规范方面的建议或标准，数据整理、分类和归档	数据管理：采集清洗、分类编码、安全维护、存储传输、教育培训；数据服务：数据共享、调查分析、数据挖掘、决策咨询
服务形式	线上和线下讲座、在线课程、带班图书馆员	线上和线下讲座、嵌入式教学、在线课程	线上和线下讲座、在线课程、预约培训	文档链接、讲座、线下课程、服务平台

我国高校目前的 RDM 服务对平台功能和软件资源的依赖程度较高，这使得服务内容的全面性和服务形式的多样性受到了限制，如服务指南多只围绕平台制定，缺乏数据管理计划服务和工具，服务形式多为传统的线上和线下讲座，个性化和嵌入式的服务较少。虽然绝大部分"双一流"高校已经开展了学科服务，但很少有高校图书馆将学科服务和 RDM 服务很好地结合起来，如武汉大学的学科服务平台和科研数据管理平台各自独立，人员和服务内容间的联系并不明确。由此可见，我国"双一流"高校图书馆的 RDM 服务仍存在许多不足，整体 RDM 服务更是处在一个非常初级的阶段，大部分高校图书馆仍只是提供数据资源导航、案例介绍和机构仓储库等基础服务，并且服务较为分散，很少有高校能够在科研数据全生命周期提供系统性的服务，并不能对用户的 RDM 进行全面和深入的指导。

第三节　高校图书馆科研数据管理服务发展启示

结合前文对美国、英国、加拿大和澳大利亚等国的服务实践调查，下文对我国高校图书馆 RDM 服务的展开提出以下启示。

一　制定机构政策

通过网络调研发现，国外高校图书馆在网站页面会清晰明了地罗列出

RDM 相关政策，便于访问者了解。且除了国家层面的政策，部分高校图书馆还出台本校制定的具有针对性的 RDM 政策。而我国目前开展 RDM 服务的几所高校图书馆网站页面并未体现政策的普及和宣传内容。国家虽然出台了《科学数据管理办法》《数据安全法》等有关 RDM 方面的政策性文件，但国内各高校尚未根据各自实际情况衍生制定适合本校科研人员的 RDM 政策。因此，未来在建设提供 RDM 服务时，我国高校图书馆首先要将政策的推广考虑在内，已经开展 RDM 服务的高校可以带头制定具有本校特色的 RDM 政策，这对提升科研人员的 RDM 认知十分必要。

二　推进 RDM 服务内容建设

我国高校图书馆的 RDM 服务进展较缓慢，仍处于起步阶段，仅少数几所高校图书馆已经提供 RDM 服务，且主要依托软件平台向科研人员提供数据收集、整理、存储和共享等服务，缺乏数据管理计划、数据出版等内容。反观国外大部分高校图书馆都已提供 RDM 服务，且服务内容贯穿整个数据生命周期，发展相对成熟，这也为我国高校图书馆的 RDM 服务建设提供了实际参考案例。我国高校图书馆应结合本国实情，加快 RDM 服务的建设进程，且注重服务内容多样性。

在 RDM 培训方面，目前我国高校图书馆缺乏对研究人员进行系统化的 RDM 教育培训，这在一定程度上增加了研究人员开展 RDM、使用 RDM 服务的难度。对此高校图书馆之间可以相互合作，共同构建一个可以共享的 RDM 在线培训平台，帮助研究人员了解和使用 RDM 服务，也加强数据管理的统一化和规范化。在软件工具方面，国外高校图书馆提供 DMPTOOL、DMPoline、DMPMelbourne 等帮助科研人员制订数据管理计划的工具，我国以北京大学高校图书馆为代表，可以和其他机构合作开发相应辅助工具，提高科研人员的 RDM 效率。在面向社会需求方面，目前武汉大学图书馆在机构知识库中单独设立了疫情专题文献栏目，四川大学图书馆尽管并未展开 RDM 服务，但对各类网络免费资源进行了整理汇总，提供了部分数据平台的访问链接，这些做法在一定程度上推动了科研数据的重复利用。为了及时地响应社会需求，我国已经进入 RDM 实践阶段的高校图书馆，在面对社会热点问题、突发重大事件时应尽早提供科研数据的存储与共享服务，以满足科研人员在特殊时期的特定 RDM 需求，充分发挥高校图书馆的科研支持功能。

第四节　本章小结

高校图书馆提 RDM 服务，能有效协助科研人员管理科学研究过程中涉及的科研数据，使得科研数据所蕴含的价值得到更好的挖掘和体现。因此，本章对美国、英国、加拿大、澳大利亚四个国家的高校图书馆的 RDM 服务实践情况进行网络调研并展开分析，发现目前大部分国外高校图书馆都已建设开展 RDM 服务，且提供的服务内容较好地囊括了数据生命周期的不同阶段，能够为使用者提供较为全面的指引。而在调研我国 147 所"双一流"高校时发现，国内目前开展 RDM 服务的高校图书馆数量少之又少，且存在基础设施建设薄弱、服务内容不完善、服务形式较单一、专业人员不足等问题，在国外经验总结的基础上，为我国高校图书馆提出：在国家政策的指导下，制定本校科研数据管理政策，以及推进 RDM 服务建设进程、丰富服务内容等方面的建议。

第四章　高校科研数据管理服务平台——机构知识库的建设与评估

第三章对国内外高校图书馆 RDM 服务实践进行了详细的调查和分析，在此基础上我们发现，机构知识库在服务目标和服务内容上契合 RDM 服务流程，涉及对科研数据的存储、备份、访问、共享等多个方面，因此国外高校和科研机构一般将机构知识库作为 RDM 服务的主要平台。本章将对国内外高校 RDM 服务平台——机构知识库的发展建设进行评估，总结国际公认的开放性倡议标准并形成量化指标，根据前文研究继续选取美国、英国、加拿大、澳大利亚四个国家的典型高校机构知识库进行调查，并结合中国高校机构知识库的建设情况，系统分析国内外机构知识库建设实践的差异性，提出发展建议，以期为国内高校机构知识库的建设发展提供一定参考。

第一节　高校机构知识库的发展背景

机构知识库（Institutional Repository，IR）定位于管理、保存和共享机构成员在学术过程中产生的智力成果。对于所属机构来说，机构知识库能够有效提升成果治理能力，增加学术科研成果的可利用性，增加机构的影响力，对于学者来说，机构知识库提供一个可供存取、共享智力产出的平台。机构知识库依附于特定机构建立，多是以学术成果产出数量较多的研究机构和高校主导，其中高校机构知识库建设数量占据比重较大，而高校机构知识库多由高校图书馆来主导建设。

　　随着开放获取运动的兴起，机构知识库作为主角之一迅速发展，2005 年 12 月，在 OpenDOAR 中注册的机构知识库数量仅 78 所，而截至 2021 年 12 月，已有 5796 所机构库进行注册，16 年的时间机构知识库注册数量增长了近 75 倍①。美国、英国、加拿大、澳大利亚等发达国家的机构知识库数量位居世界前列，高校机构知识库更是主力军，而中国高校机构库建设情况相对来说比较落后，无论是数量还是质量方面都有待提升。针对中国高校机构知识库发展落后这一情况，中国高等教育文献保障系统 CALIS 组织部分高校图书馆共同发起成立中国高校机构知识库联盟，为其他高校建立机构知识库提供平台参考，推动高校机构知识库发展，提高高校机构知识库的可见度和影响力。

　　国内外学者从不同角度对机构知识库实践领域进行积极探讨，大量的学术成果和成功经验供我们参考。国内实践研究集中在机构知识库的总体发展现状②③、软件支持平台④⑤⑥⑦、资源建设⑧⑨⑩⑪⑫、全文获取⑬⑭、

---

①　OpenDOAR, "Opendoar Statistics"（March 5, 2022）, https://v2. sherpa. ac. uk/opendoar/.

②　陈美华、刘文云、刘昊、王静雅：《国内外机构知识库建设研究》，《情报理论与实践》2015 年第 9 期。

③　郑微波、魏群义：《高校机构知识库建设策略研究》，《图书情报工作》2015 年第 24 期。

④　陈美华、刘文云、刘昊、王静雅：《国内外机构知识库建设研究》，《情报理论与实践》2015 年第 9 期。

⑤　郑微波、魏群义：《高校机构知识库建设策略研究》，《图书情报工作》2015 年第 24 期。

⑥　孙会清、杜鑫、廉立军：《美国知名高校机构知识库调查与分析》，《情报杂志》2018 年第 4 期。

⑦　司莉、陈玄凝：《科研数据机构库建设现状的调查分析》，《图书馆》2017 年第 4 期。

⑧　郑微波、魏群义：《高校机构知识库建设策略研究》，《图书情报工作》2015 年第 24 期。

⑨　孙会清、杜鑫、廉立军：《美国知名高校机构知识库调查与分析》，《情报杂志》2018 年第 4 期。

⑩　司莉、陈玄凝：《科研数据机构库建设现状的调查分析》，《图书馆》2017 年第 4 期。

⑪　邱小红、姜颖：《中美机构知识库资源建设现状与特点剖析》，《图书情报知识》2015 年第 3 期。

⑫　曾丽莹、刘兹恒：《全球高校科研数据知识库发展现状与思考》，《图书馆建设》2018 年第 3 期。

⑬　郑微波、魏群义：《高校机构知识库建设策略研究》，《图书情报工作》2015 年第 24 期。

⑭　邱小红、姜颖：《中美机构知识库资源建设现状与特点剖析》，《图书情报知识》2015 年第 3 期。

政策①②③④情况等基础调查方面，未形成系统的量化指标。而国外学者依据相关机构所提出开放性倡议标准拟定机构知识库量化标准，从而进行调查评估：Fernando 采用 RECOLECTA《研究机构库评价指南》对秘鲁前 10 所大学的机构库质量水平进行了评价和比较⑤。Carolina 总结了欧洲开放获取基础设施研究项目（OpenAIRE）、开放存取知识库联盟（COAR）和西班牙科学知识库平台（Referencia）等国际倡议制定的指导方针，并将其应用于评估阿根廷数字存储库系统中注册的具有代表性的机构存储库⑥。国内虽然对高校机构知识库建设与发展给予了一定重视，但是如何建立符合国际标准的机构知识库，促进国内机构知识库与国外对标，令学术成果走出国门迈向国际化仍是很多高校图书馆所要思考的问题。

第二节　高校机构知识库建设与服务评估指标

为了建立衡量机构知识库建设与服务的评估指标体系，多个知名国际组织纷纷提出机构知识库建设倡议与指南。其中最为知名的 3 家分别是：OpenDOAR、CoreTrustSeal 和 RECOLECTA。OpenDOAR 是 2005 年由诺丁汉大学和隆德大学合作开发的全球开放获取存储库目录，可以根据一系列分类（如位置、软件平台或所保存资源类型）搜索和浏览数千个

---

① 陈美华、刘文云、刘昊、王静雅：《国内外机构知识库建设研究》，《情报理论与实践》2015 年第 9 期。

② 孙会清、杜鑫、廉立军：《美国知名高校机构知识库调查与分析》，《情报杂志》2018 年第 4 期。

③ 邱小红、姜颖：《中美机构知识库资源建设现状与特点剖析》，《图书情报知识》2015 年第 3 期。

④ 曾丽莹、刘兹恒：《全球高校科研数据知识库发展现状与思考》，《图书馆建设》2018 年第 3 期。

⑤ Fernando S. B., "Comparative Quality Evaluation of Universities' Institutional Repositories of Peru", *Jlis. It*, Vol. 12, No. 2, 2021, pp. 99 – 121.

⑥ Carolina D. V., "Los Repositorios De Acceso Abierto En La Argentina Situacion Actual", *Informacion*, No. 19, 2008, pp. 79 – 98.

已注册的存储库，被认为是世界上最主要的存储库目录之一。OpenDOAR提出了针对存储库的要求，并在其官网免费提供存储库的自我评估工具。

CoreTrustSeal是一个国际性的非营利组织，旨在促进可持续和值得信赖的数据基础设施建设，并向数据存储库提供核心级别认证。《CoreTrustSeal可信数据存储库要求》为核心级别的存储库认证创建了统一的通用要求，并每三年进行审查和更新①。

RECOLECTA是一个汇集西班牙所有科学知识库的平台，为知识库管理人员、研究人员和决策者提供服务，该平台在2009年组建了四个工作组：作者唯一标识工作组、统计工作组、OAI－ORE（OAI－ORE是一个协议，是OAI组织为解决机构知识库间数字资源的无损交换制定的规范）储存库工作组和评价研究机构工作组，在评价研究机构工作组的协调下，制定了机构知识库建设评估指南②。

以上3家国际组织都对机构知识库的建设与服务提出了实用性的评估标准，参考这些评估标准，本次调查拟构建相应的机构知识库建设质量评价指标。指标构建时主要考虑以下几个方面：一是笔者通过对比分析OpenDOAR制定的《存储库的强制性标准》、《CoreTrustSeal可信数据存储库要求2020—2022》③、RECOLECTA《第四版机构知识库评估指南》三类国际上关于机构知识库建设的标准发现，机构知识库评估主要从基础建设、内容管理、元数据、政策、技术、安全等方面入手，通过阅读相关文献和初步调查梳理机构知识库建设所涉层面，确认评估指标包括建设层面（建设现状、软件平台等）、服务层面（全文获取、政策等）和资源层面（内容建设、质量控制、元数据等）。二是在初步调查的过程中，对多个国外高校机构知识库管理政策进行内容分析发现，其构成

① CoreTrustSeal, "About Coretrustseal" (March 5, 2022), https://www. coretrustseal. org/about/.

② Recolecta, "Recolecta" (March 5, 2022), https://recolecta. fecyt. es.

③ CoreTrustSeal Standards and Certification Board, "Coretrustseal Trustworthy Data Repositories Requirements 2020 – 2022" (March 5, 2022), https://zenodo. org/record/3638211#. YiMAB6tBxnI.

包括机构知识库目标和使命、服务人群、资源存储与使用规范、访问限制、版权与隐私限制、元数据政策等，说明以上是影响机构知识库建设与服务的重要因素。三是在机构知识库的使用过程中，用户可能会考虑存储流程是否烦琐、系统是否安全、机构知识库的服务与内容资源的质量、成果的开放等问题。

基于这几个方面，对上述三类评估标准进行比较，依据文献、初步实践调研与用户需求分析，充分考虑不可量化、相似指标、网站信息获取受限等问题，最终本书确定了四个一级指标、十六个二级指标、四十八个三级指标，从四个维度来构建机构知识库建设情况调查评价体系：基础建设、数据管理、管理政策、技术与安全，具体指标见表 4 - 1。

表 4 - 1　　　　　　　　　机构知识库建设与服务评估指标

一级指标	二级指标	三级指标
基础建设	a. 任务：机构知识库具有明确的任务。	提供保存和访问数据的服务。
	b. 可见性：机构知识库将被置于醒目位置供用户发现。	高校图书馆页面中有机构知识库链接；出现在国家和国际目录中；专有名称的存在；存在一个友好和安全的 URL；可以分享到社交网络。
	c. 连续性的访问：机构知识库设置连续性计划以确保持续访问。	规定保存期限；制订了中期（三至五年）和长期（＞五年）计划，以确保继续提供和取得数据；有专门政策或程序声明保证连续性访问。
	d. 隐私数据：机构知识库尽可能确保按照纪律和道德规范创建、管理、访问和使用数据。	涉及法律和伦理标准的数据具有政策进行规范；有审查数据披露风险的程序，并采取必要的步骤将文件匿名化或以安全的方式提供访问权限；员工接受过有披露风险的数据管理培训。
基础建设	e. 组织基础设施：机构知识库有足够的资金和人员支持。	机构知识库有足够的资金，包括人力资源、IT 资源和必要时参加会议的预算；机构知识库确保其员工能够获得持续的培训和专业发展。
	f. 专家的指导：机构知识库确保持续的专家指导和反馈。	机构知识库有内部顾问，或由技术、管理、数据学科专家组成的外部咨询委员会。

第四章　高校科研数据管理服务平台——机构知识库的建设与评估

续表

一级指标	二级指标	三级指标
数据管理	g. 数据完整性和真实性：机构知识库应确保运行的管理系统在摄取、归档、存储和访问过程中数据的完整性和真实性。	有确保数据完整性和真实性的审查程序（包括定期检查）；提供数据和元数据的更改；机构知识库规定存储人的身份；有政策或声明规定机构知识库与用户双方的责任；机构知识库库有存档副本的策略；机构知识库对其内容使用持久标识符；存储过程被记录。
	h. 评估：机构知识库评估保存的数据是否符合标准。	机构知识库使用集合开发策略来指导归档数据的选择；数据使用 OAI – PMH 接口提供；机构知识库有相应的程序来确定是否提供了解释和使用数据所需的元数据，有自动的元数据评估符合相关模式；提供元数据长期存储的方法；机构知识库发布一个首选格式列表。
	i. 保护计划：机构知识库承担长期保存数据的责任，并以文档化的方式管理保存计划。	机构知识库有文档形式的保存计划；为项目保护设置级别；机构知识库拥有复制、转换和存储项目以及提供对它们的访问的权利。
	j. 数据质量：机构知识库具有数据和元数据质量控制的专业知识，并对存储数据进行质量控制。	机构知识库具有对数据和元数据质量采取的方法；机构知识库有质量控制检查。
	k. 工作流：为了确保服务与实践的一致性，并避免临时操作，应根据机构库的活动定义工作流，并明确记录过程。	具有工作流或业务流程描述。
	l. 数据重用：机构知识库支持重用数据，并确保提供适当的元数据来支持对数据的理解和使用。	规定元数据格式；所有记录都包含标题字段、描述字段、发布类型字段、发布日期字段、版权字段、访问级别信息、作者字段、语言字段、标识符字段等，有利于更好地理解和使用数据；采用标准化分类系统，支持普通检索与高级检索。
管理政策	m. 统计：机构知识库在一个可见的地方提供了至少以下几方面的年度公共统计数据：内容的演变、下载和开放获取项目的数量。	公开使用情况数据；公开存档情况。
	n. 基础政策设置：机构知识库设置相关政策、指南、声明以规范各流程实施以及机构库正常运行。	机构知识库的使命和目标宣言；开放获取政策；内容政策；保存政策；访问和使用政策；元数据重用政策。

一级指标	二级指标	三级指标
技术与安全	o. 技术：机构知识库在稳定的操作系统或其他核心基础设施软件上运行，并提供硬件和软件技术服务。	利用开源平台建设机构知识库；机构知识库有灾难计划和业务连续性计划。
	p. 安全：机构知识库应该分析潜在的威胁，评估风险，并创建安全系统。	机构知识库确保具有安全的系统及安全管理员；确保安全地进行系统的访问。

资料来源：CoreTrustSeal Standards and Certification Board，"Coretrustseal Trustworthy Data Repositories Requirements 2020 – 2022"（March 5，2022），https：//zenodo. org/record/3638211#. YiMAB6tBxnI.

一 基础建设

机构知识库用以收集、管理、传播和保存机构的科研成果产出，目标是实现成果的开放获取。在基础建设部分主要调研任务、可见性、连续性访问、隐私数据、组织基础设施、专家指导六个方面，从而对机构知识库建设的完整性和质量做出基本判断。

（一）任务

机构知识库具有明确的任务，即提供对其库中数据的保存和访问。机构知识库不仅需要持续地履行这项使命，还要有处于明显位置的声明（一般位于机构知识库主页或政策主页）使研究人员了解该项任务。

（二）可见性

机构知识库通过加入国际知识库注册目录以及在所有目录中标识标准化名称来提高国际上的可见性和影响力。高校图书馆也需要通过宣讲会、讲座、新媒体宣传等方式扩大机构知识库的使用率，以此支持研究人员的科研项目和争取外界的支持。高校机构知识库对于高校内部人员持欢迎态度，面向校内学生、教师、工作人员开放，部分机构知识库还支持校外人员进入。同时机构知识库支持分享功能，使用户可以将成果分享到社交媒体（如 Facebook、Twitter、Linkedin 等）中，通过社交网络传播数据资源，促进资源的开放获取。

（三）连续性访问

机构知识库需要有一个连续性计划，以确保持续保存和访问其存储资源。这项要求包含了保证机构知识库在长时间内和在灾害期间运行的管理措施，以及未来大量数据的转移规划，即机构知识库为应对外部环境风险，应当具有确保当前和未来存储资源的可访问性和可用性的措施。机构知识库规定内容资源的保存期限，并为内容资源设置保护级别；制订中期和长期计划，特别是应说明对环境迅速变化的反应措施和机构知识库的长期发展规划，以及将数据转移到另一个机构或将数据归还其所有者（即数据上传者）的计划，该方面有助于明晰机构知识库未来的发展方向。

（四）隐私数据

可靠的、负责任的科学应当遵守伦理和道德的规范。隐私数据是数据进行开放共享时需要特别重视的问题，当前只讨论存储资源中所包含的个人隐私与其他相关敏感数据。机构知识库应当确保对有披露风险的数据采取一定措施，机构知识库可以在数据收集时根据用户的地理位置以及学科所在的法律和伦理规范来对隐私数据进行规范，同时应当具有特殊程序管理或限制访问隐私数据，采取必要的步骤将文件匿名化或以安全的方式提供访问权限。隐私和敏感数据的保护和管理等专业性强的工作，需要借助专业管理人员的力量，因此也需要对机构知识库的管理人员进行相关的培训。另外，机构知识库也要思考是否在隐私数据的存储、下载和使用方面提供专业人员的指导，这对于获取存储敏感数据的用户的信任是非常有必要的。

（五）组织基础设施

机构知识库需要充足的资金来履行其职责，并需要有具备数据归档专业技能的人员通过明确的管理制度来有效地执行任务。然而，经济问题一直是困扰机构知识库发展的重要因素[1]，但机构知识库一般会依托于稳定

---

[1] 刘莉、刘文云、苏庆收、张宇：《机构知识库可持续发展的驱动因素、障碍及方向研究》，《情报理论与实践》2019年第7期。

的机构而存在，这就保证了其具有相对稳定的资金和人力。同时机构知识库确保其员工能够获得持续的培训和专业发展，并且对员工执行的任务以及需要的技能进行详细描述。稳定的资金和人力支持对于机构知识库的建设和发展起到了强有力的支撑作用。

（六）专家指导

随着科技的发展和科学成果产出的增加，机构知识库所存储的数据类型、数据量也在不断变化。机构知识库应当进行持续的改进和更新，以便为机构和研究人员提供长期稳定的服务。鉴于变化的速度很快，机构知识库需要定期获得相关专家的建议和指导，专家可以是来自内部的顾问，或者是由技术、管理、数据科学和学科专家组成的外部咨询委员会。在此基础上机构知识库也要思考如何建立专家与机构之间的沟通机制，这有助于机构知识库更好地改进其服务。

二 数据管理

机构知识库负责保存机构产出的科研成果，且内容涉及多个学科。因此，机构知识库的资源建设范围广泛、类型多样，对机构知识库的数据管理情况进行调研有助于明晰机构知识库的存储资源类型和分布，方便对存储资源进行更妥善的保管和使用。机构知识库将研究人员的科研成果进行数字化保存，因此数据建设是机构知识库建设的重中之重，在数据管理方面，主要针对数据的完整性与真实性、数据评估、保护计划、数据质量、工作流、数据重用、统计七个方面进行调研，对这些内容的评估有助于判断机构知识库的数据管理能力和管理水平。

（一）数据完整性与真实性

内容资源是机构知识库建设的基础之一，也是最受研究人员重视的部分。研究人员在使用机构知识库时，想要获得完整且真实的科研数据助力自身的科研成果，因此机构知识库在数据与元数据管理的建设方面应当有所侧重。数据的完整性和真实性这一要求涵盖机构知识库中的整个数据生命周期，为了保护数据和元数据的完整性，任何有意对数据和元数据的更改都应该记录下来，包括进行更改的人员和理由。机构知识库应该采取措施，确保可以检测到无意的或未经授权的更改，并恢复原始的数据和元数据版本。数据的真实性是指原始存储数据及其来源的可靠性程度，通过维护原始数据与传播数据之间的关系以及数据集和元数据之间的关系等措施来保证数据的真实性不受损害。

（二）数据评估

机构知识库应当根据设置的数据标准对研究人员所保存的数据和元数据进行评估，以此来确保数据的相关性和可理解性。这一要求涉及机构知识库的数据存储标准。评估功能设置于数据存储前后，该功能对于机构知识库后期进行数据管理也至关重要，随着时间的推移，重新评估数据可以确保数据对研究人员和机构始终存在价值。

（三）保护计划

机构知识库需要长期保存数据，因此应当对用户、机构和机构知识库数据存储方面的责任进行明晰，各方必须承担责任并履行一定的义务，责任与义务必须形成文件以确保其完成。

（四）数据质量

绝大多数用户认为有必要对存缴内容的质量进行控制①，研究人员可以通过完整的元数据、本体数据和其他数据获得充足的科研信息，继而估计存储数据的质量和价值。机构知识库必须确保有足够的数据信息供个人和机构评估数据的质量，当数据来源涉及多学科时，质量评估工作变得越来越复杂。用户可能没有个人经验，不能对数据质量进行全面的判断，这就需要机构知识库必须能够评估数据和元数据的完整性和质量，确保有一个既定程序或文件使研究人员对数据的可用性和适用性做出明智的决定。

（五）工作流

内容资源的归档应当根据从数据的摄取到传播过程中定义的工作流进

---

① 马景源、白林林：《机构知识库用户的使用和存缴意愿研究——以中国科学院文献情报中心机构知识库为例》，《图书馆理论与实践》2018 年第 11 期。

行。机构知识库应当将每一项重要的使用步骤进行工作流的规划和描述，使得管理人员和用户在操作过程中避免失误。系统的易用性是用户考虑使用机构知识库的因素之一①，机构知识库的工作流设置可以准确定义和描述操作的每一个环节，使操作流程更加标准。

（六）数据重用

数据重用是开放科学中不可忽视的问题，机构知识库作为科研数据管理服务中的一个环节推动和保障研究人员开展数据重用②，尽管未来机构知识库有可能发生变化，但是必须保证数据能够在未来继续被有效地使用。该层面指标能够有效评估为确保数据可重用而采取的措施，保证有完整的元数据支持对数据的理解和使用。针对数据重用，机构知识库要注意当用户访问数据时可以提供的元数据的类型和格式，以及元数据获取方式和可持续性等问题。

（七）统计

机构知识库应当在一个可见的地方（如机构知识库主页某一板块）提供了至少包括以下方面的年度公共统计数据：内容资源的演变、下载和开放获取项目的数量。同时将统计的存档数据和使用情况数据提供给国际机构知识库注册目录，并及时更新。设置统计功能，并对统计数据进行公开，有利于用户对机构知识库的存储和使用情况有整体的把握，也在一定程度上起到了宣传作用。

三　机构知识库管理政策

制定机构知识库政策及其规划的目的是对数据开放获取、保存、管理、访问、使用、重用进行指导和保障。多数机构知识库还为隐私数据、版权及禁运期制定了专门的政策。机构知识库政策是保障机构知识库可持

① 陈欣悦：《基于内容分析法的用户参与高校机构知识库的影响因素分析》，《图书馆理论与实践》2022 年第 1 期。

② 张潇月、顾立平、胡良霖：《国内外开放科研数据重用困境解决措施述评》，《图书馆》2021 年第 3 期。

续发展的重要因素，也是其发展过程中不可或缺的重要组成部分①。在该层面主要对机构知识库所具备的基本政策情况进行调研，包括机构知识库的使命和目标宣言、开放获取政策、内容政策、保存政策、访问和使用政策以及元数据重用政策等。

（一）机构知识库的使命和目标宣言

机构需要在机构知识库中确定其目标、范围和功能，并以声明或宣言的形式将其置于可见的位置（一般位于机构知识库主页或政策页面）。该声明加深了用户对机构知识库的了解，在一定程度上可以建立用户对开放获取机构知识库的正确认知。

（二）开放获取政策

开放获取使研究成果可以在线免费阅读、下载和使用，机构知识库也在开放获取运动的背景下产生，不断进行成果开放获取的实践。多数学者将机构知识库的开放获取政策定义为建设、管理、运行和维护机构知识库的政策体系，而本书提及的开放获取政策仅仅指机构知识库对于成果开放获取的规定。理想情况下，机构知识库中所保存的内容资源可以不受限制地、免费地获取和使用。但实际上，大多数机构知识库很难做到这一点，因此机构知识库会设置专门的开放获取政策来规定内容资源的开放程度，为存储资源施加限制和临时禁运。

（三）内容政策

内容资源是机构知识库的重要组成部分，机构知识库的内容政策涉及关于机构内哪些人可以提交内容、提交者的权利和义务、提交方式、接受哪些类型的内容（发表在期刊上的文章、报告等）以及允许哪些文件格式（PDF、CSV、MP4等）等问题，从提交者和提交方式两个方面对数据的提交进行定义，从存储内容和存储要求两个方面对机构知识库数据质量加以控制，通过对内容资源的多个层面进行规定，促进机构知识

---

① 崔海媛、聂华、吴越等：《公共资助机构开放获取政策研究与实施——以国家自然科学基金委员会基础研究知识库开放获取政策为例》，《大学图书馆学报》2017年第3期。

库建设质量的提高。

（四）保存政策

在保存政策中，机构将承诺永久保持内容的可用性，并采取必要的保存措施确保数据的完整性和真实性。保存政策一般包含数据保存、数据备份和具体的存储地点。机构知识库一般会选择长期保存，这也有利于机构知识库资源的开放获取，便于用户对这些数据进行长期的查阅和使用。数据备份是数据保存的保障机制，机构知识库一般会选择可靠的地点存放备份，甚至会进行多次备份、多地点备份，防止数据丢失和损毁。

（五）访问和使用政策

机构知识库的访问和使用政策包含了数据的使用和传播规范。为了防止有不法分子非法盗取数据，机构知识库会禁止通过网络爬虫手段获取数据，从而确保数据的安全使用。同时多数机构知识库支持对存储资源设置禁运期，在此期间，机构知识库仅提供元数据或者限制人员使用，这种限制一般由提交者决定。在数据提交时，提交者也会签署共享协议，将数据管理与使用的权利授权给机构知识库，机构知识库将会拥有对存储资源的复制、转化、对公众开放的权利，同时也支持多个传播授权许可。

（六）元数据重用政策

元数据用以描述机构知识库中存储的数据，通过元数据，用户可以快速地了解存储的内容资源。元数据重用政策规定了元数据的使用和重用，用户在使用元数据时，应当参照政策规定的方式进行，比如注明元数据信息，包括标题、作者、来源等详细信息，未经允许，任何人或机构不能以商业目的使用数据。另外存储在机构知识库中的元数据可以被服务商和一些机构收集进行重用。机构知识库元数据质量控制首先必须遵循元数据互操作标准 OAI - PMH 以及 DC 元数据标准，国内外机构知识库基本遵循这两个标准，从而在一定程度上促进了机构知识库的互操作性①。

四 技术与安全

机构知识库需要在可靠和稳定的核心基础设施上运行，从而最大限度地提高服务可用性。在技术层面上，机构知识库所使用的硬件和软件必须与机构知识库履行的功能相关，机构知识库的技术基础设施提供了对设施及其存储的数据、产品、服务和用户的保护。软件平台是建设机构知识库的关键之一，选择合适的软件平台可以让机构知识库的建设事半功倍，同时完善的平台也在一定程度上提高了机构知识库的建设质量。为了保持机构知识库的可用性，除了软件平台之外，机构知识库也要思考应对突发情况的计划和业务连续性计划，比如在机构知识库服务发生中断时要如何应对，以及如何迅速恢复数据和备份等，这需要机构知识库不断更新升级技术，以确保机构知识库的正常运行。

在安全层面上，机构知识库应该分析潜在的威胁和风险，并创建可靠的安全系统。机构知识库应当描述出对机构知识库本身及数据、服务和用户构成威胁的恶意操作、人为错误或技术故障，同时衡量这种情况发生的可能性和影响，并确定应当采取哪些措施来应对这些威胁。

第三节 国外高校机构知识库建设情况分析

本书将高校图书馆页面、机构知识库页面、OpenDOAR 及 re3data.org 作为调查数据源。调查日期为 2021 年 10 月至 2021 年 12 月，以美国、英国、加拿大及澳大利亚四国共 113 所典型代表高校为例，其中美国选取 "THE2021"（泰晤士高等教育 2021）排名中位于前 100 的 37 所美国高校图书馆作为调研对象，英国选取 Quacquarelli Symonds（简称 QS）所发表的 2021 年度世界大学排名中排在前 300 的 34 所英国大学的

---

① 刘丹：《机构知识库元数据质量控制方法研究》，《图书馆学研究》2018 年第 4 期。

研究型图书馆作为调研对象，加拿大选取加入 CARL 机构的 29 所加拿大高校研究型图书馆中的 25 所作为调研对象，澳大利亚以"The Group of Eight（Go8）"的组织成员及另外 14 所高校图书馆作为主要研究对象。排除高校未建设机构知识库、网络不稳定、需要校内网登录及仅限校内人员账号登录等情况，最终调查高校数量为 69 所，具体建设情况见表4－2。

表4－2　　　　　　　　　国外高校机构知识库基本建设情况

国家	高校名称	机构知识库名称	软件平台	成果上传方式		上传者要求		成果使用范围				
				校内账号登记	向工作人员申请	校内人员	开放	校内人员	作者决定	设置禁运	附有版权协议或限制	开放
美国	斯坦福大学	Stanford Digital Repository	Fedora	√		√			√			
	哈佛大学	Harvard Dataverse	Dataverse	√			√		√			
	加州理工学院	CaltechDATA		√		√					√	
	麻省理工学院	DSpace@ MIT	DSpace		√	√					√	
	普林斯顿大学	DataSpace	DSpace	√		√						√
	约翰霍普金斯大学	JHU Data Archive	Dataverse	√		√					√	
	宾夕法尼亚大学	Scholarly Commons	Digital Commons	√		√						√
	康奈尔大学	eCommons@ cornell			√	√					√	

国家	高校名称	机构知识库名称	软件平台	成果上传方式		上传者要求		成果使用范围				
				校内账号登记	向工作人员申请	校内人员	开放	校内人员	作者决定	设置禁运	附有版权协议或限制	开放
美国	杜克大学	RDR	Fedora	√		√						√
	美国西北大学	Arch	Fedora	√		√			√			
	纽约大学	Archive@ NYU	Data Space	√		√					√	
	卡耐基梅隆大学	kilthub figshare	Figshare	√		√					√	
	华盛顿大学	Research Works Archive	DSpace		√	√					√	
	加州大学圣地亚哥分校	LIBRARY DIGITAL COLLECTIONS			√	√					√	
	佐治亚理工学院	SMARTech Repository			√	√						√
	得克萨斯大学奥斯汀分校	Texas Data Repository	Dataverse	√		√			√			
	伊利诺伊大学厄巴纳－香槟分校	Illinois Data Bank				√					√	
	圣路易斯华盛顿大学	Digital Research Materials Repository		√		√					√	
	波士顿大学	OpenBU	DSpace	√		√					√	
	布朗大学	Brown Digital Repository		√		√			√			
	明尼苏达大学	Data Repository for the University of Minnesota	DSpace		√	√				√		

续表

国家	高校名称	机构知识库名称	软件平台	成果上传方式		上传者要求		成果使用范围				
				校内账号登记	向工作人员申请	校内人员	开放	校内人员	作者决定	设置禁运	附有版权协议或限制	开放
英国	牛津大学	ORA – DATA		√		√						√
	剑桥大学	Apollo	Dspace		√	√						√
	伦敦国王学院	The King's Open Research Data System	Figshare	√		√				√		
	布里斯托大学	data. bris Research Data Repository	CKAN	√		√			√			
	华威大学	Warwick Research Archives Portal Repository	EPrints	√		√					√	
	格拉斯哥大学	Enlighten：Research Data	EPrints		√	√				√		
	雷丁大学	University of Reading Research Data Archive	EPrints	√		√					√	
	阿伯丁大学	The University of Aberdeen Research Portal	Dspace	未知								
	斯凯莱德大学	University of Strathclyde Institutional Repository	EPrints	√		√						√
	南安普敦大学	University of Southampton Institutional Research Repository	EPrints	√		√						
	利兹大学	Research Data Leeds Repository	EPrints	√		√					√	
	谢菲尔德大学	ORDA	figshare	√		√					√	
	诺丁汉大学	Nottingham Research Data Management Repository	DSpace	√		√			√			
	伦敦大学玛丽女王学院	Queen Mary Research Online	DSpace		√	√						√
	兰卡斯特大学	Lancaster University Research Directory			√	√					√	
	莱斯特大学	leicester Research Archive	Figshare	√		√						
	埃克塞特大学	Open Research Exeter	DSpace	√		√						√

国家	高校名称	机构知识库名称	软件平台	成果上传方式		上传者要求		成果使用范围				
				校内账号登记	向工作人员申请	校内人员	开放	校内人员	作者决定	设置禁运	附有版权协议或限制	开放
英国	巴斯大学	University of Bath Research Data Archive	EPrints	√		√					√	
	萨里大学	the University of Surrey Open Research repository	EPrints	√		√		未知				
加拿大	阿尔伯塔大学	University of Alberta Dataverse	Dataverse		√	√		√				
	英属哥伦比亚大学	UBC Dataverse @ Scholars Portal	Dataverse			√			√			
	卡尔加里大学	PRISM Dataverse	Dataverse		√	√			√			
	曼尼托巴大学	UM Dataverse	Dataverse	√		√			√			
	萨斯喀彻温大学	HARVEST	DSpace		√	√				√		
	维多利亚大学	VURR		√		√			√			
	布鲁克大学	Brock University Digital Repository	DSpace	√		√						√
	卡尔顿大学	CURVE	Drupal		√	√		未知				
	圭尔夫大学	University of Guelph Dataverse	Dataverse	√		√				√		
	麦克马斯特大学	McMaster University Dataverse	Dataverse	√		√				√		
	渥太华大学	University of Ottawa Dataverse	Dataverse	√		√				√		
	皇后大学	QUEEN's Dataverse	Dataverse	√		√			√			
	瑞尔森大学	Ryerson University Dataverse	Dataverse	√		√			√			
	多伦多大学	University of Toronto Dataverse	Dataverse	√		√			√			
	韦仕敦大学	Western University Dataverse	Dataverse		√	√			√			

国家	高校名称	机构知识库名称	软件平台	成果上传方式		上传者要求		成果使用范围				
				校内账号登记	向工作人员申请	校内人员	开放	校内人员	作者决定	设置禁运	附有版权协议或限制	开放
加拿大	温莎大学	University of Windsor Dataverse	Dataverse		√	√			√			
	康考迪亚大学	Concordia University Dataverse	Dataverse	√		√		√				
	麦吉尔大学	McGill University LDataverse	Dataverse		√	√			√			
	纽宾士域大学	UMB Dataverse	Dataverse	√		√						
澳大利亚	墨尔本大学	melbourne. figshare	figshare	√		√			√			
	悉尼大学	Sydneye Scholarship Repository		√		√						√
	澳大利亚国立大学	ANU Data Commons	Fedora	√		√				√		
	新南威尔士大学	UNSWorks	Fedora	√		√				√		
	西澳大学	IRDS			√	√					√	
	邦德大学	Bond University Research Portal	PURE	√		√					√	
	中央昆士兰大学	ACQUIRE	figshare	√		√						
	澳大利亚联邦大学	Federal. figshare	figshare	√		√						√
	皇家墨尔本理工大学	Discover research from RMIT University	figshare	√		√		√				
	南澳大学	Research Outputs Repository	Ex Libris Primo	√		√		√				

通过调查可知，机构知识库在美国、英国、加拿大、澳大利亚等发达国家得到了蓬勃发展，无论是数量上还是质量上都位居世界前列。学者进入机构知识库的途径主要有两种：一是高校图书馆网站链接；二是知名的机构知识库注册目录。在所调查的 69 所高校机构知识库中，有 62 所在

OpenDOAR 或 re3data. org 中成功登记注册，并且55所机构知识库可以通过图书馆主页检索到，这说明国外高校图书馆重视机构知识库的建设与宣传。机构知识库作为图书馆研究数据管理服务中的一个环节，可以通过单独的链接或者在"存储数据""开放获取"以及"学术出版"等多个栏目下发现；在 OpenDOAR 或 re3data. org 中可以直接检索机构知识库名称或通过高级检索得到机构知识库信息。

一 基础建设情况

高校机构知识库是由高校图书馆提供的一项服务，通过一个有组织的、开放获取的和互操作的数据库来收集、管理、传播和保存其数字学术成果。所调查的机构知识库均能满足对数据资源的内容组织、长期保存、信息浏览和检索以及对互操作协议的支持等基本服务。

但在满足基本服务的同时，机构知识库更要保证其连续性。连续性主要指机构知识库应当确保当前与未来数据的可访问性和可用性。具有代表性的加州理工学院机构库声明所保存数据在不违反存储条款或者能够达到数据最低标准时将无限期保存①。也有高校会对保存期限作出限制，如杜克大学机构知识库预计将数据集保留至少 25 年②。虽然绝大多数高校机构知识库未设置专门的可持续性访问计划，但是通过对机构知识库系统的维护、对元数据标准的设置、数据质量管理等措施来保障长期地访问和使用。

近年来，机构知识库研究领域引入"嵌入式机构知识库"这一全新概念，要求以用户为中心，将机构知识库融合到使用者的信息环境中③。网络时代拓宽了线上社交的空间，增加了用户信息交互的便利性。为加强对机构知识库及其所存储学术成果的宣传，"一键分享"的设置成为了必要。

---

① CaltechDATA, "Terms" (March 5, 2022), https://data. caltech. edu/.

② RDR, "About Duke's Research Data Repository" (March 5, 2022), https:// research. repository. duke. edu/.

③ 何平、何艳平：《学科信息服务嵌入机构知识库的研究和应用策略》，《图书馆》2018 年第 3 期。

调查发现有 45 所高校机构库可以被分享到社交网络中,分享内容可以是机构知识库链接,也可以分享存储资源链接。依托于 Dataverse 软件平台建设的页面功能设置基本相同,可以直接将机构知识库分享到 Facebook、Twitter 以及 Linkedin 中,极大扩展了用户信息交流空间。澳大利亚国立开放大学拥有自己的机构知识库推特账号,在社交媒体上发布有关机构库、学术成果和研究人员的信息,加强了用户信息交流和互动的同时增加了机构知识库的曝光度①。

机构知识库保存了大量的学术成果,其中包含了科研人员在科研过程中产生的各种数据,也涉及部分隐私数据,因此机构知识库在建设过程中要充分考虑隐私数据的披露风险。例如,参与某项调查的个人信息可能会泄漏或濒危物种的确切位置可能被精确定位,这是许多机构知识库必须解决的问题。由调查结果可以看出,有 79% 的高校机构知识库设置相关政策来规范涉及法律、伦理、隐私的数据,但是在实践方面,仅有约 22.6% 的机构知识库具有相应程序进行审查,并进行相应的匿名化或者其他安全方式进行处理,更多的机构知识库对于隐私数据采取的方式是使用者提交数据时自行处理。

随着科研的不断进步,存储内容不断被更新,如何使得机构知识库保持长期的访问和使用,需要内部或者外部的管理人员、专家学者不断努力,定期提出意见,从而确保机构知识库的不断改进和稳定发展。经调查,有 41 所机构知识库具有专门人员进行指导,并进行定期检查、运营、维护。如哈佛大学机构知识库由哈佛大学定量社会科学研究所、哈佛大学图书馆和哈佛大学信息技术研究所提供技术支撑,哈佛开放数据协助计划提供用户支持。斯坦福大学机构知识库 SDR 拥有包括服务经理、元数据专家、保存专家、软件工程师和系统管理员等全方位的支持团队,在斯坦福图书馆和斯坦福社区的服务、功能和日常运营中发挥着至关重要的作用②。

---

① ANU Data Commons, "Tweets by @ anuopenaccess" (March 5, 2022), https://datacommons. anu. edu. au/DataCommons/.

② Stanford Digital Repository, "Overview" (March 5, 2022), https://sdr. stanford. edu/.

二　数据管理内容

机构知识库内存储内容资源非常丰富，不仅包括公开发表的研究论文和出版物，还包括高校学者的研究报告、科研数据、教学课件、工作文档和高校学生的学位论文、作品等未公开发表的灰色文献资源。但内容的丰富性为机构知识库的管理也带来一定的难度。笔者根据上述构建的评估指标调查69所国外高校机构知识库数据管理现状，其中纵坐标代表数据管理层面的调查指标，横坐标代表满足标准的机构知识库数量，具体调查情况如图4-1所示。

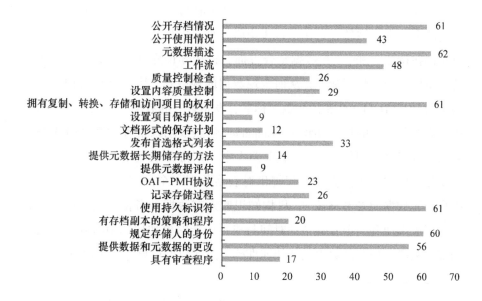

图4-1　国外机构知识库数据管理情况

（一）数据质量管理

机构知识库通过对数据来源、数据上传、数据整合等多方面管理来保证数据的完整性和真实性，从而控制内容数据的质量。在数据来源方面，所调查的高校机构知识库中，多数均规定为高校社区人员提供内容存储服务，包括高校教师、学生、职工、研究人员等。仅哈佛大学机构知识库声明向哈佛社区内外任何学科的所有研究人员开放，研究人员可以在其中共享、存档、引用、访问和探索研究数据[25]。从数据上传方面看，机构知识库在数据上传前进行审查，并进行上传者身份管理、存储过程管理。审查程序是确保机构知识库数据资源完整性、真实性的重要手段之一，上传前的审查是数据质量控制的第一层保障。如渥太华大学机构知识库在用户提交存储数据集时进行审查，必要时通知用户进行发布前的更改①；皇后大学在审查数据方面充分尊重作者意愿，使用多种质量控制措施为指导方针，并提出发布数据前作者进行自检查的建议②。存储过程中，机构知识库还会提供备份服务，高校图书馆会专门开辟空间存储副本，防止数据丢失和损坏，剑桥大学还在2016年推出"索取副本"个性化服务，允许感兴趣的个人申请被禁（已出版或未出版）作品的副本，该服务的申请数量每年都在持续上涨③。在数据整合方面，机构知识库会设置数据与元数据的发布格式统一数据标准，从而实现数据的规范化。大多高校机构知识库会采用DC（Dublin Core）元数据标准、发布统一的数据格式以便于数据重用。康奈尔大学的机构知识库eCommons强烈鼓励以推荐的文件格式提交数据，以促进长期保存④；得克萨斯大学奥斯汀分校图书馆的机构知识库接受任何格式的数据提交（仅提供对表格数据的全面支持），并提供了数据集和元数据的参考格式⑤，机构知识库发布数据参考格式也为评估数据提供了极大便利，节省评估的时间与成本，能够更加快速地将其与相关机构部门关联，规范的数据也能快速准确生成元数据信息，便于用户检索。

---

① University of Ottawa Library, "About Uottawa Dataverse" (March 5, 2022), https://biblio. uottawa. ca/en/services/faculty/research-data-management/where-should-i-publish-my-data/uottawa-dataverse.

② Queen's University Library, "Queen's Dataverse Collection Data Deposit Guidelines" (March 5, 2022), https://guides. library. queensu. ca/dv-deposit-guidelines/overview.

③ Apollo, "Apollo Governance and Policies" (March 5, 2022), https://www. repository. cam. ac. uk/.

④ Ecommons@ Cornell, "Data Deposit Policy" (March 5, 2022), https://guides. library. cornell. edu/ecommons/datapolicy.

⑤ Texas Data Repository, "User Guide" (March 5, 2022), https://texasdigitallibrary. atlassian. net/wiki/spaces/TDRUD/pages/291635428/Digital + Preservation + Policies + and + Procedures/.

（二）数据使用

国外高校机构知识库对数据使用有着不同的要求，总结起来大致分为以下五种情况：仅供学校内部人员使用；由作者决定开放获取权限；作者可以设置特定时间内数据禁止使用，但所有数据必须在未来某个时间点供公众使用；部分项目会附有版权协议或限制；机构知识库声明所存储的学术成果可全部开放。开放获取允许作者保留版权，同时也要求作者承诺遵守一些版权协议，这样可以在极大程度上避免版权纠纷。OpenDOAR 也提出机构知识库开放获取的最低标准与最佳推荐选项，其中，在最低标准中提到"机构知识库在促进不受限制的开放获取过程中，要注意未经版权持有人的正式许可，不得以任何形式或媒介在商业上出售完整的项目"。但只有少部分机构知识库声明学术成果全部开放获取，大多数机构知识库仅能达到最低标准。

（三）数据保护

机构知识库承担长期保存的责任，如卡耐基梅隆大学①、牛津大学、谢菲尔德大学②、卡尔加里大学③等高校机构知识库均以文档形式规定了机构知识库需承担的保存责任。机构知识库保护计划的实施对象为机构知识库本身和其内容资源：就机构知识库本身来说，当出现突发事件或者机构知识库面临需要将存储内容进行转移的情况时，机构知识库能够拥有复制、转换和存储项目的权利，这不仅体现了存储人对机构知识库的信任，更是赋予了机构知识库在应对突发情况能够及时保护存储内容不受损害的权利。除个别高校机构知识库显示信息不全的情况之外，所调查的机构知识库均能达到这一点标准。就存储资源来说，设置项目保护级别有利于机构知识库对数据进行分类保护，极少数的机构知识库能够做到这一点，具

① Kilthub Figshare, "About Kilthub" (March 5, 2022), https：// guides. library. cmu. edu/ kilthub.

② The University of Sheffield Library, "Orda" (March 5, 2022), https：//www. sheffield. ac. uk/ library/rdm/orda.

③ University of Calgary Library, "What Types of Materials Can I Deposit in Prism?" (March 5, 2022), https：//libguides. ucalgary. ca/ prism/submitinfo.

有代表性的明尼苏达大学机构知识库 DRUM 对数字、文本、图像、音频、视频等不同类型的文件设置了"有限的"与"全面的"两种保护级别①。

（四）数据管理效率

为了提高数据管理效率，机构知识库应当对固有的实践活动定义工作流，在一定程度上也可以节约指导用户使用机构知识库的时间成本和人力成本。国外高校机构知识库为存储流程设置详细的工作流，特别是哈佛大学、约翰霍普金斯大学②、英属哥伦比亚大学③等依托于 Dataverse 平台建设的机构知识库都提供了非常完备的工作流程。也有一些大学提供了流程的视频教学，如布里斯托大学④、卡尔加里大学⑤等，更直观地展示机构知识库的功能设置和使用方法。

机构知识库公开统计数据也是提高数据管理效率的手段之一，统计数据供用户了解机构知识库的使用情况，帮助使用者更快找到自己所需的资源。除了需要登录查看存档数量的情况之外，所有机构知识库都会公开存档情况，并且会根据作者、地区、学科、存档类型、关键词等进行分类，用户可以直接通过不同分类查找数据，也可以通过机构知识库的高级检索功能进行。约69%的机构知识库会公开数据使用情况，一般是从国家/地区、下载量、存储量等方面进行统计，部分高校机构知识库会提供近期下载量较高的学术成果或者新存入的学术成果排行。宾夕法尼亚大学⑥、华

① Data Repository for the University of Minnesota, "Preservation Policy" (March 5, 2022), https://conservancy. umn. edu/pages/policies/.

② Johns Hopkins Data Archive Dataverse Network, "User Guide" (March 5, 2022), https://guides. dataverse. org/en/4.13/user/.

③ Cooper A. , Steeleworthy M. , Paquette-Bigras È, et al. , "Dataverse Curation Guide" (March 5, 2022), https://zenodo. org/record/5579820#. Yr1G4XZBxnI.

④ University of Bristol, "The Data. bris Publication Process" (March 5, 2022), http://www. bristol. ac. uk/staff/researchers/data/publishing-research-data/data-publication-process/.

⑤ University of Calgary Library, "What Types of Materials Can I Deposit in Prism?" (March 5, 2022), https://libguides. ucalgary. ca/prism/submitinfo.

⑥ Scholarly Commons, "Discipline Wheel" (March 5, 2022), https://repository. upenn. edu/.

盛顿圣路易斯大学①等高校的机构知识库还会提供学术成果关键词聚类轮盘，可以直接点击获取成果。

三 机构知识库管理政策发展

国外机构知识库建设时间早，政策体系相对更加完善。调研的 69 所高校中，所有高校都对机构知识库的管理与服务制定了专门政策，内容涉及数据库的使命和目标宣言、内容政策、保存政策、访问和使用政策、元数据重用政策等，规定了数据从存储到使用的过程、方式和注意事项。

随着大数据时代的发展，用户信息更容易被获取，伴随而来的就是数据泄露问题。另外，随着成果产出的不断增加，用户将学术成果存储到机构知识库中，允许机构知识库开放传播数据，也带来了一系列的版权问题。因此除了构建一般的管理政策之外，部分高校还针对隐私数据、版权等进行保护，下文主要阐述部分高校设置的特殊的机构知识库管理政策。

瑞尔森大学机构知识库将个人信息、教学和研究记录、执法信息、律师—客户信息及劳资关系信息等称为"受限信息"，并根据隐私信息保护政策对这些信息实施保护措施②；哈佛大学机构知识库设置了隐私政策，解释了使用 Harvard Dataverse 后收集的用户信息范围以及如何处理这些隐私信息，并采取安全措施来防止隐私信息的丢失、误用和更改；得克萨斯大学奥斯汀分校机构知识库设置了隐私政策，保证用户的个人信息（如姓名、电子邮件、所处机构等）和用户账户信息（如用户名称、访客用户的 ID、下载数据等），仅提供给机构知识库管理员和数据集管理员，除非法律要求，否则不会出于任何目的将有关用户的任何个人身份信息共享给第

---

① Digital Research Materials Repository, "Digital Commons Network" (March 5, 2022), https://openscholarship. wustl. edu/.

② RShare, "Information Protection and Access-restricted Information Policy" (March 5, 2022), https://www. ryerson. ca/privacy/.

三方，在一定程度上确保了数据和信息的安全性①。

针对版权问题，利兹大学机构知识库作出了详细解释，还对不同身份的用户（学生、研究人员、教师等）发布的成果版权进行了区分和定义，提出在获取版权许可时要取得版权所有者同意，以及注明用途（商业用途或非商业用途）②；维多利亚大学机构知识库致力于维护版权所有者的权利，并提出机构知识库内所存储的资源如有构成侵犯版权或违反合同许可的情况，请用户立即与管理人员联系③；宾夕法尼亚大学机构知识库制定了版权注意事项，并规定了作者协议、作者责任，以及应对侵权与被侵权时机构知识库的措施，宾夕法尼亚大学还设置了信息系统与计算部门（ISC）协调版权问题④。

四 技术与安全水平

软件平台是支持机构知识库建设和发展的基础，高校图书馆依托于此来开发构建适合自己的机构知识库。调查发现国外高校机构知识库主要使用 DSpace、Fedora、Figshare 及 EPrints 等网络开源平台，或者 Dataverse 这一专用于保存和管理科研数据的平台。约85%的机构知识库都有可靠的软件平台和技术保障机构知识库的可用性。但是仅依靠软件平台无法完全保证安全运行，机构知识库也应当设置应对灾难的计划和连续性保障计划。在基础建设维度中调查到多数的机构知识库具有确保连续性访问的声明，但是对于突发情况的应急处理方面仍然未有明确的制度规定，只有 5 所高校机构知识库在政策中涉及。如美国西北大学就面临突发情况设置了相关政策，并声明机构知识库评估并提倡安全管理的系统和存储，提出利用工具和系统最大限度地降低因灾难（例如人为错误或自然灾害）造成的数据

---

① Texas Data Repository, "User Guide" (March 5, 2022), https://texasdigitallibrary. atlassian. net/wiki/spaces/TDRUD/pages/291635428/Digital + Preservation + Policies + and + Procedures/.

② University of Leeds Library, "Copyright Explained" (March 5, 2022), https://library. leeds. ac. uk/info/1405/copyright/33/copyright_ explained.

③ VURR, "About the Vu Research Repository" (March 5, 2022), https://vuir. vu. edu. au/.

④ Scholarly Commons, "Discipline Wheel" (March 5, 2022), https://repository. upenn. edu/.

丢失或损坏的风险①。

通过稳定的软件平台、可靠的政策保证对机构知识库实行保护的同时，机构知识库也应该分析潜在的威胁和风险，并制订应对危机的计划。但是仍然有50%以上的机构知识库在安全系统、安全管理员、安全访问方面未有明确规定和程序来确保，要知道仅提供安全的网站链接以及稳定的平台支持来保障机构知识库的安全平稳运行是远远不够的。有高校对机构知识库的技术安全方面采取保障措施：得克萨斯大学奥斯汀分校机构知识库 TDL 系统和服务由 Amazon Web Service（AWS）托管，提供安全的网络架构、接入点、加密、网络监控和保护、身份管理与验证，并承诺至少每季度更新一次操作系统②；康奈尔大学机构知识库 eCommons 目前采用的长期保存策略和技术受开放档案信息系统（OAIS）参考模型影响，并受相关国际新兴实践的启发，eCommons 保护活动和政策将定期接受审查，以使它们随着技术和制度实践的发展而保持最新状态③。

第四节　国内高校机构知识库建设现状及发展建议

本书将《第二轮"双一流"建设高校及建设学科名单》中所发布的147 所"双一流"高校所建设的机构知识库作为调研对象，并对这些机构知识库进行文献调查和网络调研，以获取其机构知识库的建设情况（详见图 4－2）。调查发现，部分高校图书馆主页或数据库不允许校外访问，有的图书馆主页所展示的机构知识库信息不完整或仅在搜索引擎中查询到相关 PPT、招标信息。针对此情况，笔者后期通过文献调查对机构知识库信

---

① Northwestern University Library，"Digital Preservation Policy"（March 5, 2022），https://www. library. northwestern. edu/about/administration/policies/digital-preservation-policy. html.

② Texas Data Repository，"User Guide"（March 5, 2022），https://texasdigitallibrary. atlassian. net/wiki/spaces/TDRUD/pages/291635428/Digital + Preservation + Policies + and + Procedures/.

③ Ecommons@ Cornell，"Data Deposit Policy"（March 5, 2022），https://guides. library. cornell. edu/ecommons/datapolicy.

息进行补充，在已建设机构知识库的样本中最终选取信息完整性较强的28所高校机构知识库进行调查。调查内容主要包括机构知识库基础建设、数据管理、管理政策、技术与安全四个方面，并参照前文所调查的国外建设标准与建设情况对国内机构知识库提出未来发展建议。

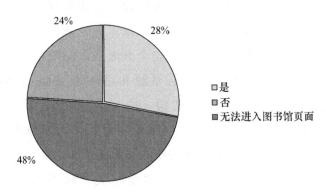

图4-2 "双一流"高校机构知识库建设情况

一 完善机构知识库基础建设

随着研究的逐渐深入，高校机构知识库的发展也渐引起国内各方重视。2016年，由中国高等教育文献保障系统（CALIS）组织部分高校图书馆共同发起成立的中国高校机构知识库联盟，目前已有51个会员注册，其中包括北京大学、清华大学、中国人民大学等一流大学建设高校。2021年3月21日，教育部发布的《高等学校数字校园建设规范（试行）》中也提到高校要尝试建立机构知识库，形成一种新型学术交流与资源共享模式①。

虽然有很多高校建立了机构知识库用以保存和传播学术成果，但同时，我们也发现有更多高校机构知识库的建设处于初级阶段。在国际机构知识库注册目录中可以看到，有多个高校机构知识库并没有出现在其中，究其原因大致分为两点：一是高校机构知识库的建设尚未达到国际机构知识库注册目录的标准；二是高校对于机构知识库的宣传不到位。这就需要

①　中华人民共和国教育部：《教育部关于发布〈高等学校数字校园建设规范（试行）〉的通知》，http://www.Moe.gov.cn/，2022年3月5日。

国内高校机构知识库在建设过程中，不断吸取国外实践经验，努力提高自身水平，使之能够达到国际机构知识库注册平台的加入标准。如在连续性访问方面，对机构知识库的资源存储时间进行设置，制订中期和长期计划；在隐私数据方面，对涉及伦理以及隐私的数据进行规范，并设置审查程序对此采取匿名化或其他安全措施进行保护；在专家方面，组建专家团队定期对机构知识库运行管理提出意见，指导机构知识库建设。同时，在做好隐私数据的保护、版权限制及征求存储者的同意后，增加分享功能。在互联网环境下，研究人员通过社交网络获取信息这一行为特征极其明显，支持将机构知识库及其存储资源分享到社交网络中以拓展宣传渠道是非常必要的。

二　注重内容资源设置

从上述分析可知，国外机构知识库的存储资源数量繁多，如斯坦福大学的资源存储达到 1.14PB[①]，存储类型也非常丰富，涉及期刊论文、学位论文、科研数据、图片、视频等，并通过多个方面对数据资源进行有效管理。与国外相比，国内机构知识库的资源存储数量较少，这可能与机构知识库的发展时间和存储者的认知有关：国内机构知识库发展起步较晚，资源储备积累不足，同时高校图书馆为学者建立资源共享认知的努力不够。

另外，国内高校对于科研数据的重视程度较低，从机构知识库的存储资源类型可以看出：国内高校机构知识库存储的资源大多是期刊论文、学位论文、专著等，科研数据集的存储数量远远小于国外机构知识库。因此，在各方的共同努力下，国内机构知识库应不断增加存储量，丰富其存储资源类型。在建设机构知识库的过程中，可以通过宣讲会、海报、网页、公众号等多种途径宣传机构知识库，使学者树立正确开放获取认知，从而增加全文上传量。期刊论文、学位论文、专著、会议论文等这类资源在存储数量中占比较多的主要原因可能是批量收录较容易，但是

---

① Stanford Digital Repository, "Overview"（March 5, 2022）, https://sdr.stanford.edu/.

机构知识库也要思考自身与中国知网、万方数据等专业文献库的区别。要想避免资源同质化，高校必须要加强特色资源建设，通过独有性资源吸引用户。

除了增加资源数量、提高存储质量之外，高校也要不断提升机构知识库的数据管理能力，如南方科技大学、西安交通大学①等多所高校机构知识库都已开展了机构知识库的学术服务功能，提供"机构""学者"和"统计"三大基本功能平台，充分利用存储资源及统计数据，为高校机构进行决策提供依据，为科研团队获取资源、科研评价提供便利，保障机构知识库的可持续发展。随着信息服务的不断发展，在机构知识库的后续建设中要不断深入挖掘用户需求，增加扩展功能以更好地服务用户。

三　健全管理政策体系

通过对开放获取政策、内容政策、保存政策、访问使用政策、元数据政策、机构库宣言等机构知识库基础政策进行调查发现，国外机构知识库均设置基础政策，机构知识库内也提供相关政策链接，从而规范数据生命周期中各环节的运行。近几年，国内高校机构知识库在管理政策方面也取得了一些成果。开放获取存储库授权和政策登记处（ROARMAP）是一个可搜索的国际登记处，准确记录了全球开放存储库的详细政策信息②。通过ROARMAP进行检索，中国有4所机构（中国科学院、中国科技部、国家自然科学基金、中国科学院文献情报中心）进行注册并发布管理政策，未进行注册的机构知识库，如北京大学机构知识库也同样具备较为完善的管理政策。

但我国多数高校机构知识库在政策建设方面普遍地存在亟待改进之处，具体问题大致可以归为两类：第一类是机构知识库政策缺乏完整性，从而导致对管理与使用机构知识库的指导缺失。例如，厦门大学学术典藏

---

① 西安交通大学机构知识门户：《西安交通大学机构知识门户开放获取政策》，http://ir. xjtu. edu. cn/web/policies，2022 年 3 月 5 日。

② ROARMAP, "ROARMAP"（March 5, 2022），http://roarmap. eprints. org/.

库的使用政策中，只对元数据及全文使用进行规范①。第二类是高校选择使用软件平台政策管理机构知识库，这就面临着政策灵活性较低的问题。如兰州大学②、兰州财经大学等部分高校使用 CSpace 平台的指南作为机构知识库政策，虽然借鉴了平台管理经验，但机构知识库也要考虑政策是否完全适用。外部环境与用户需求都是动态变化的，长期有效的机构知识库管理政策应当随着环境与需求的变化不断完善。

因此，未建设管理政策或管理政策尚不完善的机构知识库可以选择借鉴国外较为完备的管理政策体系，但在借鉴的同时要注意政策本土化问题，使政策能够符合我国基本国情和机构知识库基本情况。又或者吸取国内政策建设起步较早的机构知识库的经验，降低政策制定难度的同时更好地满足科研数据管理的需求。另外，相较于国外高校机构知识库来说，国内高校机构知识库管理政策的可识别度较低，部分管理政策未单独列出或需要校园账号登录查看，"半透明"或"不透明"的管理政策带来较差的用户体验。机构知识库在建设管理政策体系的同时，要将相关政策尽量公开，放置于用户可以看得到的地方，也可以将流程化的指南以图片、视频等可视化形式呈现，使政策更好地发挥作用。

四 选择合适的软件平台

选择合适的软件平台是建设机构知识库的第一步。"双一流"高校机构知识库平台建设有以下三种方式：一是使用传统的已被广泛引进的 Dspace、Dataverse、Fedora 等国外开源软件；二是图书馆自主建设；三是使用国内 IR 商业软件。就调查结果来看，在公开软件平台的机构知识库中，使用国外开源软件的有 5 个。图书馆自主建设的仅武汉大学一所（由学校信息中心支持，图书馆联合相关部门合作开发建设和维护），后由文献调查得知，重庆大学机构知识库在自建特色资源平台的基础上，参考国

---

① 厦门大学学术典藏库：《厦门大学学术典藏库（XMUIR）相关政策（试行）》，https://dspace. xmu. edu. cn/static/extend/policy. htm，2022 年 3 月 5 日。

② 兰州大学机构知识库：《使用帮助》，http://ir. lzu. edu. cn/，2022 年 3 月 5 日。

内外内容管理软件的优点进行二次开发，所以也将其列入图书馆自主建设类型中。使用国内 IR 商业软件的机构知识库有 7 个，包括超星、西安知先、Cspace、爱琴海、维普等。其中，CSpace 是由中国科学院兰州文献情报中心研发的中国科学院机构知识管理平台，在国内科研机构与高校中得到了大力推广，兰州大学[①]、兰州财经大学、兰州理工大学[②]等高校机构知识库依托于该平台采用几乎统一完整的页面与功能设置，大大节省了建设成本。同时该平台所提供的自动建库、知识分析与图谱、学科评价、知识整合等功能服务，更是将学术服务与机构知识库连接在一起，支持从不同维度统计分析内容资源，为科研管理部门提供决策支持。由此可见，国内高校对于建设机构知识库平台的选择逐渐倾向于国内软件平台，随着国内对机构知识库建设的重视，IR 平台将会呈现百花齐放的趋势。

目前我国在机构知识库软件支持平台开发方面已取得了一些进展，但发展时间不长，仍有问题存在。部分国内"双一流"高校机构知识库将 DSpace 设置为默认选项，也在一定程度上说明了我国机构知识库软件平台的发展并未进入成熟期，多数机构仍旧信任国外成熟平台。

针对机构知识库建设平台的选择问题，不同机构可以根据自身情况采取不同措施：对于资金与技术力量强大的少数高校图书馆来说，可以尝试在学习国外成熟经验的基础上，自主开发适合自己的软件平台；或者选择直接引进，但要注意平台的本土化问题，尤其是在 Web 页面、资源检索方面提高汉化水平。可以参考复旦大学的社会科学数据研究平台，该平台的研发中心已与 Dataverse Network 系统签署了全面合作协议，全面负责 Dataverse 中文版的研发[③]。但是现实中机构知识库平台的本土化建设往往会受到资金、技术和人才的限制。针对这一情况，高校也可以选择国内发展较为成熟的商业平台，这对于缺乏平台开发能力的高校来说也是建设机构知识库的一个较好的选择。

---

① 兰州大学机构知识库：《使用帮》助，http://ir.lzu.edu.cn/，2022 年 3 月 5 日。
② 兰州理工大学机构知识库：《使用帮助》，https://ir.lut.edu.cn/，2022 年 3 月 5 日。
③ 复旦大学社会科学数据平台：《平台发展历程》，http://fisr.fudan.edu.cn/，2022 年 3 月 5 日。

同时，背靠软件平台不意味着机构知识库的绝对安全，机构知识库的安全保障问题仍是目前高校需要思考的问题。条件允许的情况下，国内机构知识库应进行风险评估，分析潜在威胁，并设置相应的安全保障系统。

第五节　本章小结

本章首先从 OpenDOAR、CoreTrustSeal 和 RECOLECTA 3 个国际组织提出的机构知识库建设倡议和指南中提取出可量化的指标，构建了机构知识库建设与服务评估指标体系，继而根据这些指标调查了国内外高校机构知识库的建设与服务现状。调查发现，国外高校机构知识库的总体建设水平较高，国内高校机构知识库应当在参考国外建设经验的基础上，完善机构知识库基础建设，注重内容资源设置，健全管理政策体系，选择合适的软件平台，从而提高机构知识库的建设与服务水平。

随着对机构知识库研究的不断深入，我们可以发现，国内机构知识库建设数量正在不断增加，但是机构知识库的建设水平与国外相比还有一定距离。部分机构对于开展机构知识库这一服务还未形成共识，多数的高校因为缺乏人才、资金不足、缺乏技术等问题，未能建设机构知识库。此外，应当有相对完备的评价指标对机构知识库的建设情况进行评价，从而能够找到不足并进行改善，提高机构知识库的建设和服务水平。但是目前有关机构知识库的评估体系仍旧不太成熟，学者们在未来需要就该领域进行更加深入的研究。

本书在构建机构知识库建设评估指标体系与调查机构知识库建设现状的过程中也存在一些问题，比如部分指标无法量化、国外网站获取信息受限等。在后续的研究中，课题组将在解决这些问题的基础上继续深入探索机构知识库的未来发展，以期为国内机构知识库的建设和可持续发展起到积极的促进作用。

第五章　高校图书馆科研数据管理服务的认知与需求调查

　　根据第三、四章对科研数据管理（后文可简称为 RDM 服务）服务实践内容和服务平台的相关调研可知，国外高校图书馆的 RDM 服务发展较早，建设相对成熟完善，国内仅北京大学、武汉大学、复旦大学等少数高校图书馆提供 RDM 服务，且处于发展建设初期，前文根据国外的实践经验为我国的发展提供了一些参考建议，但想要进一步推动国内高校图书馆 RDM 服务的建设，丰富完善 RDM 服务的内容，仅依靠他山之石远远不够。了解我国高校图书馆从业人员和科研人员对 RDM 服务的认知与需求就显得十分必要。因此，本章将对 RDM 服务的提供方和接受方分别进行调研，力求从中探知我国高校图书馆 RDM 服务的发展建设方向，进而为后续构建 RDM 服务模式和服务系统提供依据。

第一节　高校科研人员的认知与需求调查

　　随科研范式从实验科学范式逐步发展到数据密集型科研范式，科研数据已经成为科学研究的重要组成部分，也是推动研究进展的动力来源[1]。高校作为科研数据的重要产出基地，面对科研数据所蕴藏的巨大价值，如

---

　　[1]　张贵香、刘桂锋、梁炜：《我国科研数据管理理论与服务研究进展述评》，《情报理论与实践》2020 年第 6 期。

何为研究人员提供在数据生命周期、使用和重用过程中可能需要的所有数据相关支持，以确保其用户数据的可访问性、可靠性和及时性①，成为了高校图书馆提供 RDM 服务的核心问题。而这些问题的解决方案实施离不开服务对象——高校科研人员的认可，其认知与需求是高校图书馆提供 RDM 服务的前提和基础。因此，下文通过调研发现我国高校科研人员对 RDM 服务的认知情况、在 RDM 方面存在的困难与需求，以及对高校图书馆目前提供的 RDM 服务的看法，从用户需求角度考虑高校图书馆 RDM 服务的现状和未来。

一 研究设计与实施

本课题立项之初，课题组就开始思考如何进行科研人员对 RDM 服务的认知与需求调研，几年来也陆续有学者对这方面进行探讨。其中，国外学者 Rafiq 和 Ameen② 通过调查问卷评估巴基斯坦学术研究人员的科研数据管理意识、态度、实践和行为。Kaari③ 通过电子邮件调查生命科学和工程学的教师有关其科研数据和元数据实践的问题，以及有关其数据共享实践的问题。Nicholas 等④通过半结构化访谈，确定学术生物医学研究人员的数据管理需求的现状与理想中的数据管理和分析需求，并指出存在的阻碍因素。胡媛等⑤国内学者采用焦点会议、个人访谈等途径结合扎根理论方法探究高校科研人员数据需求管理的影响因素，为科研人员数据需求的有

---

① Science Europe, "Research Data Management" (June 22, 2022), https://www.scienceeurope.org/our-priorities/research-data/research-data-management/.

② Rafiq M., Ameen K., "Research Data Management and Sharing Awareness, Attitude, and Behavior of Academic Researchers", *Information Development*, Vol. 38, No. 3, 2022, pp. 391 – 405.

③ Kaari J., "Researchers at Arab Universities Hold Positive Views on Research Data Management and Data Sharing", *Evidence Based Library and Information Practice*, Vol. 15, No. 2, 2020, pp. 168 – 170.

④ Nicholas R., Anderson M. E., Sally L. M., et al., "Issues in Biomedical Research Data Management and Analysis: Needs and Barriers", *Journal of the American Medical Informatics Association*, Vol. 14, No. 4, 2007, pp. 478 – 488.

⑤ 胡媛、艾文华、胡子祎等：《高校科研人员数据需求管理影响因素框架研究》，《中国图书馆学报》2019 年第 4 期。

效引导与管理提供参考。刘桂锋等①通过访谈、问卷调查以及结构方程模型，从高校科研人员的角度研究影响科研数据开放的因素及开放机理。谢守美等②分析馆员如何融入科学研究的整个过程，并与科研人员之间产生交互式协同信息行为。王玥等③以江苏某地三甲医院医学科研人员为例，调研科研数据管理的认知现状和存在问题，为提高医院整体科研管理水平以及制定政策提供参考依据。

2018 年课题组进行了项目研究的初次调研，采用调查问卷和半结构化访谈的方式对我国科研人员 RDM 服务的认知与需求进行了探讨。其中，访谈部分的相关研究内容结合《科研人员数据共享实际挑战白皮书》进行了论述，探讨了我国科研人员数据共享面临的挑战④，最终文章发表于 CSSCI 期刊《图书馆论坛》。2021 年底，课题组在之前研究的基础上，再次更新了调查问卷和访问提纲，对高校科研人员 RDM 服务的认知与需求情况进行了二次调查。

（一）调查问卷设计

本次调查问卷的主题为"科研人员对高校图书馆 RDM 服务的认知与需求"，问卷分为六大部分，共 36 道题目。第一部分共 8 题，用于筛选调查对象和收集调查对象的基本信息，包括是否在高校工作或学习、性别、年龄、学历、专业背景、所在高校类别、职位或身份、从事科研工作的时间，题型为单项选择题。第二部分共 17 题，用于了解调查对象在科研工作过程中是否存在科研数据管理方面的困难以及是否接触使用过高校图书馆提供的 RDM 服务，题型为单项选择题。第三部分共 3 题，题型为单项选择题、多项选择题和李克特 5 级量表相结合，调研调查对象对数据生命周期和 RDM 服务相

---

① 刘桂锋、濮静蓉、苏文成：《高校科研人员科研数据开放的影响因素与机理研究》，《图书馆学研究》2019 年第 22 期。

② 谢守美、李敏、黄萍莉等：《基于科学数据服务的馆员与科研人员协同信息行为研究》，《情报杂志》2020 年第 5 期。

③ 王玥、陈飞、杨梅等：《医学科研人员科研数据管理的认知调查与分析——以江苏省某地三甲医院医学科研人员为例》，《中华医学科研管理杂志》2020 年第 5 期。

④ 陈媛媛、王朔桓：《科研人员数据共享的挑战》，《图书馆论坛》2020 年第 8 期。

关内容的了解程度以及了解途径。第四部分共 5 题，用于了解调查对象所在高校图书馆提供 RDM 服务的现状与科研人员对其满意程度。第五部分共 3 题，目的是了解调查对象对于 RDM 服务的需求程度和高校图书馆提供 RDM 服务的必要性，题型为单项选择和李克特 5 级量表。第六部分共 2 题，题型为多项选择题和填空题，用于知晓科研人员视角下的高校图书馆 RDM 服务不足与其期望的 RDM 服务还应具备哪些内容，问卷内容详见附录 1。

（二）问卷发放与回收

本次调研利用问卷星制定并发布调查问卷，主要通过网络调查的方式发放与回收问卷结果。调查时间为 2021 年 12 月 3 日—2022 年 4 月 15 日。发放问卷时，本课题组尽可能兼顾学科专业、学校地理位置等因素，通过微信点对点发放问卷，此方式的优点是问卷回收率高。本次调查最终回收问卷 281 份，通过第一题筛选剔除掉身份不符合要求的答卷，以及所有题目都选择同一选项等无效问卷后，共计得到 266 份有效问卷。

（三）半结构化访谈设计与实施

为能够对 RDM 服务用户的需求进一步深入分析，本书在问卷调查的基础上，还通过网络电话访谈的方式对部分科研人员就一些问题展开访问，访谈提纲详见附录 2。访谈内容主要围绕以下几点展开：第一，了解高校科研人员在科研工作过程中进行 RDM 存在的困难，和对高校图书馆 RDM 服务的认知与需求情况及影响因素；第二，对于本校图书馆已经开展 RDM 服务的高校科研人员，侧重了解他们对于本校图书馆 RDM 服务的现状评价。

二　调查问卷数据分析

（一）信度分析

信度分析是为了检验问卷中量表的可信度和稳定性。本书采取 SPSS 软件进行信度分析，评价量表中的各项题目的一致性。信度检验用 Cronbach's α 系数进行判断，α 系数值高于 0.8，则说明信度高；α 系数值介于 0.7 到 0.8 之间，则说明信度较高；α 系数值介于 0.6 到 0.7 之间，说明信度可接受；如果 α 系数值小于 0.6，则说明信度不佳。将数据导入 SPSS 软件，采用 Cronbach's α 系数进行分析，结果如表 5 - 1 所示。

表 5 - 1 　　　　　　　　　　　　问卷信度检验结果

	项数	Cronbach's α 系数
了解程度	11	0.981
需求程度	10	0.991
总计	21	0.987

由表 5 - 1 可知，量表三部分的 α 系数值和总体 α 系数值均在 0.8 以上，数据信度高，可以进行进一步分析。

(二) 效度分析

效度分析是检验问卷有效性。采用 SPSS 软件进行效度分析，确定设计的题项是否合理，能否有效反映研究人员的研究目标。分析 KMO 值：如果 KMO 值高于 0.8，则说明非常适合信息提取；如果 KMO 值介于 0.7 到 0.8 之间，则说明比较适合信息提取；如果 KMO 值介于 0.6 到 0.7 之间，则说明可以进行信息提取；如果 KMO 值小于 0.6，说明信息较难提取，侧面反映出效度低。将数据导入 SPSS 软件，进行效度分析，结果如表 5 - 2 所示。KMO 值为 0.974，该值大于 0.8，Bartlett 球形度检验中的显著性水平小于 0.01，说明变量之间存在相关性，可以进行因子分析。

表 5 - 2 　　　　　　　　　　　　KMO 和 Bartlett 的检验

KMO 值		0.974
Bartlett 球形度检验	近似卡方	11147.410
	df	210.000
	P 值	0.000

进一步使用主成分分析方法，结果如表 5-3 所示，特征值大于 1 的因子一共有 2 个，累计方差贡献率为 88.542%，说明 21 个题目提取的 2 个因子对于原始数据的解释较为理想，据经验可知因子的累计方差贡献率在60% 以上时，表明这一量表具有较好的结构效度，因此本书的量表效度较好，为下文的分析增加了可靠性。

表 5-3　　　　　　　　　　　　　　总方差解释

成分	初始特征值			提取载荷平方和			旋转载荷平方和		
	总计	方差百分比	累计%	总计	方差百分比	累计%	总计	方差百分比	累计%
1	16.718	79.611	79.611	16.718	79.611	79.611	9.436	44.935	44.935
2	1.875	8.931	88.542	1.875	8.931	88.542	9.157	43.607	88.542
3	.368	1.753	9.295						
4	.325	1.548	91.842						
5	.274	1.306	93.148						
6	.180	.855	94.003						
7	.176	.838	94.842						
8	.152	.725	95.567						
9	.142	.676	96.243						
10	.118	.562	96.805						
11	.106	.503	97.308						
12	.096	.459	97.766						
13	.081	.386	98.152						
14	.073	.349	98.501						
15	.057	.272	98.773						
16	.054	.256	99.028						
17	.051	.241	99.270						
18	.044	.210	99.480						
19	.041	.194	99.673						
20	.037	.177	99.850						
21	.031	.150	100.000						

提取方法：主成分分析法。

　　进一步分析得到表5-4旋转后的成分矩阵，Q9同时在两个维度上的载荷都高于0.5，按照最大值将其归为因子2。整体来看，本书量表通过效度检验。

表5-4　　　　　　　　　旋转后的成分矩阵

题目	成分	
	1	2
Q34. 您对数据存储和备份的需求程度	.877	
Q34. 您对数据导航检索的需求程度	.875	
Q34. 您对数据共享和发布的需求程度	.874	
Q34. 您对科研数据管理计划的需求程度	.871	
Q34. 您对知识产权保护的需求程度	.871	
Q34. 您对数据引用的需求程度	.867	
Q34. 您对数据隐私和安全的需求程度	.860	
Q34. 您对数据出版的需求程度	.853	
Q34. 你对元数据标准的需求程度	.850	
Q34. 您对提供RDM相关咨询、培训的需求程度	.846	
Q27. 您对科研数据管理计划的了解程度		.883
Q27. 您对提供RDM相关咨询、培训的了解程度		.851
Q27. 您对元数据标准的了解程度		.851
Q27. 您对数据出版的了解程度		.847
Q27. 您对数据存储和备份的了解程度		.842
Q27. 您对数据共享和发布的了解程度		.841
Q27. 您对数据隐私和安全的了解程度		.837
Q27. 您对数据引用的了解程度		.798
Q27. 您对数据导航检索的了解程度		.773
Q27. 您对知识产权保护的了解程度		.772
Q9. 您对数据生命周期的了解程度	.510	.672

提取方法：主成分分析法。
旋转方法：凯撒正态化最大方差法。

a 旋转在3次迭代后已收敛。

（三）个人基本信息

本次调查回收的有效问卷来自全国多地、多所不同高校，覆盖面相对较广。全部收集的 266 份有效问卷，个人信息部分包括性别、年龄、学历、专业背景、所在高校类别、职位或身份、从事科研工作的时间，统计结果如表 5-5 所示。

表 5-5　　　　　　　　　　　个人信息描述性统计

基本信息	选项	人数	百分比（％）
性别	男	116	43.61
	女	150	56.39
年龄	25 岁及以下	57	66.54
	26—30 岁	199	2.68
	31—50 岁	46	10.15
	50 岁以上	7	2.63
学历	本科以下	3	1.13
	本科	19	7.14
	硕士	211	79.32
	博士	33	12.41
专业背景	哲学	4	1.50
	经济学	7	2.63
	法学	19	7.14
	教育学	13	4.89
	文学	2	0.75
	历史学	1	0.38
	理学	12	4.51
	工学	106	39.85
	农学	7	2.63
	医学	3	1.13
	管理学	87	32.71
	艺术学	5	1.88
	军事学	0	0

续表

基本信息	选项	人数	百分比（%）
工作单位	"双一流"建设高校	130	48.87
	"双一流"建设高校之外的本科院校（含本科层次职业学校）	136	51.13
身份	在校硕士生	223	83.83
	在校博士研究生	11	4.14
	教师	30	11.28
	专职科研人员	2	0.75
从事科研工作的时间	5年及以下	232	87.22
	6—10年	14	5.26
	11—20年	11	4.14
	20年以上	9	3.38

由表5-5可知，本次调查的高校科研人员女性略多于男性，这也符合很多研究中提到的填写调查问卷的女性群体多于男性群体的说法。25岁及以下的调查对象最多，占66.54%。学历集中在硕士，其次是博士，具有一定的科研能力。其中，39.85%的调查对象所属专业背景为工学，其次是管理学，本次调研受到专业限制暂无军事学相关专业的科研人员。87.22%的受调查人员从事科研工作的时间在5年及以下，这与本次受调查对象的职业与身份相符合，83.83%为在校硕士生。关于学校分布情况，48.87%的调查对象来自"双一流"建设高校，51.13%的调查对象属于"双一流"建设高校之外的本科院校（含本科层次职业学校）。

以上是填写本次调查问卷的高校科研人员的基本情况，从统计结果可以发现，被调查者在专业分布、身份等方面存在一定的范围局限性，但学校类别囊括性较好，因此，调查结果能够在一定程度上体现我国高校科研人员对RDM服务的认知现状与需求情况。

三 科研数据管理服务使用现状

调查问卷中的第10—26题以单项选择的形式了解调查对象在科研工作

过程中是否存在科研数据管理方面的困难，以及是否接触使用过高校图书馆提供的 RDM 服务，下文将对调查数据结果进行统计分析。

（一）数据管理计划与数据导航

根据问卷统计结果可知，在科研数据管理的初始阶段，49.62%的受调查者从未听说过科研数据管理计划，45.86%的受调查者听说过但并未制订过科研数据管理计划，仅有4.51%的受调查者听说并制订过科研数据管理计划。其中，听说过科研数据管理计划的受调查者中，正在制订或打算制订科研数据管理计划时感到进展困难的人数占比48.51%。这表明，本次调查中近半数被调查的科研人员并不知晓科研数据管理计划，知晓科研数据管理计划的科研人员中，有接近一半对于如何制订符合自身需求的科研数据管理计划存在疑问。对于元数据，51.13%的受调查者完全不了解，37.59%的受调查者不太了解，10.15%的受调查者比较了解，近1.13%的受调查者非常了解。显然，目前绝大多数高校科研人员对于元数据标准等相关内容并不熟悉。

在科研工作过程中，24.44%的受调查者从未听说过数据导航和检索引擎，23.68%的受调查者听说但并未使用过，31.58%的受调查者听说并偶尔使用，20.3%的受调查者听说并经常使用。对知晓数据导航和检索引擎的高校科研人员进一步调研发现，认为使用数据导航和检索引擎来查找相关数据对自身的科研活动有帮助的人数占比高达86.57%。由此可知，对于大多数高校科研人员而言，数据导航和检索引擎不是一个陌生的事物，并且意识到数据导航和检索引擎在某些方面对科学研究有一定的助力。

（二）数据存储与备份

随着科学研究进程的推进，科研数据不断涌现，如何长期安全地存储科研数据对于后续科学研究的展开十分必要。在本次调查中，24.88%的受调查者经常面临科研数据无处存储、难以长期保存和容易丢失的困扰，64.18%的受调查者偶尔会涉及这一问题，近10.95%的受调查者从未有过这一困扰。根据前文的调查可知，绝大部分已经提供 RDM 服务的国外高校图书馆向科研人员推荐相应的科研数据存储途径与备份规则。但本次调研结果显示有43.98%的受调查者从未听说过相关科研数据存储途径与备份规则，37.97%的受调查者听说过但从未使用过，14.66%的受调查者听说过并偶尔使用，近3.38%的受调查者听说过并经常使用。可见在科研过程中，存在科研数据无处存储、难以长期保存和容易丢失的困扰的高校科研人员不在少数，相应的RDM服务缺乏。

（三）数据出版与版权保护

尽管科研数据的开放共享和数据出版日益受到学术界的重视，但目前国内科研人员对于科研数据共享和发布的意愿较低，受到担心个人利益受损、涉及敏感数据隐私和安全、知识产权知识匮乏等因素的影响。本次调研结果显示，绝大多数受调查者未接触过科研数据出版，仅24.44%的受调查者接触过数据出版，且这些科研人员在数据出版阶段感到手足无措的人数占比达96.92%。由此可见，目前我国科研数据出版尚处于起步阶段。

20.68%的受调查者完全不了解如何保护自己的科研数据知识产权，62.41%的受调查者不太了解，15.04%的受调查者比较了解，仅1.88%的受调查者非常了解。当科研人员有意愿共享科研数据时，65.41%的受调查者存在担心个人利益受损且没有相关知识和办法解决的问题，11.65%的受调查者表示没有遇到这个问题，余下的22.93%则不太清楚是否会遇到。

（四）敏感数据与数据安全

在科学研究过程中，必然会存在一些涉及个人信息等内容的敏感数据。本次调查结果显示，当科研人员有意愿发布数据时，66.17%的受调查者会存在如何保护敏感数据的隐私和安全的顾虑，13.91%的受调查者不存在这一顾虑，余下的19.92%的受调查者则不太清楚是否会遇到。而对于能够解决科研人员以上顾虑的RDM服务，如敏感数据管理、共享程度与共享位置服务等，受调查者中从未听说过的占比41.73%，听说过但并未使用过的占比45.11%，听说过并偶尔使用的占比11.65%，听说过并经常使用的仅占比 1.5%。由此可见，相当数量的高校科研人员在科研数据共享和发布时有担心个人利益受损、敏感数据隐私泄露和数据安全的顾虑，并得不到相应的 RDM 服务，这种供需中的不平衡状态直接影响科研数据共享和发布的进程。

（五）数据引用与数据管理工具

规范的引用是学术写作的重要组成部分，是一种符合学术行为标准的道德实践，研究或学术团体成员应该坚持这一标准，科学研究数据的使用同样应注重引用。通过数据引用，科研人员能够确认和识别数据的来源和途径，提高研究成果的曝光度。在本次调查中，21.8% 的受调查者从未听说过数据引用，36.47% 的受调查者听说过但并未使用过，24.06% 的受调查者听说过并偶尔使用，17.67% 的受调查听说过并经常使用。与上述其他内容相比，本次调查中大部分高校科研人员对于数据引用有所涉猎。在科研数据引用格式及规范等方面，53.85% 的受调查者会不知所措，28.85% 的受调查者则不存在此困难，余下 17.31% 的受调查者表示并不太清楚是否会遇到这一困难。

为了更好地发挥科研数据价值，掌握并熟练使用数据可视化、数据挖掘等技术工具对于科研人员显得尤为重要。根据调研结果可知，本次调查中仅 12.03% 的受调查者从未有过数据可视化、数据挖掘等技术支持等方面的困扰，余下 87.97% 的受调查者或多或少都存在此困难。进一步调研发现，仅有 35.34% 的受调查者接触过高校提供的数据挖掘、数据可视化等技术工具的相关培训，64.66% 的受调查者没有接触过相关培训。主要原因可能有二：一方面是高校图书馆确实并未提供此类 RDM 培训服务；另一方面是高校图书馆已经提供了相关 RDM 培训服务，但高校科研人员没有关注或不感兴趣。

四　科研数据管理服务的认知程度

调查问卷中第 9、27、28 题通过单项选择、多项选择与李克特 5 级量表相结合的方式，调研调查对象对数据生命周期和 RDM 服务相关内容的了解程度以及了解途径，下文将对调查数据结果进行统计分析。

（一）描述性统计分析

本次调查中，关于高校科研人员对数据生命周期和 RDM 服务的了解情况，调查结果如表 5 - 6 所示。由标准差分析可知，受调查者对于数据生命周期和 RDM 服务的了解程度并不一致，不同高校科研人员之间存在较大差异性。根据平均值进一步分析发现，受调查的高校科研人员对于数据生命周期的了解程度值为 1.94（对应选项介于非常不了解和不了解之间），表明受调查的高校科研人员对数据生命周期的了解程度整体情况不理想。对于 RDM 服务各项内容的了解程度值分布在 2—2.8（对应选项介于不了解和一般之间），表明受调查的高校科研人员对 RDM 服务各项内容的了解程度整体情况较差。总体而言，高校科研人员对数据生命周期和 RDM 服务的了解程度都不太理想，存在很大提升空间。

表 5 - 6　　　　　　　　　　　RDM 服务的了解程度

题目	样本数	平均值	标准差
Q9. 您对数据生命周期的了解程度	266	1.94	0.773
Q27. 您对提供 RDM 相关咨询、培训的了解程度	266	2.34	1.092
Q27. 您对科研数据管理计划的了解程度	266	2.27	1.069
Q27. 您对元数据标准的了解程度	266	2.09	1.088
Q27. 您对数据导航检索的了解程度	266	2.66	1.181
Q27. 您对数据存储和备份的了解程度	266	2.61	1.167
Q27. 您对数据共享和发布的了解程度	266	2.48	1.123
Q27. 您对数据隐私和安全的了解程度	266	2.63	1.140
Q27. 您对数据出版的了解程度	266	2.23	1.125
Q27. 您对数据引用的了解程度	266	2.61	1.219
Q27. 您对知识产权保护的了解程度	266	2.79	1.192

　　进一步分析发现，高校科研人员了解 RDM 服务的最主要途径是阅读相关文献资料，占比达 68.67%；其次是社交媒体平台的宣传和参加研讨会、培训、讲座等以及自身需求促进的主动了解，分别占比 56.65%、52.36% 及 46.78%。此外，高校科研人员还可以通过相关课程、他人介绍等途径了解 RDM 服务，具体情况如图 5-1 所示。虽然了解途径多样化，但结合上文受调查高校科研人员对于 RDM 服务的了解程度，显然效果并不理想。

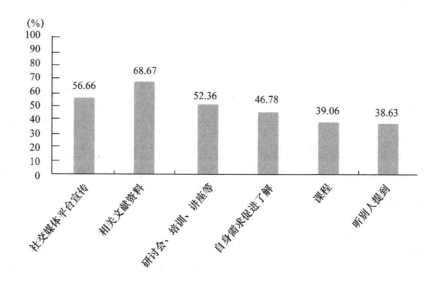

图 5-1　高校科研人员了解 RDM 服务的途径

（二）独立样本 t 检验和方差分析

　　独立样本 t 检验用于分析一个定类变量与定量变量之间有无明显差异。本书采取独立样本 t 检验分析性别对高校科研人员 RDM 服务认知的影响情况，结果如表 5-7 所示。

表 5 - 7　　　　　　　　　性别认知程度的独立样本 t 检验结果

		莱文方差等同性检验		平均值等同性 t 检验						
		F	显著性	t	自由度	Sig.（双尾）	平均值差值	标准误差差值	差值 95% 置信区间	
									下限	上限
对数据生命周期的了解程度	假定等方差	.100	.752	.086	264	.931	.008	.096	-.180	.197
	不假定等方差			.086	246.195	.931	.008	.096	-.180	.197
提供 RDM 相关咨询、培训	假定等方差	2.641	.105	1.741	264	.083	.234	.134	-.031	.499
	不假定等方差			1.720	234.805	.087	.234	.136	-.034	.502
科研数据管理计划	假定等方差	8.800	.003	2.233	264	.026	.293	.131	.035	.551
	不假定等方差			2.189	226.157	.030	.293	.134	.029	.557
元数据标准	假定等方差	5.561	.019	2.236	264	.026	.299	.134	.036	.562
	不假定等方差			2.206	233.525	.028	.299	.135	.032	.565
数据导航检索	假定等方差	1.151	.284	-.242	264	.809	-.035	.146	-.324	.253
	不假定等方差			-.239	236.266	.811	-.035	.148	-.327	.256
数据存储和备份	假定等方差	2.884	.091	-.326	264	.745	-.047	.145	-.332	.238
	不假定等方差			-.323	238.142	.747	-.047	.146	-.335	.240
数据共享和发布	假定等方差	1.187	.277	.288	264	.774	.040	.139	-.234	.314
	不假定等方差			.285	238.592	.776	.040	.140	-.236	.316
数据隐私和安全	假定等方差	5.863	.016	.669	264	.504	.094	.141	-.183	.372
	不假定等方差			.655	223.652	.513	.094	.144	-.190	.378
数据出版	假定等方差	7.930	.005	2.436	264	.016	.336	.138	.064	.607
	不假定等方差			2.388	226.241	.018	.336	.141	.059	.613
数据引用	假定等方差	.007	.935	.688	264	.492	.104	.151	-.193	.401
	不假定等方差			.689	248.190	.492	.104	.151	-.193	.401
知识产权保护	假定等方差	.644	.423	.296	264	.768	.044	.148	-.247	.334
	不假定等方差			.292	234.961	.770	.044	.149	-.251	.338

进行独立样本 t 检验首先需要进行方差齐性检验，方差方程的莱文检验结果显著性 P 值大于 0.05，说明方差相等，反之说明方差不相等。然后查看对应的平均值等同性 t 检验的 Sig.（双尾）数值，若数值小于 0.05，则说明存在显著差异，反之则不存在显著差异。通过分析，本书发现不同性别的高校科研人员在对科研数据管理计划、元数据标准、数据出版的认知程度上存在显著差异，而在其他方面不存在显著差异。具体来说，相对于女性高校科研人员，男性高校科研人员更加了解数据管理计划、元数据标准以及数据出版，尤其在数据出版方面，性别差异更为显著。

1. 年龄

本书将高校科研人员的年龄分为 4 个组，分别是 25 岁及以下、26—30 岁、31—50 岁及 50 岁以上，并采用单因素方差分析法检验不同组之间的差异，结果如表 5-8 所示。可以发现，显著性概率值 P 均高于 0.05，说明不同年龄的高校科研人员对于数据生命周期和 RDM 服务的认知程度不存在显著差异。换言之，无论哪一个年龄段的高校科研人员对于数据生命周期和 RDM 服务的认知程度均不理想，RDM 服务在我国高校科研人员中的普及程度较差。

表 5-8　　　　年龄对认知程度的单因素方差分析

题目	平方和	自由度	均方	F	显著性
Q9. 对数据生命周期的了解程度	2.989	3	.996	1.682	.171
Q27. 提供 RDM 相关咨询、培训	1.369	3	.456	.380	.767
Q27. 科研数据管理计划	1.276	3	.425	.369	.775
Q27. 元数据标准	2.355	3	.785	.660	.577
Q27. 数据导航检索	4.451	3	1.484	1.064	.365
Q27. 数据存储和备份	.975	3	.325	.236	.871
Q27. 数据共享和发布	2.608	3	.869	.687	.561
Q27. 数据隐私和安全	1.794	3	.598	.458	.712
Q27. 数据出版	.919	3	.306	.240	.869
Q27. 数据引用	3.031	3	1.010	.678	.566
Q27. 知识产权保护	3.471	3	1.157	.812	.488

2. 学历与专业

学历对高校科研人员 RDM 服务认知程度的影响分析结果如表 5 - 9 所示。研究发现，高校科研人员除了数据生命周期的了解程度显著性概率值 P 低于 0.05，其余值都高于 0.05。说明不同学历的高校科研人员仅在数据生命周期这一项的认知程度上存在显著差异，而在 RDM 服务方面不存在显著差异，平均值分析如图 5 - 2 所示，学历越高的高校科研人员对数据生命周期的了解程度越高。

表 5 - 9　　　　　　　　　学历对认知程度的单因素方差分析

题目	平方和	自由度	均方	F	显著性
Q9. 对数据生命周期的了解程度	6.086	3	2.029	3.495	.016
Q27. 提供 RDM 相关咨询、培训	3.417	3	1.139	.955	.415
Q27. 科研数据管理计划	3.003	3	1.001	.874	.455
Q27. 元数据标准	3.864	3	1.288	1.089	.354
Q27. 数据导航检索	3.695	3	1.232	.881	.451
Q27. 数据存储和备份	4.917	3	1.639	1.206	.308
Q27. 数据共享和发布	3.794	3	1.265	1.002	.392
Q27. 数据隐私和安全	3.778	3	1.259	.969	.408
Q27. 数据出版	4.837	3	1.612	1.277	.283
Q27. 数据引用	2.798	3	.933	.625	.599
Q27. 知识产权保护	6.407	3	2.136	1.511	.212

专业背景对高校科研人员 RDM 服务认知程度的影响分析结果如表 5 - 10 所示。本书发现，专业背景这一变量对提供 RDM 服务相关咨询与培训、数据隐私和安全以及知识产权保护这三方面的显著性概率值 P 高于 0.05，不存在显著性差异，其余各项的显著性概率 P 值均低于 0.05，存在显著性差异。究其原因，可以理解为不同学科在科研工作过程中产生的科研数据数量、类别、性质等都存在不同，所以侧重的 RDM 服务也有所差别。

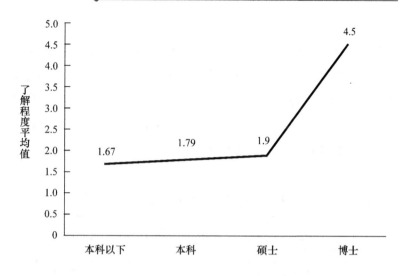

图5-2　学历对科研人员了解程度的影响

表5-10　　　　　　　专业背景对认知程度的单因素方差分析

题目	平方和	自由度	均方	F	显著性
Q9. 对数据生命周期的了解程度	15.352	11	1.396	2.482	.006
Q27. 提供 RDM 相关咨询、培训	22.896	11	2.081	1.805	.054
Q27. 科研数据管理计划	26.858	11	2.442	2.246	.013
Q27. 元数据标准	23.214	11	2.110	1.844	.047
Q27. 数据导航检索	43.042	11	3.913	3.041	.001
Q27. 数据存储和备份	48.313	11	4.392	3.566	.000
Q27. 数据共享和发布	42.429	11	3.857	3.356	.000
Q27. 数据隐私和安全	24.340	11	2.213	1.757	.062
Q27. 数据出版	28.137	11	2.558	2.114	.020
Q27. 数据引用	33.545	11	3.050	2.152	.018
Q27. 知识产权保护	23.095	11	2.100	1.508	.129

3. 身份与科研工作年限

身份对高校科研人员对 RDM 服务认知程度的影响分析结果如表5-11

所示。本书发现，不同身份或职位这一变量对数据生命周期、提供 RDM 相关咨询与培训、数据导航检索这三方面影响的显著性概率值 P 低于 0.05，存在显著性差异，其余各项的显著性概率 P 值均高于 0.05，不存在显著性差异。同时发现，本次调查中专职科研人员对于数据生命周期、提供 RDM 相关咨询与培训、数据导航检索这三方面的认知程度最好，其次是高校教师，博士研究生的认知程度相对较差，详见图 5 - 3。

表 5 - 11　　　　　　身份对认知程度的单因素方差分析

题目	平方和	自由度	均方	F	显著性
Q9. 对数据生命周期的了解程度	6.204	3	2.068	3.566	.015
Q27. 提供 RDM 相关咨询、培训	9.782	3	3.261	2.791	.041
Q27. 科研数据管理计划	8.387	3	2.796	2.487	.061
Q27. 元数据标准	3.942	3	1.314	1.111	.345
Q27. 数据导航检索	10.852	3	3.617	2.640	.050
Q27. 数据存储和备份	5.726	3	1.909	1.407	.241
Q27. 数据共享和发布	5.894	3	1.965	1.567	.198
Q27. 数据隐私和安全	4.035	3	1.345	1.036	.377
Q27. 数据出版	5.979	3	1.993	1.584	.194
Q27. 数据引用	5.639	3	1.880	1.269	.285
Q27. 知识产权保护	.998	3	.333	.232	.874

从事科研工作的时间对高校科研人员 RDM 服务认知程度的影响分析结果如表 5 - 12 所示。本书发现，不同的从事科研工作的时间对 RDM 服务认知程度影响的显著性概率 P 值均高于 0.05，不存在显著性差异。本次调查中，从事科研工作的时间和年龄这两个控制变量对认知程度的方差分析结果是完全一致的，因为在某种程度上，高校科研人员的年龄和从事科研工作的时间是具有一定对应关系的。

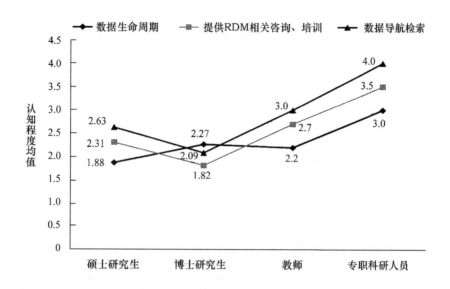

图 5 – 3　身份对科研人员认知程度的影响

表 5 – 12　　　　从事科研工作时间对认知程度的单因素方差分析

题目	平方和	自由度	均方	F	显著性
Q9. 对数据生命周期的了解程度	3.506	3	1.169	1.980	.117
Q27. 提供 RDM 相关咨询、培训	1.897	3	.632	.528	.664
Q27. 科研数据管理计划	1.683	3	.561	.488	.691
Q27. 元数据标准	4.139	3	1.380	1.167	.323
Q27. 数据存储与备份	7.240	3	2.413	1.787	.150
Q27. 数据导航检索	6.029	3	2.010	1.447	.230
Q27. 数据共享和发布	2.047	3	.682	.538	.657
Q27. 数据隐私和安全	2.806	3	.935	.718	.542
Q27. 数据出版	6.716	3	2.239	1.784	.151
Q27. 数据引用	.265	3	.088	.059	.981
Q27. 知识产权保护	2.743	3	.914	.640	.590

4. 高校类别

高校类别对科研人员 RDM 服务认知程度的影响分析结果如表 5 – 13 所示。本书发现，"双一流"高校科研人员和非"双一流"高校科研人员仅在提供 RDM 相关咨询、培训这一变量认知程度上的显著性概率值 P 低于显著性水平 0.05，呈现出显著性差异，其余各项均高于 0.05，不存在显著性差异。

通过独立样本 t 检验和单因素方差分析可以发现，目前我国高校科研人员对 RDM 服务相关内容的认知情况在某种方面上受到性别、学历、专业背景、身份或职位及高校类别的影响。

表 5 – 13　　　　　　高校类别对认知程度的单因素方差分析

题目	平方和	自由度	均方	F	显著性
Q9. 对数据生命周期的了解程度	1.044	1	1.044	1.755	.186
Q27. 提供 RDM 相关咨询、培训	7.634	1	7.634	6.539	.011
Q27. 科研数据管理计划	1.929	1	1.929	1.692	.195
Q27. 元数据标准	4.488	1	4.488	3.830	.051
Q27. 数据存储和备份	1.046	1	1.046	.767	.382
Q27. 数据导航检索	.033	1	.033	.023	.879
Q27. 数据共享和发布	.723	1	.723	.572	.450
Q27. 数据隐私和安全	.436	1	.436	.335	.563
Q27. 数据出版	2.059	1	2.059	1.630	.203
Q27. 数据引用	.204	1	.204	.137	.712
Q27. 知识产权保护	.149	1	.149	.104	.747

五　对所属高校图书馆服务的满意度与期望

调查问卷中第 29—31 题和第 35—36 题通过单项选择、多项选择与李克特 5 级量表相结合以及开放问答等形式调研调查对象所在高校图书馆提供 RDM 服务的情况、高校科研人员对其满意程度和期望。下文将对调查数据结果进行统计分析。

调查问卷中调查结果显示，27.07% 的受调查者所在高校图书馆已经提供 RDM 服务，11.28% 的受调查者所在高校图书馆并未提供 RDM 服务，余下 61.65% 的受调查者并不清楚所在高校图书馆是否提供 RDM 服务，这也从侧面说明了我国高校图书馆的 RDM 服务普及度低，科研人员对图书馆 RDM 服务的开展并不了解。进一步分析问卷数据可知，本次调查中被调查者所在高校已经开展 RDM 服务的高校图书馆，具体涉及的服务内容如图 5-4 所示。目前提供最多的是 RDM 相关咨询和培训服务，这与后文中对高校图书馆从业人员调查的相关结果一致。其次，提供较多的是数据导航与检索服务，再次印证了上文分析的大多数高校科研人员对数据导航与检索并不陌生的结论。占比最低的数据出版，数据出版处于科研数据管理生命周期的最后一个环节，结合我国目前 RDM 服务正处于发展初期的现状，便可以理解为何提供数据出版服务的高校图书馆如此稀少。

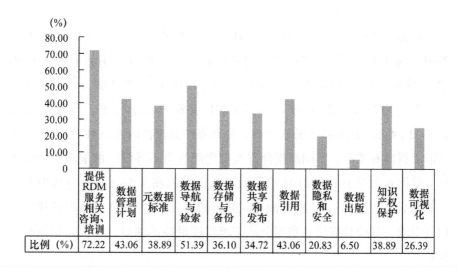

	提供RDM服务相关咨询、培训	数据管理计划	元数据标准	数据导航与检索	数据存储与备份	数据共享和发布	数据引用	数据隐私和安全	数据出版	知识产权保护	数据可视化
比例（%）	72.22	43.06	38.89	51.39	36.10	34.72	43.06	20.83	6.50	38.89	26.39

图 5-4 RDM 服务具体实践内容

高校科研人员认为目前 RDM 服务的宣传推广力度不足，使得科研人员对 RDM 服务了解较少是阻碍高校图书馆推进 RDM 服务的主要因素之一，其次高校图书馆缺乏系统的平台支撑，使得 RDM 服务较为分散，也是阻碍科研人员使用 RDM 服务的阻碍因素之一。高校科研人员还认为，目前高校图书馆提供的 RDM 服务存在服务资源过于单一、无法满足多元化需求、资源共享程度较低，不易获取其他学校的资源以及缺乏技术支持等不足之处。此外，受调查者还期望高校图书馆提供以下 RDM 服务内容：国外 RDM 典型案例的介绍、国内外科研数据存档系统平台的集成化展示和培训、有关数据出版期刊的介绍以及智能化数据搜索等。

六　科研数据管理服务的需求

调查问卷中第 32—34 题通过单项选择、多项选择与李克特 5 级量表相结合的方式，了解调查对象对于 RDM 服务的需求程度。下文将对调查数据结果进行统计分析。

（一）描述性统计分析

根据调研结果可以发现，73.31% 的受调查者在科研工作过程中有 RDM 服务方面的需求，78.95% 的受调查者认为高校图书馆有必要提供 RDM 服务。为了明确高校图书馆应当重点建设哪些 RDM 服务，本课题组进一步调研高校科研人员对不同 RDM 服务的需求程度，调查结果如表 5 - 14 所示。由标准差分析可知，受调查的高校科研人员对于 RDM 服务的需求程度有波动，不同高校科研人员之间具有差异性。由平均值分析可知，受调查者对于不同 RDM 服务的需求程度值在 3.5—4（对应选项介于一般和有需要之间），表明受调查的高校科研人员对 RDM 服务的各项内容均有需求，其中数据隐私和安全是需求程度最高的项目，其次是知识产权保护。

表 5 - 14   RDM 服务的需求程度

题目	样本数	平均值	标准差
Q34. 您对提供 RDM 相关咨询、培训的需求程度	266	3.82	1.018
Q34. 您对科研数据管理计划的需求程度	266	3.74	1.041
Q34. 您对元数据标准的需求程度	266	3.57	1.121
Q34. 您对数据导航检索的需求程度	266	3.89	1.054
Q34. 您对数据存储和备份的需求程度	266	3.89	1.059
Q34. 您对数据共享和发布的需求程度	266	3.82	1.051
Q34. 您对数据隐私和安全的需求程度	266	3.98	1.078
Q34. 您对数据出版的需求程度	266	3.67	1.115
Q34. 您对数据引用的需求程度	266	3.87	1.079
Q34. 您对知识产权保护的需求程度	266	3.93	1.040

（二）独立样本 t 检验和方差分析

下文采取独立样本 t 检验分析性别对高校科研人员 RDM 服务的需求程度的影响情况，结果如表 5 - 15 所示。本书发现，不同性别的高校科研人员在对数据导航检索、数据隐私和安全两方面的需求程度上存在显著差异，而在其他方面不存在显著差异。具体来说，相对于男性高校科研人员，女性高校科研人员对数据导航检索、数据隐私和安全等 RDM 服务的需求程度更高。

表 5 - 15   性别对需求程度的独立样本 t 检验结果

		莱文方差等同性检验		平均值等同性 t 检验					差值 95% 置信区间	
		F	显著性	t	自由度	Sig.（双尾）	平均值差值	标准误差差值	下限	上限
提供 RDM 相关咨询、培训	假定等方差	.309	.579	-.182	264	.855	-.023	.126	-.271	.225
	不假定等方差			-.182	245.472	.856	-.023	.126	-.272	.226

续表

		莱文方差等同性检验		平均值等同性 t 检验						
		F	显著性	t	自由度	Sig.（双尾）	平均值差值	标准误差差值	差值95%置信区间	
									下限	上限
科研数据管理计划	假定等方差	.070	.792	-.820	264	.413	-.106	.129	-.359	.148
	不假定等方差			-.820	247.048	.413	-.106	.129	-.359	.148
元数据标准	假定等方差	.046	.831	-.204	264	.839	-.028	.139	-.302	.245
	不假定等方差			-.203	246.307	.839	-.028	.139	-.302	.246
数据导航检索	假定等方差	1.499	.222	-1.995	264	.047	-.259	.130	-.514	-.003
	不假定等方差			-1.985	242.371	.048	-.259	.130	-.515	-.002
数据存储和备份	假定等方差	2.953	.087	-1.497	264	.136	-.196	.131	-.453	.062
	不假定等方差			-1.485	239.276	.139	-.196	.132	-.455	.064
数据共享和发布	假定等方差	2.506	.115	-1.119	264	.264	-.145	.130	-.401	.110
	不假定等方差			-1.105	235.335	.270	-.145	.131	-.404	.114
数据隐私和安全	假定等方差	3.164	.076	-1.990	264	.048	-.264	.133	-.525	-.003
	不假定等方差			-1.964	233.621	.051	-.264	.134	-.528	.001
数据出版	假定等方差	.012	.913	-.575	264	.566	-.079	.138	-.351	.192
	不假定等方差			-.575	247.375	.566	-.079	.138	-.351	.192
数据引用	假定等方差	5.411	.021	-1.695	264	.091	-.225	.133	-.487	.036
	不假定等方差			-1.665	228.375	.097	-.225	.135	-.492	.041
知识产权保护	假定等方差	1.343	.248	-1.567	264	.118	-.201	.128	-.454	.052
	不假定等方差			.292	234.961	.770	.044	.149	-.251	.338

1. 年龄

上文将高校科研人员的年龄分为 4 个组，下文采用单因素方差分析法检验不同年龄组之间的差异，结果如表 5-16 所示。可以发现，显著性概率值 P 均高于 0.05，说明不同年龄的高校科研人员对于 RDM 服务的需求程度不存在显著性差异。换言之，无论哪一个年龄段的高校科研人员对于 RDM 服务均有需求，高校图书馆提供 RDM 服务势在必行。

表 5 – 16　　　　　　　　年龄对需求程度的单因素方差分析

题目	平方和	自由度	均方	F	显著性
Q34. 您对提供 RDM 相关咨询、培训的需求程度	.989	3	.330	.316	.814
Q34. 您对科研数据管理计划的需求程度	1.381	3	.460	.422	.737
Q34. 您对元数据标准的需求程度	2.121	3	.707	.599	.642
Q34. 您对数据导航检索的需求程度	2.647	3	.882	.792	.499
Q34. 您对数据共享和发布的需求程度	3.450	3	1.150	1.042	.375
Q34. 您对数据隐私和安全的需求程度	1.654	3	.551	.472	.702
Q34. 您对数据出版的需求程度	1.929	3	.643	.515	.673
Q34. 您对数据引用的需求程度	3.314	3	1.105	.949	.418
Q34. 您对知识产权保护的需求程度	2.365	3	.788	.726	.537

2. 学历与专业

学历对高校科研人员 RDM 服务需求程度的影响结果如表 5 – 17 所示。本书发现，不同学历的高校科研人员对 RDM 服务的需求程度显著性概率值 P 均高于 0.05，不存在显著性差异。

表 5 – 17　　　　　　　　学历对需求程度的单因素方差分析

题目	平方和	自由度	均方	F	显著性
Q34. 您对提供 RDM 相关咨询、培训的需求程度	2.165	3	.722	.694	.557
Q34. 您对科研数据管理计划的需求程度	3.951	3	1.317	1.218	.303
Q34. 您对元数据标准的需求程度	5.193	3	1.731	1.382	.249
Q34. 您对数据导航检索的需求程度	5.400	3	1.800	1.630	.183
Q34. 您对数据存储和备份的需求程度	3.462	3	1.154	1.030	.380
Q34. 您对数据共享和发布的需求程度	2.672	3	.891	.805	.492

续表

题目	平方和	自由度	均方	F	显著性
Q34. 您对数据隐私和安全的需求程度	5.741	3	1.914	1.659	.176
Q34. 您对数据出版的需求程度	2.085	3	.695	.557	.644
Q34. 您对数据引用的需求程度	2.381	3	.794	.679	.565
Q34. 您对知识产权保护的需求程度	2.989	3	.996	.920	.432

专业对高校科研人员 RDM 服务需求程度的影响结果如表 5-18 所示。本书发现，专业背景这一变量对高校科研人员在元数据标准、数据导航检索、数据存数和备份、数据发布和共享、数据隐私和安全、数据出版、数据引用规范以及知识产权保护这八方面的显著性概率值 P 低于 0.05，存在显著性差异，其余各项的显著性概率值 P 均高于 0.05，不存在显著性差异。这与第五章第一节第四小节的相关研究结果比较一致，也就是说，在目前情境下，我国高校不同专业的科研人员对 RDM 服务的认知和需求程度不甚均衡，主要原因可能是专业差异导致科研数据产出数量和应用情境完全不同，关于这方面的深入探究将会在后文的访谈分析中进行论述。

表 5-18 　　　　　　　　**专业对需求程度的单因素方差分析**

题目	平方和	自由度	均方	F	显著性
Q34. 您对提供 RDM 相关咨询、培训的需求程度	9.955	11	.905	.868	.572
Q34. 您对科研数据管理计划的需求程度	10.626	11	.966	.888	.553
Q34. 您对元数据标准的需求程度	24.454	11	2.223	1.828	.050
Q34. 您对数据导航检索的需求程度	22.086	11	2.008	1.871	.043
Q34. 您对数据存储和备份的需求程度	22.378	11	2.034	1.881	.042
Q34. 您对数据共享和发布的需求程度	23.205	11	2.110	1.988	.030
Q34. 您对数据隐私和安全的需求程度	29.891	11	2.717	2.482	.006
Q34. 您对数据出版的需求程度	27.108	11	2.464	2.072	.023
Q34. 您对数据引用的需求程度	30.553	11	2.778	2.539	.005
Q34. 您对知识产权保护的需求程度	21.988	11	1.999	1.917	.038

3. 身份和科研工作年限

身份对高校科研人员 RDM 服务需求程度的影响分析结果如表 5 - 19 所示。本书发现，不同身份的高校科研人员对 RDM 服务的需求程度的显著性概率 P 值均高于 0.05，不存在显著性差异。结合第五章第一节第四小节中身份对高校科研人员 RDM 服务认知程度的调查结果可知，不同身份的高校科研人员可能在 RDM 服务认知方面存在差异，但对 RDM 服务的需求是客观存在的，不会因身份不同而存在差异。

表 5 - 19　　　　　　　身份对需求程度的单因素方差分析

题目	平方和	自由度	均方	F	显著性
Q34. 您对提供 RDM 相关咨询、培训的需求程度	2.473	3	.824	.793	.498
Q34. 您对科研数据管理计划的需求程度	4.587	3	1.529	1.418	.238
Q34. 您对元数据标准的需求程度	6.284	3	2.095	1.678	.172
Q34. 您对数据导航检索的需求程度	3.788	3	1.263	1.138	.334
Q34. 您对数据存储和备份的需求程度	5.668	3	1.889	1.699	.168
Q34. 您对数据共享和发布的需求程度	2.326	3	.775	.699	.553
Q34. 您对数据隐私和安全的需求程度	6.937	3	2.312	2.013	.113
Q34. 您对数据出版的需求程度	1.918	3	.639	.512	.674
Q34. 您对数据引用的需求程度	1.831	3	.610	.522	.668
Q34. 您对知识产权保护的需求程度	3.960	3	1.320	1.223	.302

从事科研工作的时间对高校科研人员 RDM 服务的需求影响结果如表 5 - 20所示。本书发现，从事科研工作的时间对于高校科研人员在 RDM 需求程度上显著性概率 P 值均高于 0.05，不存在显著性差异。结合上文的分析结果可知，年龄和从事科研工作的时间对高校科研人员 RDM 服务的认知和需求程度均没有显著影响，高校科研人员的年龄段和从事科研工作的时间具有一定的对应关系，不同年龄段和从事科研工作时间的科研人员均存在 RDM 服务需求。

表 5 - 20　　　　从事科研工作时间对需求程度的单因素方差分析

题目	平方和	自由度	均方	F	显著性
Q34. 您对提供 RDM 相关咨询、培训的需求程度	2.092	3	.697	.670	.571
Q34. 您对科研数据管理计划的需求程度	2.058	3	.686	.631	.596
Q34. 您对元数据标准的需求程度	3.356	3	1.119	.888	.448
Q34. 您对数据存储和备份的需求程度	2.293	3	.764	.679	.565
Q34. 您对数据导航检索的需求程度	2.838	3	.946	.849	.468
Q34. 您对数据共享和发布的需求程度	2.878	3	.959	.867	.459
Q34. 您对数据隐私和安全的需求程度	1.594	3	.531	.454	.714
Q34. 您对数据出版的需求程度	4.154	3	1.385	1.116	.343
Q34. 您对数据引用的需求程度	3.709	3	1.236	1.063	.365
Q34. 您对知识产权保护的需求程度	4.535	3	1.512	1.403	.242

4. 高校类别

高校类别对科研人员 RDM 服务需求程度的影响分析结果如表 5 - 21 所示。本书发现，"双一流" 高校科研人员和非 "双一流" 高校科研人员的 RDM 服务需求程度显著性概率值 P 均高于显著性水平 0.05，不存在显著性差异。

表 5 - 21　　　　高校类别对需求程度的单因素方差分析

题目	平方和	自由度	均方	F	显著性
Q34. 您对提供 RDM 相关咨询、培训的需求程度	3.837	1	3.837	3.740	.054
Q34. 您对科研数据管理计划的需求程度	2.435	1	2.435	2.258	.134
Q34. 您对元数据标准的需求程度	3.035	1	3.035	2.426	.121
Q34. 您对数据存储和备份的需求程度	1.411	1	1.411	1.260	.263
Q34. 您对数据导航检索的需求程度	.107	1	.107	.096	.757
Q34. 您对数据共享和发布的需求程度	1.211	1	1.211	1.096	.296
Q34. 您对数据隐私和安全的需求程度	2.150	1	2.150	1.856	.174

题目	平方和	自由度	均方	F	显著性
Q34. 您对数据出版的需求程度	1.988	1	1.988	1.604	.206
Q34. 您对数据引用的需求程度	1.855	1	1.855	1.598	.207
Q34. 您对知识产权保护的需求程度	.695	1	.695	.641	.424

综上，通过独立样本 t 检验和单因素方差分析可以发现，目前我国高校科研人员对 RDM 服务相关内容的需求程度仅在某些方面受到性别和专业背景的影响，总体来说，高校科研人员对于 RDM 服务存在较大需求。

七　访谈结果分析

(一) 访谈数据描述

为了完善调查结果，本书还进行了半结构化访谈，访谈对象为 36 位高校科研人员，兼顾了受访者的年龄、在校职位、学历水平、学科专业及高校所在地区。36 位受访者年龄多集中在 21—30 岁和 31—40 岁之间，以中青年人群为主，比例分别约为 55.56% 和 41.67%；身份多为教师及在校研究生，比例分别约为 55.56% 和 36.11%；学历水平以硕士和博士为主，比例分别为 11.11% 和 88.89%，属于高学历高素质人群；学科专业具有多样性特征，理学、工学、农学、医学、管理学、经济学及其他人文与社会科学皆有涉及，总体以工学和管理学为主，比例分别为 33.33% 和 22.22%；高校所在地区也基本兼顾了我国七大地理区划，保证样本地理分布的多样性特征；受访者所在高校皆为"985"或"211"大学，其中包括北京大学、武汉大学、复旦大学 3 所我国已经提供 RDM 服务的高校，具有较高的可评估性，36 个受访样本的总体情况如表 5 – 22 所示。

表 5 - 22　　　　　　　　　　受访样本总体情况表

题目	类别	人数（人）	百分比（%）
年龄	21—30 岁	15	41.67%
	31—40 岁	20	55.56%
	41 岁及以上	1	2.78%
在校职位	教师	20	55.56%
	在校研究生	13	36.11%
	科研人员	3	8.33%
学历水平	硕士	4	11.11%
	博士	32	88.89%
学科专业	理学	5	13.89%
	工学	12	33.33%
	农学	2	5.56%
	医学	2	5.56%
	管理学	8	22.22%
	经济学	2	5.56%
	其他人文与社会科学	5	13.89%
高校所在地区	东北	9	25.00%
	华东	11	30.56%
	华北	7	19.44%
	华中	2	5.56%
	华南	3	8.33%
	西南	2	5.56%
	西北	2	5.56%

（二）编码过程

本书首先筛选出与研究主题无关的访谈内容并予以剔除，使用开放式编码与主轴编码将访谈资料进行主范畴和副范畴归类，再利用选择性编码确定核心类属。利用 NVivo12 对 36 份访谈资料进行编码工作，通过逐句编码共得到 80 个初始概念，对初始概念进行归类、合并、总结，最终得到 30 个初步范畴类属，再对 30 个初步类属不断比对和概念化，厘清其中的逻辑关系及彼此联系，最终形成服务认知程度、服务需求类型、认知的影响因素、需求的影响因素及需求特性 5 个主轴概念类属，表 5 – 23 呈现了部分关键的开放式编码与主轴编码过程。

表 5 – 23　　　　　　　　　部分开放式编码与主轴编码过程

主范畴	副范畴	原始语句（初始概念）
服务认知程度	数据获取	A16 我开始理解就是比如说我们可以需要什么样的文献，需要什么样的数据，可以给我们提供 A15 我理解的就是把一些基础数据、原始数据、没有处理过的数据放在一个公共平台上，大家都可以在这个平台上来提取
	科技查新	A20 还有就是说查新报告啊，现在光你自己查了引用量还不算，还要各种佐证证明，所以你得要查新服务啊，这就是另外一个我用得比较多的 A23 还有那种查新，就是比如说你的文章被引用了多少次，那种查新报告
	馆际互借	A12 除了文献的检索、查新、数据库这个技术性的支持，包括馆际之间的这样一种所谓的数据交换就属于这一些 A29 科研管理数据服务指的就是我需要什么数据，或者我需要什么文献，我们自己学校数据库里面没有，它可能通过馆际之间的这种查询去借，它帮我下载到，我们一般指的就是这种
服务认知程度	工具提供	A6 这个概念吧，其实没听说过，但是这个服务肯定是享受过，你比如说去检索网站的时候，它会给一些统计，你去百度学术搜的时候，它也会给你出一些统计的数据，这些东西我觉得也都算是科研数据相关服务 A27 我还是不太清楚这个科研数据管理服务，是不是这个意思，第一个是它会提供一些数据，第二个是它会帮助你处理一些数据，包括什么软件
	多元与全面的理解	A19 我理解是不是说它能帮咱们做科研的人把我们所有涉及的数据，比如我们缺数据它能帮我们找，然后我们产生的数据能帮我们存储也好包括版本的管理、发布、对外宣传等，整个过程中，所谓的整个生命周期，所有能涉及的一些需求它都能满足 A25 数据服务可能就是像我们用到的查找文献，有利于我们的工作进展，再就是自己数据的处理、储存这些吧 A33 就我来理解的话，学校可能做得不是很够，但是我理解的可能是包括数据的存储、管理、共享，这些可能都算吧

续表

主范畴	副范畴	原始语句（初始概念）
服务需求类型	数据获取与检索	A9 那个交叉性学科都是比较匮乏的，而且知识交流都很少，在你所谓的科研数据管理服务上我觉得给你的建议就是，尽量让交叉学科的数据更多一点，更广泛一点（增添交叉学科数据） A10 不习惯学校图书馆的搜索引擎是一个问题，再有一个它有的时候很复杂，我总觉得一个为大家服务的东西，然后现在实际上它整个检索还是需要我们院的图书馆给我们定期讲解，怎么样应用，实际上这个东西不需要解读，你就只是一个工具，然后你让大家应用你这个东西都发怵，还得现去学，这个就不是很方便（提高搜索引擎便捷性） A14 我们之前去开会的时候，有一个老师，他们是研究地铁服务的，然后领着他的研究生在上海市好几条地铁沿线就开始蹲守，每天去数人数，因为地铁的管理部门正常调那个视频是可以看到每天的那个人流量的，但是你调那个视频是必须要有警察或者是官方的那些许可证，手续跑完了才能拿到那个视频，所以他没有办法就只能带着学生站在那个地铁口每天在那儿蹲，从几点蹲到几点，数每天的人流量，就是这些东西有可能对于科研工作者来说浪费了自身的一些时间（扩充数据获取渠道与途径） A32 现在其实国内很多的引擎或者说是门户的数据库，这些方面优化都还是挺差的，比如说举个简单的例子，拿社会科学研究的比如说 Nesstar 这些数据库来跟国内的 CNKI 相比，CNKI 首先检索速度慢，其次专业性不强，就是真正想要的偶尔搜不到（优化数据检索速度与专业性） A34 可能有的时候收集到的资料不是那么很有针对性，可用性不大，就前期收集资料的时间会比较长（提高数据针对性）
	数据存储与整理	A6 我总是感觉自己应该有一个云，自己有一个私人的云，然后只有自己能访问，你走到哪儿可能就是有一个电脑，你只访问云就可以，只要有网就可以，我感觉这种是未来的理想模式吧（提供私人存储云空间） A7 我存储真的没有一个很好的方法去存它，比如说分类什么这个领域那个领域的，分类分着分着就乱了，或者是按时间我看过和没看过的，看着看着时间长了，你虽然看过这个文章，但是你翻开就跟没看过一样，还是没什么用（提供数据辅助整理服务） A22 至于数据备份的话确实这个自己有时候处理完数据之后也怕丢失了，所以备份工作每几天就会进行一次（防止数据丢失） A18 感觉那个云盘上传东西很慢，因为我的一些东西可能传一下就几十个 G，很大，所以只能存到自己的硬盘里（提升数据备份速度及容量）
	数据处理	A15 因为数据分析，其实说白了就是数据的处理，数据的处理手段是每隔一段时间会更新换代的，就像以前的电脑很大，现在做得很小，现在是微机了，芯片越来越薄，数据处理方法也是越来越简单，可能你十年前很新的方法放到现在就很旧（提高数据处理工具更新速度） A22 因为我们有时候用数据的话用好多年，每年因为上市公司的数量也比较多，一两千个，这样的话数据量比较大，如果一个一个区找年报、一个一个来提取的话手工量是非常大的，所以在提炼数据过程中我们也尝试能不能用计算机手段来帮我们提炼数据，就这一块难度比较大，反正就是逐渐摸索吧，有时候能做到就用计算机，做不到我们就手工来提取（非计算机专业数据处理难度大） A26 我现在有几大类实验，从动物到分子，就是不同的类型的数据，数据跟数据之间，而且本身我自己也不是很擅长管理这些数据，需要一个比较科学的方法（保证数据处理科学性）

续表

主范畴	副范畴	原始语句（初始概念）
服务需求类型	数据共享与隐私安全	A4 高校的图书馆应该互相建立合作，如果每个学校都有一个科研数据管理服务平台，各个学校也可以共享数据，对高校的科研人员帮助会很大（高校间数据共享） A9 有的人他不愿意共享，可能我们就不知道，他论文中可能只是稍微提了一下，但是具体怎么做都没有说，比如说他算了一个什么程序出来之后用了这个元数据算了什么样的结果，我们看到的永远只有结果，所以说他做的东西我们只有再做一遍。如果是从人性方面来考虑，中国人都应该互相帮助的话，我觉得应该共享，因为这样的话大家才能节省很多时间（鼓励科研人员数据共享） A6 我们电力高校和电网的合作还是比较多的，在和电网合作的时候他们更担忧的就是这个数据的隐私问题，如果说电网把数据给我们，我们也应该做好数据隐私的保护，但是数据隐私的保护也很难，因为一个项目团队有很多人，接触这个数据的人也有很多，这个管理起来就不太方便了，究竟是谁传出去的你也不知道（注重数据隐私保护） A20 这个就相当于你把自己的劳动果实完全拿给别人，这个就是要分在什么程度上，共享多少，共享之后后面的利益如何去分配，就是要有一个前提的情况下才能去做这件事情（完善科研数据共享规范） A30 我们的数据是根据我们的需求获取的，可能我们的数据别人用不着，就像你刚才给我的调查问卷，就我们可能也有这样的调查问卷，这种调查问卷你能用到，但是其他人可能就用不到，其他人可能觉得你这个数据我没有用（增强科研人员共享意识） A2 我觉得还有一个问题，就是在科研数据保存和发布方面，有些学科的数据它是有涉密性的，如果我有个课题，有外的服务来帮助我，我在里面保存数据，但是我不想让大家知道，我觉得还会影响到个人数据保密性问题（保护科研人员个人数据）
	数据引用	A31 我觉得格式不统一，比方说我是做文献数据的话，我们当然知道是从 web of science 上下载下来的，然后他就要求你说得很清晰，就是你的检索主题、检索词是什么，你限定在什么范围，是 article，还是 review，还会限定你这个时间范围，限定你的主题范围，是属于哪个领域的，这个会描述得很细，我看到之前有的文章他就直接给一个下载地址，就比如说美国 NASA 网站，他就会描述得简单很多（统一数据引用格式） A33 没有统一的规范标准，比较大型的数据都会有自己明确的标准，你引用数据的时候应该怎么注明，它都有自己的要求（重视数据的引用规范）
	元数据标准	A19 像现在我们叫生物信息学，数据其实是生物学家按照他们的生物实验比较随意地就整理的，所以说生物学家的这个角度吧，可能不是从数据的角度，而是从生物实验的角度往上一放，或者就记录一下当时的一些情况，所以就不是特别的所谓的有这种标准（统一不同学科元数据标准） A24 因为做研究的话基础就是文献，大家都要阅读文献，所以这块的话格式规范程度更高一些，但是现在越来越倾向于网络数据，网络数据规范这块还是比较欠缺的，很不规范（网络元数据标准亟待规范） A29 元数据的话现在相对来说可能在我们图书馆这种服务很少，几乎没有（加强高校图书馆元数据标准培训及服务）

主范畴	副范畴	原始语句（初始概念）
认知与需求的影响因素	传统科研习惯	A26 可能也是这么长时间的一个工作习惯，然后硕士、博士都是这样子的，然后都习惯了，就懒得去再找一个 A32 有的一些数据库，使用的一些东西比较习惯 A21 可能跟我的习惯有关，因为做科学研究的人生活圈子很单一，总是自己干一个课题，让学生去做，然后给学生开开组会，跟他们进行交流什么的，不愿意出去溜达
	环境因素	A2 我觉得可能是因为网络的日益发达使得这些需求被满足了 A24 就是背景吧，我们所处的环境不一样了，所以导致我们现在研究的东西确实需要一个管理 A21 没有人去做这个事儿，我们也不会主动地去搞这些东西
	服务质量	A11 它目前是很不完善的，那么未来的话它肯定会出现这样的专业的平台，或者是这种法规，或者是这种激励机制，所以这个现在差距很大 A7 这种科研数据管理服务可能是一种通用的东西，它不针对某个方面，通用的东西可能就局限于一些比较热门的，经常用的这些东西，生物化学之类的领域，所以对我们来说可能就不大适合 A33 可能数据服务做得不够，所以就会造成一些不便
	宣传力度	A8 这些获得信息的来源主要是靠自己自主地去学习去了解，而没有专门的比如说一个科研管理处或者其他部门来普及这个事儿，而是靠个人去了解 A15 一个是宣传，就是可能你的高校有这个服务，但是大家都不知道，就像你刚才所说的那些数据服务，可能我们学校也有，只是我不知道，宣传不好，因为大家不知道，你没办法用 A25 一些网络上还有我们科研的环境、学校、科研机构，没有很好地去引导，你根本也不知道
	图书馆员专业水平	A4 感觉图书馆里的工作人员都是管借书还书、整理资料之类的，不知道他们具体是干什么的 A12 有的管理员，问他们问不清楚的，我感觉不是专业的，至少有些这种高校图书馆是这样的 A29 我们知道去咨询没有用，因为我们知道图书馆能给我们提供什么样的答案，所以我们一般也就不会再去问了
	用户相关培训	A25 有的时候你要找对你自己有用的东西，但是你不知道该怎么去从最简单的方法做起，可能会走歪路，也可能不知道怎么搜关键词、怎么搜索，可能这个跟网站的设计有关，也可能跟我们没有专业的培训过有关 A28 比如说新的这种数据服务的网站上线的话，他们是有培训的，有线下的培训，也有线上的培训，但是据我了解，都是国外的比较多。国外提供的这种数据服务比较多，据我所知没有国内的

续表

主范畴	副范畴	原始语句（初始概念）
需求 特性	数据 真实性	A14 针对这些科研工作者不同的需求来拿到真实的数据而且要保证这些数据是真实的，如果说正常的数据服务公司派人在那儿数或者是通过沟通拿到地铁的数据，你能获得真实的人流量，或者你也可以坐在办公室里边自己编一个，对于科研工作者来说完全无法甄别出来哪个是你真实在地铁站口去数的，哪个是你编的，所以这些数据服务中心在后期对科研工作者服务的时候，一定要能够对你所提供数据的真实性起到一定的佐证作用，就是你要留证据证明这些数据是真实可行的
	数据可 共享性	A15 我觉得像国外的模式就挺好的，就是基础数据，比如像交通部各个部门每年的这种统计公报，里面涉及的具体数据，应该是共享公开的
	数据可 获得性	A16 设计得更加便捷，就是使用起来如果很方便的确是能够满足我们的一些需要，比如说之前可能是我们没法获得的，然后现在通过这个平台我们很便捷地获得了
	可收费性	A21 如果说你觉得这个东西你很自信，所有的人都会用我的东西，我这些东西确实做得很好的话，那你就去推，可以免费三年或者是免费几年的形式去推，先低价然后慢慢地提高价格，当然推广的过程是一个很漫长的过程，你至少让我们这些人认可，因为国家现在科技经费都比较足，肯定会愿意花一些钱在这个上面，这个肯定没有问题
	更新 及时性	A35 如果能建立相对权威的数据平台并保证更新的及时性，能很大程度上节省查找数据的成本，必将会有更多精力放在理论和模型的建立上
	使用便 捷性	A25 就像我们的学科，希望在处理数据上能够有更方便快捷的方式，然后查询信息的时候也能够很快捷，还有一些像保护性的措施能够更便利一些
	人性化及 灵活性	A30 你要给大家搭建这么一个平台，可以在这上面存数据，然后存的数据自己去管理，可能我把数据给你进行分类，分成一类一类的，你给我这样一个分类的话，大家可能会愿意把数据放在上面。或者是你不要太细，这种只是一个大框架，给我们提供一个平台，就类似于学校的系统一样，我可以登录这个系统，然后把数据放在里头，但是这个数据我放在里头之后，我可以有我自己的分类方式，不需要你去给我分类，因为像学校如果分类的话，就特别死板，我可能不需要你给我这么分，但是你可以给这种自由灵活度，我可能就像建文件夹一样，我建一个文件夹，或者建一个标签，我把数据放上去，这样大家都放数据的话，我们一个部门的这些人可能在这上面就有共享，数据有一个存储的地方共享就方便了。

注：A＊表示第＊位受访者的原话，每句话末尾括号中词语表示对该原始语句进行编码得到的初始概念。

接下来，通过选择性编码进一步梳理主轴编码阶段形成若干个主范畴之间的关系，把核心范畴与其他范畴予以系统性联结，实现对主范畴中典型关系结构的揭示①。本书将"科研人员 RDM 服务需求"确定为核心范

---

① 胡蓉、赵宇翔、朱庆华：《移动互联环境下用户跨屏行为整合分析框架——基于扎根理论的探索》，《中国图书馆学报》2017 年第 6 期。

畴，经过选择性编码梳理形成的故事线为：需求由认知决定，并受到包括认知在内多种因素的作用与影响，而不同的需求衍生出不同的需求类型和需求特性，主范畴典型关系结构及内涵如表5-24所示。

表5-24   主范畴典型关系结构表

典型关系	关系结构	关系内涵
服务认知→服务需求	影响因素	科研人员对RDM服务的认知决定了其RDM服务需求，是重要的主观影响因素。
服务需求→服务认知	影响因素	当科研人员的RDM服务需求被满足时，更多、更深层次的需求涌现，当深层次的需求再次被满足，科研人员的认知结构也被充实和更新。
服务需求类型→服务需求	表现关系	不同科研人员的RDM服务需求产生了不同的RDM服务需求类型。
需求特性→服务需求	表现关系	不同科研人员的RDM服务需求表现出不同的RDM服务需求特性。

（三）理论框架构建及研究发现

研究发现，诸多因素可能影响我国科研人员对RDM服务的认知与需求，不同用户的RDM服务认知与需求衍生出不同的服务需求类型和需求特性，RDM服务认知与需求之间也彼此作用。由此，本书构建出我国科研人员对RDM服务的认知与需求理论框架，见图5-5。

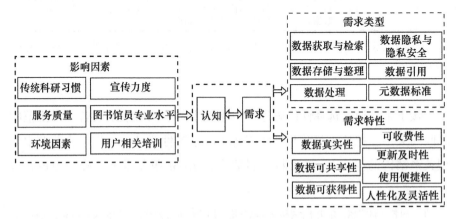

图5-5 科研人员对RDM服务认知与需求的理论框架

1. 科研人员 RDM 服务认知与需求的关系

科研人员 RDM 服务认知是影响其服务需求的重要主观因素，决定了科研人员 RDM 服务需求。访谈调查中大部分对 RDM 服务有较好认知的受访者都对 RDM 服务有较大的需求。也有受访者直接指出，自身认知的不足导致了服务需求较小，如受访者 A12 表示："导致我需求较小的原因就是我自身没太了解这块。"亦有受访者意识到自己对 RDM 服务的需求不足还可能是因为自己并未完全认识到自己对 RDM 服务存在需求。根据 Kochen 的理论，信息需求是客观存在的，它存在的状态有三种：潜在状态、认识状态和唤醒状态[①]。大多数科研人员可能存在潜在 RDM 服务需求，但由于认知有限这种需求并未被唤醒，很多受访者表示自己并不明确自己对 RDM 服务是否有需求，诚如受访者 A6 所言："在实际工作中，可能我们暂时没有 RDM 服务需求，也就没有这样的认识，即使有这个需求的时候，也可能意识不到我需求的就是 RDM 服务的东西。"

当科研人员有 RDM 服务需求时，也会对高校图书馆 RDM 服务质量、服务能力等进行评估，判断其是否能够满足自身需求。受访者 A20 曾说："我觉得最根本的原因可能还是需求问题，如果需求到那个点的话，没人告诉我，我可能也会去找这个东西，如果说是一个我完全用不到的东西，就是喊破嗓子我可能听了也就过去了。"因此当科研人员的 RDM 服务需求处于未被唤醒阶段时，高校图书馆提升自身 RDM 服务能力和服务水平是 RDM 服务被接受和认可的根本。反之，当科研人员的 RDM 服务需求被满足后，其会产生大量的、更深层的需求，自身的认知结构也变得丰富，认知等级得到提升，RDM 服务需求逐渐转化为可表达出的状态，因此得到满足的 RDM 服务需求反过来亦可以对科研人员 RDM 服务认知产生积极影响。

2. 科研人员 RDM 服务认知及需求的影响因素

通过访谈发现，传统科研习惯、环境因素、服务质量、宣传力度、图

---

① 胡昌平：《信息服务与用户》，武汉大学出版社 2008 年版。

书馆从业人员的专业水平和 RDM 相关培训是影响科研人员认知与需求的重要因素，且这些因素彼此相互作用，环环相扣。不少科研人员习惯于自己固有的数据获取与处理方式，或传统或先进，且处于一定的环境及背景下，而持久的习惯和环境会逐渐产生惰性，致使科研人员可能很难自发地寻求协助，直接影响用户对 RDM 服务的认知和需求。欲使科研人员跳出固有模式，使用 RDM 服务的关键在于提升服务能力，具体包括提升服务质量、加大宣传力度、提高图书馆从业人员服务水平，以及加强 RDM 相关培训等。通过这些方式提升高校图书馆 RDM 服务能力，从而作用于科研人员的数据习惯和数据环境。如受访者 A21 所说："如果科研数据这一块你做得很好，比如可视化这一块您如果做得很好，数据存储这一块让我感觉更加安全更安心，知识产权又搞得很明白，那需求量就很大了，现在呢咱们目前的这种状态，我还没有看到让我很安心的东西。"优秀的 RDM 服务可以满足并提升用户需求，使科研人员改变固有的习惯模式，接纳可以更好满足其需求的服务，当越来越多的 RDM 服务需求得到满足，便可逐渐营造 RDM 服务的使用氛围与环境，促进更多的 RDM 服务使用行为，形成良性循环。

3. 科研人员 RDM 服务的需求类型及需求特性

访谈还发现，不同的科研人员在获取和处理科研数据时面临着各式各样的困难，以至形成各异的需求类型和需求特性。科研人员对 RDM 服务的需求主要集中于数据获取与检索、数据存储与整理、数据处理、数据共享与隐私安全、数据引用及元数据标准。不同的需求类型还衍生出不同的需求特性，主要包括：数据真实性、数据可共享性、数据可获得性、可收费性、更新及时性、使用便捷性和人性化及灵活性。这些需求特性建立在一定的客观现实基础上，需求特性的满足受到现实条件的制约，各特性互有差异又互为补充，符合需求本身应具备的客观现实性、主观差异性、动力发展性及整体关联性[1]，反映出 RDM 服务需求的合理性。若要真正满足

---

① 沈德立、阴国恩：《基础心理学》，华东师范大学出版社 2010 年版。

科研人员的 RDM 服务需求，上述需求类型及特性皆不容忽视且不宜分割。

八　高校科研人员调研总结

在科研数据海量增长的时代，科研数据本身的重要性和特殊性使其急需良好的管理和服务以提升科学研究效率并降低数据风险，高校图书馆的 RDM 服务对此发挥着至关重要的作用。上文利用调查问卷和半结构化访谈法对我国科研人员 RDM 服务的认知与需求进行了深入调查，构建了我国科研人员对 RDM 服务认知与需求的理论框架，揭示了用户认知与需求彼此之间的关系、用户认知与需求的影响因素以及服务需求类型和特性。

本次调研对象中的大部分科研人员对 RDM 服务的认知不足，访谈时不少被调查者表示从未听说过 RDM 服务，更没有听说过任何关于 RDM 的课程、讲座等培训。值得关注的是，访谈前，每名受访者均填写了调查问卷以帮助课题组了解其基本情况，而随着访谈的深入，课题组发现不少在调查问卷中填写自己对 RDM 服务比较了解的受访者，事实上对 RDM 服务的理解与实际概念存在较大偏差，说明我国高校科研人员对 RDM 服务的认知比我们从表面看到的还要少。根据扎根理论得到的结果可知认知影响需求，受访人员不太需要 RDM 服务的原因，一方面是对 RDM 服务的认知不足，并不清楚其对自身的科学研究工作有帮助；另一方面可能是对高校图书馆等外界提供的 RDM 服务持怀疑态度，如对图书馆从业人员的专业性不相信等。因此，增强科研人员对 RDM 服务的认知是激发 RDM 服务需求的前提，提升 RDM 服务能力水平是维系 RDM 服务需求的关键。

从所在高校图书馆已经提供 RDM 服务的受访人员调查中可以发现，目前开展的 RDM 服务内容集中在数据库、科技查新等方面，较为单一，且不同学科领域之间差异较大。此外，受访人员还认为目前高校图书馆 RDM 服务存在以下不足：宣传推广不够；缺乏系统的平台支撑，服务分散；技术支持不足，无法提供较前沿和专业的 RDM 服务；资源管理与监管不善，致使相关服务滞后甚至缺失；数据挖掘、数据关联、平台开发等深层次服务功能不足；资源共享程度较低，获取他校资源困难；缺乏有关政策，无法提供具体指导。这些内容都是未来我国高校图书馆 RDM 服务提升和完善的主要方向。

第二节　高校图书馆从业人员的认知与能力需求调查

高校图书馆如何顺利开展 RDM 服务？作为图书馆服务的主要载体——图书馆从业人员在此过程中承担了重要角色。因此，为了进一步了解高校图书馆从业人员对 RDM 服务的认知现状，下文通过问卷调查了我国高校图书馆从业人员对 RDM 服务的了解情况、对高校图书馆提供 RDM 服务的必要性以及自身应该具备的相关能力的看法，力求从中探知目前我国高校图书馆开展 RDM 服务的可行性，进而为我国高校图书馆 RDM 服务的建设发展提出有针对性的意见和建议。

一　研究方案

根据第三、四章的调查分析，我们了解到国外高校图书馆在 RDM 服务方面取得了很大的进展，Cox 等[①]的研究也再次证明了澳大利亚、加拿大、德国等七个国家高校图书馆在 RDM 服务中发挥的领导作用。Tenopir 等[②]将 RDM 服务分为两类：信息服务和技术服务，发现在图书馆的数据服务中，信息服务（例如寻找适当的存储库和数据管理计划）比技术服务（例如直接参与研究项目）更常见，并确定了图书馆员的数据管理技能有限是高校图书馆在 RDM 服务方面面临的挑战和问题之一。Joo 和 Schmidt[③] 在线调研了美国研究型大学图书馆从事数据服务的图书馆员对于 RDM 服

① Cox A. M., Kennan M. A., Lyon L., et al., "Developments in Research Data Management in Academic Libraries: Towards an Understanding of Research Data Service Maturity", *Journal of the Association for Information Science and Technology*, Vol. 68, No. 9, 2017, pp. 2182 – 2200.

② Tenopir C., Sandusky R. J., Allard S., Birch B., "Research Data Management Services in Academic Research Libraries and Perceptions of Librarians", *Library and Information Science Research*, Vol. 36, No. 2, 2014, pp. 84 – 90.

③ Joo S., Schmidt G. M., "Research Data Services From the Perspective of Academic Librarians", *The Journal of Digital Library Perspectives*, Vol. 37, No. 3, 2021, pp. 239 – 253.

务的类型、挑战等方面的看法。*Heidorn*[①] 论证了图书馆员具备数据服务相关技能的重要性。Koltay[②] 进一步分析了图书馆工作人员在整个数据生命周期中协助研究人员的必要能力。

国内学者熊文龙和李瑞婻[③]发现图书馆员在知识、能力和信心等方面的不足是阻碍图书馆拓展数据服务的重要因素，并建议图书馆通过培训、交流和学习的方式培养数据馆员。徐刘靖等[④]认为高校图书馆员的数据素养对于 RDM 服务质量至关重要，提出要从高校图书馆、图书馆学会、图书情报学院三个层面建立图书馆员数据素养培养机制。胡邵君[⑤]梳理了国内外高校图书馆 RDM 的内容，探讨了学科馆员的作用以及能力要求建设情况。陈廉芳[⑥]对医学图书馆医学科学数据馆员的职责目标、服务内容以及岗位要求进行了探讨。蔚海燕等[⑦]调研国外高校图书馆数据馆员的招聘信息，分析总结数据馆员所需具备的能力并对我国图书馆培养数据馆员提出相应建议。施雨和张晓阳[⑧]构建了高校图书馆数据馆员胜任特征模型，分别从高校图书馆与数据馆员两个层面提出相应对策。

由此可知，国内外学者均对图书馆从业人员在 RDM 服务中的角色、地位有所关注。国外学者的研究有着大量的实践基础，更能够从现实角度出发，分析探讨高校图书馆 RDM 服务发展进程中，图书馆员所面临的挑

[①]　Heidorn P. B. , "The Emerging Role of Libraries in Data Curation and E-Science", *The Journal of Library Administration*, Vol. 51, 2011, No. 7, pp. 662 – 672.

[②]　Koltay T. , "Accepted and Emerging Roles of Academic Libraries in Supporting Research 2. 0", *The Journal of Academic Librarianship*, Vol. 45, No. 2, 2019, pp. 75 – 80.

[③]　熊文龙、李瑞婻：《基于科学数据管理的图书馆数据服务研究》，《图书情报工作》2014 年第 22 期。

[④]　徐刘靖、沈婷婷：《高校图书馆员数据素养内涵及培养机制研究》，《图书馆建设》2016 年第 5 期。

[⑤]　胡绍君：《面向科研数据管理的高校学科馆员能力建设研究》，《图书情报工作》2016 年第 22 期。

[⑥]　陈廉芳：《医学科学数据馆员制度建设》，《图书馆学研究》2018 年第 12 期。

[⑦]　蔚海燕、范心怡：《研究型图书馆数据馆员能力需求及服务内容研究》，《图书馆》2019 年第 4 期。

[⑧]　施雨、张晓阳：《高校图书馆数据馆员胜任特征模型探索》，《图书馆学研究》2021 年第 9 期。

战和问题。我国学者目前的研究集中在对数据馆员或学科馆员职责与能力等方面内容的探究，且乐于总结国外研究型图书馆的举措，为我们国家提出相关建议对策。而之所以更多地参考借鉴他国经验，也主要与我国高校图书馆 RDM 服务进展较缓有关。目前国内学者大都采取文献调查法、网络调查法、内容分析法、扎根理论和专家调查法等方法对该主题领域进行研究[1][2][3]，相比于其他研究方法，问卷调查法具有效率高、客观性、广泛性等优点，经常被研究者用来调查某一类人群针对某一问题的看法。而本课题的研究目的是了解高校图书馆从业人员对 RDM 服务的认知现状，因此采用问卷调查法较为合适。

故而，下文采用问卷调查法调研高校图书馆从业人员对于 RDM 服务的认知现状，并运用 SPSS 软件对收集的数据进行定量分析，研究不同特征下的高校图书馆从业人员对于 RDM 服务的认知差异。

（一）调查问卷设计

本次调查问卷的主题为"高校图书馆从业人员 RDM 服务认知与实践"，问卷分为六大部分，共有 30 道题目。第一部分共 7 题，用于收集调查对象的基本信息，包括性别、年龄、学历、专业背景、工作年限、工作单位、所在岗位，题型为单项选择题。第二部分共 6 题，用于了解调查对象所在高校 RDM 服务目前的建设现状，题型为单项选择题和多项选择题。第三部分共 2 题，通过李克特 5 级量表测量高校图书馆从业人员对于 RDM 服务的了解程度，分值 1—5 分别表示"非常不了解、不了解、一般、了解、非常了解"。第四部分共 7 题，用于了解高校图书馆从业人员对数据生命周期各阶段提供 RDM 服务必要性的理解程度。第五部分共 6 题，用于了解高校图书馆从业人员对于参与提供 RDM 服务自身应该具备的能力素养的认知情况。这两部分均采用李克特 5 级量表形式，分值 1—5 分别表

① 蔚海燕、范心怡：《研究型图书馆数据馆员能力需求及服务内容研究》，《图书馆》2019年第 4 期。
② 张新勤：《国外高校图书馆数据馆员管理服务现状和启示》，《图书馆》2022 年第 1 期。
③ 闫雪：《国外数据馆员的岗位职责与任职能力研究》，《情报科学》2021 年第 1 期。

示"非常不必要、不必要、一般、必要、非常必要"。第六部分共 2 题，用于了解图书馆从业人员视角下我国高校图书馆建设 RDM 服务面临的挑战以及建议，题型为多选题和填空题。（问卷内容详见附录 3）

（二）问卷发放与回收情况

本课题利用问卷星制定并发布调查问卷，主要通过网络调查的方式发放与回收问卷结果。调查时间为 2021 年 11 月 25 日—2022 年 1 月 4 日。因调查群体具有明确的指向性，故在发放问卷时，本课题组主要采用三种渠道：一是通过邮箱给在知网上发表相关期刊论文且单位为高校图书馆的作者发送问卷，向对方说明缘由，等待回复，此方式的优点为不会受到人为干扰，范围较广，调查对象对问卷内容非常熟悉，缺点是无法保证回收率；二是联系能够接触到的图书馆从业人员，通过微信发送问卷，此方式的优点是问卷回收率高，缺点是范围受限，覆盖面窄；三是本次调查最主要的方式，课题组成员通过联系加入 QQ 群"圕人堂"，该群宗旨是"图书馆及图书馆学相关人员的交流群"，群成员 2900 余人，图书馆从业人员占比较高。在一周时间内，根据群成员活跃情况先后发送问卷 4 次，邀请高校图书馆从业人员填写，最终在群主的帮助下，回收问卷 182 份，算是取得了比较好的调查效果。通过以上三种渠道，本次调查最终回收问卷 310 份，剔除掉漏答、所有题目都选择同一选项等无效问卷后，共计得到 302 份有效问卷。

（三）信度分析

信度分析是为了检验问卷的可信度和稳定性。本书采取 SPSS 软件进行信度分析，评价量表中的各项题目的一致性。信度检验用 Cronbach's α 系数进行判断，α 系数值高于 0.8，则说明信度高；α 系数值介于 0.7 到 0.8 之间，则说明信度较高；α 系数值介于 0.6 到 0.7 之间，说明信度可接受；如果 α 系数值小于 0.6，则说明信度不佳。将数据导入 SPSSAU，采用 Cronbach's α 系数进行分析，结果如表 5－25 所示。由表 5－25 可知，量表三部分的 α 系数值和总体 α 系数值均在 0.8 以上，数据信度较高，可以进行进一步分析。

表 5 - 25   问卷信度检验结果

	项数	Cronbach's α 系数
了解程度	2	.868
提供服务的必要性	7	.951
具备相关能力的必要性	6	.918
总计	16	.936

(四) 效度分析

效度分析是检验问卷有效性。采用 SPSS 软件进行效度分析,确定设计的题项是否合理,能否有效反映研究人员的研究目标。分析 KMO 值:如果 KMO 值高于 0.8,则说明非常适合信息提取;如果 KMO 值介于 0.7 到 0.8 之间,则说明比较适合信息提取;如果 KMO 值介于 0.6 到 0.7 之间,则说明可以进行信息提取;如果 KMO 值小于 0.6,说明信息较难提取,侧面反映出效度低。将数据导入 SPSSAU,进行效度分析,结果如表 5 - 26 所示。KMO 值为 0.916,该值大于 0.8,Bartlett 球形度检验中的显著性水平小于 0.01,说明变量之间存在相关性,可以进行因子分析。

表 5 - 26   KMO 和 Bartlett 的检验

KMO 值		.916
Bartlett 球形度检验	近似卡方	4161.057
	df	105.000
	p 值	.000

使用主成分分析方法,结果如表 5 - 27 所示,特征值大于 1 的因子一共有 3 个,累计方差贡献率为 77.735%,说明 15 个题目提取的 3 个因子对于原始数据的解释较为理想,据经验可知因子的累计方差贡献率在 60% 以上时,表明这一量表具有较好的结构效度,因此本书的量表效度较好,为下文的分析增加了可靠性。

表 5 - 27　　　　　　　　　　　　　　总方差解释

成分	初始特征值			提取载荷平方和			旋转载荷平方和		
	总计	方差百分比	累计%	总计	方差百分比	累计%	总计	方差百分比	累计%
1	8.436	56.242	56.242	8.436	56.242	56.242	5.395	35.967	35.967
2	1.711	11.409	67.651	1.711	11.409	67.651	4.36	29.069	65.036
3	1.513	10.084	77.735	1.513	10.084	77.735	1.905	12.699	77.735
4	.643	4.289	82.023						
5	.509	3.392	85.415						
6	.406	2.707	88.123						
7	.318	2.119	90.242						
8	.286	1.905	92.147						
9	.266	1.776	93.923						
10	.211	1.407	95.33						
11	.172	1.147	96.477						
12	.149	0.991	97.467						
13	.141	0.941	98.408						
14	.131	0.876	99.285						
15	.107	0.715	100						

提取方法：主成分分析法。

　　进一步分析得到表 5 - 28 旋转后的成分矩阵，Q21 同时在两个维度上的载荷都高于 0.5，按照最大值将其归为因子 2。整体来看，本书量表通过效度检验。

表 5 - 28　　　　　　　　　　　旋转后的成分矩阵

题目	成分		
	1	2	3
Q16. 您认为在数据处理与分析阶段，为科研人员提供服务的必要性程度？	.878		
Q17. 您认为在数据保存阶段，为科研人员提供服务的必要性程度？	.864		

续表

题目	成分		
	1	2	3
Q15. 您认为在数据收集与存储阶段,为科研人员提供服务的必要性程度?	.841		
Q18. 您认为在数据出版和共享阶段,为科研人员提供服务的必要性程度?	.831		
Q19. 您认为在数据重用阶段,为科研人员提供服务的必要性程度?	.777		
Q14. 您认为在数据产生阶段,为科研人员提供数据管理计划服务的必要性程度?	.769		
Q20. 您认为数据生命周期全程为科研人员提供咨询、培训服务的必要性程度?	.719		
Q25. 您认为图书馆从业人员掌握 Dspace、Merritt repository、EZID 等数据保存与共享工具,对提供科研数据管理服务的必要性程度?		.880	
Q23. 您认为图书馆从业人员掌握 DCPT、Data Up、DSpace、Merritt repository 等数据收集与存储工具,对于提供科研数据管理服务的必要性程度?		.871	
Q24. 您认为图书馆从业人员掌握 CiteSpace、VOSviewer、MyCrystals、R 语言、Open NLP、NLTK、Standard Analyzer 等数据处理与分析工具,对于提供科研数据管理服务的必要性程度?		.840	
Q22. 您认为图书馆从业人员掌握数据管理计划工具,对于提供科研数据管理服务的必要性程度?		.792	
Q26. 您认为图书馆从业人员具有良好的人际交往、沟通能力等个人综合素质,对提供科研数据管理服务的必要性程度?		.661	
Q21. 您认为图书馆从业人员掌握 Word 等办公软件,对于提供科研数据管理服务的必要性程度?	.501	.553	
Q12. 您对科研数据管理服务的了解程度			.912
Q13. 您对数据生命周期的了解程度			.906
提取方法:主成分分析法。 旋转方法:凯撒正态化最大方差法。			
a 旋转在 5 次迭代后已收敛。			

二 描述性统计分析

(一) 个人基本信息

本次调查回收的有效问卷来源地区覆盖辽宁、广东、山东、北京、江

苏等 29 个省、自治区及直辖市，问卷来源覆盖面相对较广。全部收集的
302 份有效问卷，个人信息部分包括性别、年龄、学历、专业背景、工作
年限、所在岗位及工作单位等，统计结果如表 5 – 29 所示。

表 5 – 29　　　　　　　　　个人信息描述性统计

基本信息	选项	人数	百分比（%）
性别	男	103	34.11
	女	199	65.89
年龄	30 岁以下	57	18.87
	30—50 岁	199	65.89
	50 岁以上	46	15.23
学历	本科以下	10	3.31
	本科	108	35.76
	硕士	165	54.64
	博士	19	6.29
专业背景	图书情报类及其相关专业	177	58.61
	计算机网络及其相关专业	31	10.26
	其他	94	31.13
工作年限	5 年以下	64	21.2
	5—15 年	114	37.7
	15 年以上	124	41.1
工作单位	"双一流"建设高校	78	25.83
	"双一流"建设高校之外的本科院校（含本科层次职业学校）	224	74.17
所在岗位	行政管理岗	65	21.52
	服务岗	93	30.79
	技术岗	112	37.09
	其他	32	10.60
所在高校是否提供 RDM 服务的相关培训	是	102	33.78
	否	200	66.22

由表 5-29 可知，本次调查的高校图书馆从业人员女性所占比例较多，男性较少。30—50 岁的调查对象最多，占 65.89%。学历集中在本科、硕士，其次是博士，表明我国高校图书馆从业人员整体文化水平较高，具有一定的科研能力。其中，58.61% 的调查对象都具备有关图书馆的专业知识背景，10.26% 的调查对象具有计算机网络类的相关专业知识背景。同时，41.10% 的受调查人员在高校图书馆从业年限超过 15 年，37.70% 的调查对象工作年限在 5—15 年，仅有 21.20% 的调查对象工作年限在 5 年以下，说明调查对象多数为行业内的"老人"，对高校图书馆工作有更深入的理解。关于学校分布情况，25.83% 的调查对象来自"双一流"建设高校，74.17% 的调查对象属于"双一流"建设高校之外的本科院校（含本科层次职业学校）。调查对象中处于行政管理岗的高校图书馆从业人员占比 21.52%，服务岗的占比 30.79%，技术岗的占比 37.09%，其他工作性质占比 10.60%，其中 33.78% 的调查对象所在高校针对图书馆从业人员开展 RDM 服务相关培训，余下的 66.22% 的调查对象所在高校并未提供 RDM 服务相关培训。

以上是填写本次调查问卷的高校图书馆从业人员的基本情况，从统计结果可以发现，参与本次调查的高校图书馆从业人员，无论在学校分布、从业年限，还是岗位职级和接受培训等方面囊括性均较好，因此，调查结果能够在一定程度上代表我国高校图书馆从业人员对 RDM 服务的认知现状。

（二）科研数据管理服务的了解情况

高校图书馆作为 RDM 服务的提供方，其从业人员应当对 RDM 服务有更多的了解和认识，熟知数据生命周期，便于向教师、学生及科研人员在其科研数据管理过程中遇到相关问题时提供有针对性的指引和帮助。本次调查中图书馆从业人员对 RDM 服务的了解情况，调查结果如表 5-30 所示。由标准差可知，受调查的高校图书馆从业人员对于 RDM 服务和数据生命周期的了解程度有波动，不同高校图书馆从业人员之间具有较大差异性。根据平均值进一步描述分析发现，受调查的高校图书馆从业人员对于

RDM 服务的了解程度得分为 2.976（对应选项介于不了解和一般之间），表明受调查的高校图书馆从业人员对 RDM 服务的了解程度整体情况较差。对于数据生命周期的了解程度得分为 3.056（对应选项介于一般和了解之间），表明受调查的高校图书馆从业人员对于数据生命周期的了解程度整体情况一般。总体而言，高校图书馆从业人员对 RDM 服务和数据生命周期的了解程度都不太理想，存在较大提升空间。

表 5 - 30　　　　　　　　　RDM 服务的了解程度

题目	样本数	平均值	标准差
Q12. 您对科研数据管理服务的了解程度	302	2.976	1.050
Q13. 您对数据生命周期的了解程度	302	3.056	1.047

（三）科研数据管理服务提供的必要性程度

由上文分析可知，高校图书馆从业人员对于 RDM 服务和数据生命周期有较好的了解，为了高校图书馆更好地建设提供 RDM 服务，问卷基于数据生命周期的六个阶段：数据生产与收集阶段、数据处理阶段、数据分析阶段、数据存储与保存阶段、数据共享阶段及数据重用阶段，了解高校图书馆从业人员对于各个环节提供相关 RDM 服务必要性的认知情况，结果如表 5 - 31 所示。

表 5 - 31　　　　　　　RDM 服务提供必要性的认知程度

题目	样本数	平均值	标准差
Q14. 您认为在数据产生阶段，为科研人员提供科研数据管理计划服务的必要性程度	302	4.010	.970
Q15. 您认为在数据收集与存储阶段，为科研人员提供服务的必要性程度	302	4.119	.914
Q16. 您认为在数据处理与分析阶段，为科研人员提供服务的必要性程度	302	4.152	.891
Q17. 您认为在数据保存阶段，为科研人员提供服务的必要性程度	302	4.142	.906

题目	样本数	平均值	标准差
Q18. 您认为在数据出版与共享阶段，为科研人员提供服务的必要性程度	302	4.185	.854
Q19. 您认为在数据重用阶段，为科研人员提供服务的必要性程度	302	4.262	.804
Q20. 您认为数据生命周期为科研人员提供咨询、培训服务的必要性程度	302	4.255	.810

由标准差可知，受调查的高校图书馆从业人员对于生命周期各环节提供相关 RDM 服务的必要性程度看法波动程度较小，整体认知相对一致。根据平均值进一步描述分析发现，7 个问题的平均值均在 4 以上（对应选项在有必要和非常有必要之间），表明受调查的高校图书馆从业人员认为将提供 RDM 服务贯穿整个数据生命周期是有必要的。其中 Q19 的平均值最高且标准差最小，其次是 Q20，说明高校图书馆从业人员重视在数据重用阶段提供相应服务和贯穿数据生命周期全程提供咨询、培训服务，并且各高校图书馆从业人员之间看法差异不大。

（四）科研数据管理服务能力的必要性

随着数字时代技术的飞速进步，图书馆在数据管理服务的过程中发现传统的图书馆员现有服务能力不足以帮助用户管理并利用海量数据[1]，这也是高校图书馆建立提供 RDM 服务的阻碍性因素之一。因此，调查高校图书馆从业人员对自身是否应该具备 RDM 服务相关能力的看法显得尤为重要。本次调查结果如表 5-32 所示，由标准差可知，受调查的高校图书馆从业人员对于具备 RDM 服务相关能力的必要性程度认知波动较小，整体看法相对一致。根据平均值进一步描述分析发现，受调查的高校图书馆从业人员对于具备 RDM 服务相关能力的必要性程度认知为 4.305，可见高校图书馆从业人员认为自身有必要具备 RDM 服务的相关能力，从而更好地进行服务提供。

---

① 许鑫、张月：《数据时代图书馆员角色的转变——数据馆员的兴起》，《图书情报工作》2021 年第 7 期。

表 5 - 32　　　　　　　　　RDM 服务能力必要性的认知程度

题目	样本数	平均值	标准差
Q21. 您认为图书馆从业人员掌握 Word 等办公软件，对于提供科研数据管理服务的必要性程度	302	4.305	.835
Q22. 您认为图书馆从业人员掌握数据管理计划工具，对于提供科研数据管理服务的必要性程度	302	4.195	.834
Q23. 您认为图书馆从业人员掌握 DCPT、Data Up、DSpace、Merritt repository 等数据收集与存储工具，对于提供科研数据管理服务的必要性程度	302	4.113	.847
Q24. 您认为图书馆从业人员掌握 CiteSpace、VOSviewer、MyCrystals、R 语言、Open NLP、NLTK、Standard Analyzer 等数据处理与分析工具，对于提供科研数据管理服务的必要性程度	302	4.093	.854
Q25. 您认为图书馆从业人员掌握 Dspace、Merritt repository、EZID 等数据保存与共享工具，对提供科研数据管理服务的必要性程度	302	4.073	.844
Q26. 您认为图书馆从业人具有良好的人际交往、沟通能力等个人综合素质，对提供科研数据管理服务的必要性程度	302	4.301	.785

三　独立样本 t 检验和方差分析

(一) 性别的独立样本 t 检验

独立样本 t 检验用于分析一个定类变量与定量变量之间有无明显差异。本书采取独立样本 t 检验分析性别对高校图书馆从业人员 RDM 服务认知的影响情况。

由表 5 - 33 可知，在对 RDM 服务的了解程度方面，方差方程的莱文检验结果的 F 值为 0.069，概率值 P 为 0.793，概率值 P 大于 0.05 的显著性水平，因此不应拒绝检验的零假设，即可认为，高校图书馆从业人员对于 RDM 服务的了解程度变量具有方差齐性。通过独立样本 t 检验可得，检验结果 t 值为 1.395，概率值 P 为 0.164，概率值 P 大于 0.05 的显著性水平，由此表明，高校图书馆从业人员的性别对于 RDM 服务的了解程度的均值无显著差异。

表 5 – 33　　　　　　　　基于不同性别的各变量独立样本 t 检验结果

		莱文方差等同性检验		平均值等同性 t 检验						
		F	显著性	t	自由度	Sig.（双尾）	平均值差值	标准误差差值	差值95%置信区间	
									下限	上限
了解程度	假定等方差	.069	.793	1.395	300	.164	-.167	.119	-.068	.402
	不假定等方差			1.372	197.067	.172	-.167	.121	-.073	.406
提供服务的必要性	假定等方差	1.513	.220	-1.301	300	.194	-.122	.094	-.306	.062
	不假定等方差			-1.223	174.532	.223	-.122	.100	-.319	.075
具备相关能力的必要性	假定等方差	1.007	.317	-2.566	300	.011	-.217	.084	-.383	.050
	不假定等方差			-2.355	164.376	.020	-.217	.092	-.398	.035

在提供 RDM 服务的必要性认知程度上，方差方程的莱文检验结果的 F 值为 1.513，概率值 P 为 0.220，概率值 P 大于 0.05 的显著性水平，因此不应拒绝检验的零假设，即可认为该变量具有方差齐性。通过独立样本 t 检验可得，检验结果 t 值为 -1.301，概率值 P 为 0.194，概率值 P 大于 0.05 的显著性水平，即表明性别对于高校图书馆从业人员在数据生命周期各阶段提供服务的必要性认知程度的均值无显著差异。

在具备 RDM 服务能力必要性的认知上，方差方程的莱文检验结果的 F 值为 1.007，概率值 P 为 0.317，概率值 P 大于 0.05 的显著性水平，因此不应拒绝检验的零假设，即可认为该变量具有方差齐性。通过独立样本 t 检验可得，检验结果 t 值为 -2.566，概率值 P 为 0.011，概率值 P 小于 0.05 的显著性水平，即表明性别对于高校图书馆从业人员具备 RDM 服务相关能力的必要性认知程度均值存在显著性差异。进一步分析结果如表 5 – 34所示，从标准差可以看出，男性和女性对于自身具备 RDM 服务相关能力必要性的看法较为一致。从平均值可以发现，高校图书馆从业人员中，女性相较于男性更加重视自身具备 RDM 服务的相关能力。

表5－34　　　　　　　　　　　不同性别下的差异性描述

	性别	平均值	标准差
具备相关能力的必要性	男	4.037	.819
	女	4.254	.622

（二）年龄对各变量的差异性分析

根据年龄对各变量的单因素方差分析可知，高校从业人员对于 RDM 服务的了解程度、提供服务的必要性认知程度和具备相关能力的必要性认知程度的显著性概率值 P 均高于 0.05，说明不同年龄之间不存在明显差异表现，即高校图书馆从业人员对于该问题的理解不会因年龄的不同而不同，认知方面具有一致性，见表5－35。

表5－35　　　　　　　　年龄对各变量的单因素方差分析

	平方和	自由度	均方	F	显著性
了解程度	4.201	2	2.100	2.181	.115
提供服务的必要性	3.224	2	1.612	2.727	.067
具备相关能力的必要性	1.848	2	.924	1.889	.153

（三）学历对各变量的差异性分析

根据学历对各变量的单因素方差分析可知，高校从业人员对于提供 RDM 服务的必要性认知程度和具备科研数据管理相关能力的必要性认知程度的显著性概率值 P 均高于显著性水平 0.05，说明不同年龄之间不存在明显差异表现，见表5－36。而在了解程度的显著性概率值 P（为 0.031）低于显著性水平 0.05，说明高校图书馆从业人员在学历特征上存在了解程度的差异表现。如图5－6所示，学历越高的图书馆从业人员对 RDM 服务的了解程度越高。

表 5-36   学历对各变量的单因素方差分析

	平方和	自由度	均方	F	显著性
了解程度	8.581	3	2.860	3.005	.031
提供服务的必要性	2.059	3	.686	1.150	.329
具备相关能力的必要性	3.196	3	1.065	2.190	.089

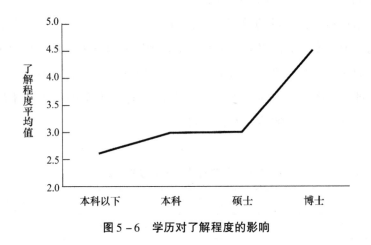

图 5-6   学历对了解程度的影响

（四）专业背景对各变量的差异性分析

　　根据专业背景对各变量的单因素方差分析可知，提供 RDM 服务的必要性认知程度和具备科研数据管理相关能力的必要性认知程度的显著性概率值 P 均低于显著性水平 0.05，说明不同专业背景之间存在明显差异表现，见表 5-37。本次调查的研究对象中，具有工学和农学专业背景的高校图书馆从业人员与其他专业背景的高校图书馆从业人员存在较大差异。工学和农学专业背景的高校图书馆从业人员对于提供 RDM 服务和具备相关能力的必要性认可度不高。了解程度的显著性概率值 P 高于显著性水平 0.05，说明高校图书馆从业人员在专业背景特征上不存在了解程度的差异表现。

表 5-37　　　　　　　　**专业背景对各变量的单因素方差分析**

	平方和	自由度	均方	F	显著性
了解程度	5.109	13	.393	.394	.971
提供服务的必要性	16.462	13	1.266	2.231	.009
具备相关能力的必要性	11.307	13	.870	1.830	.038

（五）工作年限对各变量的差异性分析

根据工作年限对各变量的单因素方差分析可知，高校图书馆从业人员对于 RDM 服务的了解程度和提供 RDM 服务的必要性认知程度的显著性概率值 P 均低于显著性水平 0.05，说明不同的工作年限之间存在明显差异表现，见表 5-38。而高校图书馆从业人员对于具备 RDM 相关能力的必要性认知程度的显著性概率值 P 大于显著性水平 0.05，说明不同工作年限之间不存在明显差异。工作 5—15 年的高校图书馆从业人员对前两类变量的认知程度最低，其次是工作 15 年以上的高校图书馆从业人员，认知程度最高的是工作 5 年以内的高校图书馆从业人员。

表 5-38　　　　　　　　**工作年限对各变量的单因素方差分析**

	平方和	自由度	均方	F	显著性
了解程度	8.105	2	4.053	4.265	.015
提供服务的必要性	5.070	2	2.535	4.334	.014
具备相关能力的必要性	2.470	2	1.235	2.535	.081

（六）工作岗位对各变量的差异性分析

根据工作岗位对各变量的单因素方差分析可知，不同工作岗位的高校图书馆从业人员对于 RDM 服务的了解程度、提供 RDM 服务的必要性认知程度和具备相关能力的必要性认知程度这三个研究变量中的显著性概率值 P 均高于显著性水平 0.05，说明高校图书馆从业人员对于三类变量受不同工作岗位的影响程度较小，见表 5-39。

表 5 – 39 　　　　　　　　工作岗位对各变量的单因素方差分析

	平方和	自由度	均方	F	显著性
了解程度	7.194	3	2.398	2.507	.059
提供服务的必要性	.965	3	.322	.536	.658
具备相关能力的必要性	1.231	3	.410	.832	.477

（七）高校类别对各变量的差异性分析

根据高校类别对各变量的单因素方差分析可知，"双一流"的高校图书馆从业人员和"双一流"建设高校之外的本科院校（含本科层次职业学校）的高校图书馆从业人员对于 RDM 服务的了解程度、提供 RDM 服务的必要性认知程度和具备相关能力的必要性认知程度这三类研究变量中的显著性概率值 P 均高于显著性水平 0.05，差异性不大，见表 5 – 40。

表 5 – 40 　　　　　　　　高校类别对各变量的单因素方差分析

	平方和	自由度	均方	F	显著性
了解程度	2.529	1	2.529	2.619	.107
提供服务的必要性	.034	1	.034	.057	.812
具备相关能力的必要性	.000	1	.000	.001	.980

（八）高校图书馆组织培训对各变量的差异性分析

根据高校图书馆组织培训对各变量的单因素方差分析可知，三类研究变量的显著性概率 P 值均高于显著性水平 0.05，表明在本次调查中高校图书馆是否组织相关培训，对受调查的高校图书馆从业人员对 RDM 服务的了解程度、提供 RDM 服务的必要性认知程度和具备相关能力的必要性认知程度的影响并不存在太大差异（见表 5 – 41）。

表 5 - 41　　　　高校图书馆组织培训对各变量的单因素方差分析

	平方和	自由度	均方	F	显著性
了解程度	2.068	1	2.068	2.138	.145
提供服务的必要性	.123	1	.123	.205	.651
具备相关能力的必要性	.276	1	.276	.559	.455

四　皮尔逊相关性分析

相关性分析就是研究两个或两个以上处于同等地位的随机变量间的相关关系分析，表示变量之间的关联程度，检验变量之间是否存在关联以及这种关联是否具有线性关系。本书采取皮尔逊法对 RDM 服务了解程度、提供 RDM 服务必要性的认知程度、具备 RDM 服务相关能力的必要性认知程度进行相关性分析，结果如表 5 - 42 所示。

表 5 - 42　　　　　　　　　相关性分析

		了解程度	提供服务的必要性	具备相关能力的必要性
了解程度	皮尔逊相关性	1	.341 **	.253 **
	Sig.（双尾）		.000	.000
	个案数	302	302	302
提供服务的必要性	皮尔逊相关性	.341 **	1	.682 **
	Sig.（双尾）	.000		.000
	个案数	302	302	302
具备相关能力的必要性	皮尔逊相关性	.253 **	.682 **	1
	Sig.（双尾）	.000	.000	
	个案数	302	302	302

** 在 0.01 级别（双尾），相关性显著。

由表 5 - 42 可知，高校图书馆从业人员对于 RDM 服务的了解程度、提供服务的必要性认知程度和具备相关能力的必要性认知程度之间存在正相关关系。其中，提供 RDM 服务的必要性程度和具备 RDM 服务相关能力的必要性认知程度的相关关系系数最大为 0.682，表明这两类变量之间的相关性较强。

五　所属高校图书馆的科研数据管理服务建设现状

调查结果显示，14.9% 的受调查高校图书馆从业人员认为所属高校图书馆非常具备建设提供 RDM 服务的能力，17.9% 的受调查对象认为所属高校图书馆具备建设提供 RDM 服务的能力，23.8% 的受调查对象认为所属高校图书馆不具备建设提供 RDM 服务的能力，10.3% 的受调查对象认为所属高校非常不具备建设提供 RDM 服务的能力，而剩余的 33.1% 的受调查对象持中立态度。由此可见，被调查的图书馆从业人员中对其所属高校图书馆建设提供 RDM 服务能力的认识"五五分"。

进一步分析问卷数据可知，仅 33.1% 的受调查者所在高校图书馆已经开展 RDM 服务，具体涉及的服务内容如图 5 - 7 所示，目前咨询服务涉及得最多，其次是培训服务，这也与第三章的调查结果，以及国外学者的研究结论相吻合，如 Faniel 和 Connaway 调研美国图书馆专业人员时发现，最常见的 RDM 服务是向研究人员提供咨询和培训服务①。占比相对较低的是数据重用、数据出版与共享这两项服务内容，这与当下我国科研人员数据共享意愿不高的现状密切相关（项目负责人曾发表过"科研人员数据共享意愿"主题的相关研究论文对此进行深入探讨）。且统计可知，超过 65% 的受调查对象所在的高校图书馆未开展 RDM 服务，其中正打算建设提供 RDM 服务的高校图书馆占比 33.1%。统计可知，超过半数的受调查者所属的高校图书馆并未建设提供（或打算建设提供）。

通过上述数据分析可以发现，受调查者所在高校图书馆的 RDM 服务的建设发展现状，符合高校图书馆从业人员对其所属高校图书馆建设提供 RDM 服务能力的认知情况，结合已提供的具体服务内容，可知目前我国高校图书馆 RDM 服务的建设发展整体尚处于初级阶段。

---

① Faniel I. M., Connaway L. S., "Librarians' Perspectives on the Factors Influencing Research Data Management Programs", *The Journal of College and Research Libraries*, Vol. 73, No. 1, 2018, pp. 100 – 119.

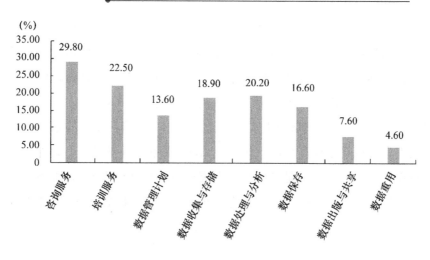

图 5 - 7　RDM 服务具体实践内容

六　我国高校图书馆建设科研数据管理服务的挑战

通过相关文献梳理，可以发现目前我国高校图书馆建设 RDM 服务面临的挑战主要有八个方面，将其总结概括设置为 Q29 的多项选择题，结果如图 5 - 8 所示。

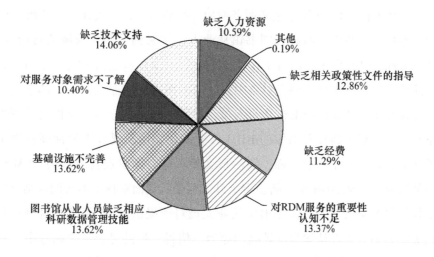

图 5 - 8　高校图书馆建设 RDM 服务面临的挑战

经调查发现，对于我国高校图书馆建设 RDM 服务所面临的挑战，高校图书馆从业人员认为缺乏技术支持居于首位，占比 14.06%。其次是基础设施不完善、高校图书馆从业人员认为自身缺乏相应科研数据管理技能和对 RDM 服务的重要性认知不足，分别占比 13.62%、13.62% 和 13.37%。高校图书馆从业人员还认为缺乏相关政策性文件的指导、经费和人力资源也是阻碍高校图书馆建设 RDM 服务的重要因素。此外，对服务对象需求的不了解也是导致高校图书馆不能合理提供 RDM 服务的原因之一，这也是本章第一部分就进行科研人员对 RDM 服务需求调查的原因。

七　高校图书馆从业人员调研总结

通过上文的数据分析可以发现，尽管目前我国高校图书馆的 RDM 服务正处于起步阶段，受调查的高校图书馆从业人员对 RDM 服务并不十分了解，但对于高校图书馆建设提供 RDM 服务整体持支持态度，且认为自身应该学习具备有关 RDM 服务的能力。此外，学历、性别、专业和工作年限从一定程度上导致认知差异，数据分析结果揭示：

学历方面，RDM 服务主要服务对象是科研人员，这就在一定程度上限制了本科学历及以下的高校图书馆从业人员接触到该服务领域的可能性。性别方面，高校图书馆因其工作性质的原因，女性从业人员比例要高于男性从业人员，且本次受调查对象中女性高校图书馆从业人员的整体学历水平要略高于男性高校图书馆从业人员，导致调查结果显示，女性高校图书馆从业人员对于高校图书馆的 RDM 服务的认知情况要好于男性高校图书馆从业人员。工作年限方面，第一章文献综述时即发现我国有关 RDM 服务的研究主要从 2016 年开始稳定上升，这也从侧面解释了本次调查结果中工作年限 5 年以下的高校图书馆从业人员对于提供 RDM 服务和自身具备相关能力的必要性认知程度较高的原因。值得一提的是，本次调查中"双一流"高校的图书馆从业人员和非"双一流"高校的图书馆从业人员对 RDM 服务的认知没有显著差异，这与调查对象范围、数量存在局限性有关，也从一定程度上说明高校图书馆从业人员在对 RDM 服务的认知方面并没有被所属单位的条件制约。

第三节 调查启示与建议

基于高校科研人员对 RDM 服务的认知与需求情况和高校图书馆从业人员对图书馆开展 RDM 服务的认知与能力需求的调查结果，本书提出以下建议：

（一）组织开展相关培训，增进高校图书馆从业人员对于 RDM 服务的了解程度。从上文分析可知，高校图书馆从业人员已经意识到提供 RDM 服务的必要性，但不同图书馆从业人员对于 RDM 服务的认知程度存在差异，整体仍有很大的提升空间。加强高校图书馆从业人员对于 RDM 服务的了解程度，有助于高校图书馆从业人员更好地参与其中，为服务对象提供有针对性的帮助与指引。值得一提的是，上文数据分析发现本次调查的高校图书馆从业人员认为是否接受培训对 RDM 服务的相关认知程度影响不大，本课题组认为，原因在于我国 RDM 服务处于起步阶段，高校图书馆开展的培训较少，覆盖面比较局限，没有产生应有的效果。对此，高校图书馆应进一步针对图书馆从业人员开展 RDM 服务相关培训活动，一方面通过组织召开主题讲座、学术研讨会等方式进行理论知识培训，夯实高校图书馆从业人员对于 RDM 服务的理论层面认识；另一方面提供 RDM 服务相关的软件工具技能的培训，使得高校图书馆从业人员具备相应的服务能力，达到理论与实践两方面同步提升的效果。

（二）注重招聘与培养数据馆员，提供针对性专业性服务。数据馆员是高校图书馆实施 RDM 服务的主要载体，其应该具备较好的数据素养，能为科研人员提供基于数据生命周期的数据管理计划、数据采集、数据分析、数据存储等服务支持，以及提供相关技能培训、问题参考咨询等服务[1]。目前

---

[1] 蔡惠霞：《数据馆员：内涵、核心角色与培养策略》，《图书馆》2022 年第 1 期。

国外大部分高校图书馆都设有数据馆员岗位①，国外高校图书馆的数据馆员招聘信息显示，数据馆员的普遍要求学历为硕士及以上，专业背景需同时具备图书情报学学科和统计学、社会科学等其他学科，需要拥有 RDM 相关的软件工具技能，以及其他综合能力等②。可见对数据馆员的招聘要求要高于普通图书馆从业人员，也反映出高校图书馆要提供专业的 RDM 服务，亟须拥有专业的数据馆员。因此，我国高校图书馆应注重数据馆员的招募与培养。对于已经提供 RDM 服务并设置数据馆员岗位的高校图书馆如北京大学和复旦大学等少数高校，可以结合自身 RDM 服务实际情况与需求，有侧重地招募和培训数据馆员。对于正在建设 RDM 服务中的高校，可以先培训馆内现有较为符合数据馆员相关要求的图书馆从业人员，做好人才储备，以便支持提供专业性的 RDM 服务。

（三）面向科研人员宣传普及 RDM 服务，了解科研人员的实际需求。从上文的调研结果发现，高校图书馆未做到足够的宣传普及是导致高校科研人员对于 RDM 服务认知不足的重要原因之一。因此，高校图书馆应当制定合适的宣传普及措施，使科研人员了解到 RDM 服务，知晓 RDM 服务对于自身科学研究活动的帮助价值，进而去接触并使用相关 RDM 服务。随着高校科研人员对 RDM 服务的需求不断增加并反馈给高校图书馆，高校图书馆也能从中摸索出适合本校的具体的 RDM 服务方式，便于 RDM 服务的建设发展和完善。

第四节　本章小结

高校图书馆从业人员和高校科研人员作为 RDM 服务的具体提供方和接收方，了解他们对于 RDM 服务的认知与需求情况对于建设和提供 RDM 服务十分必要。因此，本章采用问卷调查和半结构化访谈相结合的方式，

---

① 张新勤：《国外高校图书馆数据馆员管理服务现状和启示》，《图书馆》2022 年第 1 期。
② 许鑫、张月：《数据时代图书馆员角色的转变——数据馆员的兴起》，《图书情报工作》2021 年第 7 期。

对高校科研人员和高校图书馆从业人员分别展开调研，发现尽管高校科研人员对于 RDM 服务存在明显需求，但高校科研人员和图书馆从业人员对于 RDM 服务的认知整体不足，图书馆从业人员的 RDM 服务能力亟待提高。因此，在调查结果的基础上，本章提出高校图书馆需加速推进 RDM 服务的建设进程，做好 RDM 服务的推广和普及。关于具体如何推进 RDM 服务开展，将通过第六章服务模式的建构深入讨论。

第六章　高校图书馆科研数据管理服务模式要素识别及模型搭建

　　根据第五章的研究，我们了解到无论是科研人员还是图书馆从业人员均有科研数据管理（下文简称 RDM）服务方面的认知与需求，需求驱动服务提供，在此前提之下，RDM 服务模式的搭建显得尤为必要。目前国内高校图书馆 RDM 服务模式的搭建，多建立在国外经验的基础上，虽然调查可知国外的 RDM 服务已经有了较为详细的指南，许多高校图书馆也基于这些指南开展了 RDM 服务。但是由于发展水平、岗位设置和组织文化等方面的不同，国外指南难以直接在国内应用，所以 RDM 服务模式搭建仍需与国内实际情况结合。另外，在利益相关者角色界定以及对不同高校学科和发展情况差异考虑得不足，容易导致 RDM 服务模式的可操作性受限。所以，本章在总结前人研究的基础上，对高校图书馆 RDM 服务模式的要素进行界定，并通过文本分析等方法，对国外高校图书馆 RDM 服务模式要素和内容进行提取和归纳，搭建高校图书馆 RDM 服务的模式。本章还以北京大学图书馆为例，对该模式进行应用，并根据应用结果对 RDM 服务模式进行优化调整。

第一节　高校图书馆科研数据管理服务模式要素提取

　　学者们已经围绕高校图书馆 RDM 服务模式开展了研究。国内学者主要基于科研数据生命周期阶段，对国外高校图书馆的 RDM 服务内容进行划分，进而确定模式中的服务内容，并将科研活动流程和服务内容联系起来，以构建 RDM 服务的模式。例如，尹春晓[①]、李晓辉[②]就通过调研国外高校的 RDM 服务，构建了包含需求分析、RDM 政策、服务阶段、服务方式、服务内容、服务支撑和人员配置等要素的 RDM 服务模式。李杨等[③]对国内高校图书馆 RDM 服务现状及不足进行了分析，结合国外经验提出了由服务内容、服务方式和服务基础三要素构成的面向 RDM 的高校图书馆学科服务模式。

国外较少单独针对 RDM 服务模式构建进行研究，而是从 RDM 服务建设和实施的全过程进行分析。英国数据监管中心（Digital Curation Centre, DCC）在 2013 年就提出了一个详细的 RDM 服务建设指南，分析了规划，RDM 核心流程，指南、培训和支持三个 RDM 服务支持要素，其中 RDM 核心流程包含数据管理计划、活跃数据管理、数据选择和移交、数据存储库和数据目录[④]。还有学者对美国、英国和澳大利亚等国的高校图书馆实践进行了广泛的调研和对比，以分析建设 RDM 的准备、角色和挑战，以及 RDM 活动的内容要素、驱动因素和影响因素[⑤][⑥]。Cox 等还构建了 RDM 的成熟度模型，以展示机构在不同能力阶段所需的技能、组织和服务等的差异[⑦]。

综合国内外学者的研究，高校图书馆 RDM 服务模式是高校图书馆为

---

① 尹春晓：《高校科学数据管理嵌入式服务模式探索》，《情报资料工作》2017 年第 2 期。

② 李晓辉：《图书馆科研数据管理与服务模式探讨》，《中国图书馆学报》2011 年第 5 期。

③ 李杨、裴丽：《面向研究数据管理的高校图书馆学科服务模式探析》，《图书馆工作与研究》2020 年第 6 期。

④ Jones S., Pryor G., Whyte A., "How to Develop Research Data Management Services-a Guide for Heis" (November 21, 2021), http://www.dcc.ac.uk/resources/how-guides.

⑤ Pinfield S., Cox A. M., Smith J., "Research Data Management and Libraries: Relationships, Activities, Drivers and Influences", *Plos One*, Vol. 9, No. 12, 2014, p. e114734.

⑥ Tang R., Hu Z., "Providing Research Data Management (RDM) Services in Libraries: Preparedness, Roles, Challenges, and Training for RDM Practice", *Data and Information Management*, Vol. 3, No. 2, 2019, pp. 84 – 101.

⑦ Cox A. M., Kennan M. A., Lyon L., et al., "Developments in Research Data Management in Academic Libraries: Towards an Understanding of Research Data Service Maturity", *Journal of the Association for Information Science and Technology*, Vol. 68, No. 9, 2017, pp. 2182 – 2200.

满足服务对象的各种数据管理需求而在数据生命周期阶段向服务对象提供数据管理计划、数据选择和分析、数据存储与共享、数据引用，以及其他咨询培训等服务的过程，包含服务需求、服务政策、服务流程、服务形式、服务内容（按照数据生命周期划分）、技术和服务人员（利益相关者）等要素，其中，数据生命周期阶段是连接科研周期和服务内容的桥梁，利益相关者界定是图书馆从业人员对自身进行定位的关键，各要素的组合和具体内容会因为服务需求差异而变化。

一 样本选取

通过第三章的调查可知，以美国为代表的西方国家高校图书馆在 RDM 服务方面有丰富的实践成果，并且较多高校图书馆网站开设了 RDM 服务页面，所以本章以 THE2021 排名前 100 位的 37 所美国高校为调查对象，浏览这 37 所高校的图书馆网站，选取其 RDM 页面为文本提取的对象，以通过这些文本分析 RDM 服务模式的要素和内容构成，网页的选择标准如下：

（一）页面设立在图书馆网站之下，可以从图书馆网站栏目点击到达；

（二）是关于 RDM 服务的专门页面，页面标题为 "data management service" 或 "research data support" 或 "data management" 或 "data curation" 或 "research data service" 或 "data service" 或 "data service"；

（三）当一个图书馆网站有多个 RDM 相关页面时，仅选取涵盖该图书馆 RDM 服务内容最广泛的一个。

将这 37 所高校的 37 个 RDM 页面的链接作为一级链接，RDM 页面所含的链接为二级链接，然后对这两级链接的正文部分进行爬取，时间截至 2021 年 12 月 6 日。

二 数据爬取和清洗

本章原始数据的获取通过使用 python 编写爬虫软件完成：首先通过人工记录 37 所目标高校的图书馆主页地址，然后使用 BeautifulSoup 模块和 re

正则表达式模块提取高校图书馆主页的内部链接，并记录成 txt 文本文件。随后同样使用上述模块对 txt 文件中的每个内部链接进行网页上文字内容的爬取，将链接地址和对应网页中包含的文字内容清洗降噪去除无关内容后，记录成 csv 格式保存。其中，进行文本爬取的链接共 2715 条（去除重复链接）。网页文本的清洗过程为：保留含有与数据、数据管理计划、存储库、元数据、数据出版等相关关键词的句子，然后去除剩余文本中含有与图书借阅、音乐和艺术、问候语等相关关键词的句子，其他不含这些关键词的文本保留。最终得到 RDM 服务相关文本 4698 条，用于后续分析。

三　文本向量化

本章实验目的在于获取美国不同高校在进行 RDM 服务时的共同关注点，为此需要将各高校图书馆相关页面中的文字信息进行主题抽取，而在进行主题抽取时，如果对每个句子对都进行一次语义相似性比较会导致大量算力资源的消耗，以含有 n 个句子的集合为例，在其中寻找最为相近的一对需要进行 $n \cdot (n-1)/2$ 次计算。而另一种更为简便也更为常用的方法则是将这些句子根据它所包含的语义信息映射到一个向量空间中，并依据向量的空间距离来判断它们之间的语义相似性，从而形成有效的主题聚类。为达成这一目标，首先需要将长度不定的语句文本映射到固定长度且密集的向量空间中。

本章的文本向量化任务使用 SBERT（Sentence-BERT）模型完成。SBERT 模型是一种 BERT 预模型的孪生网络结构。通过将两两对应的句子对分别经过 BERT 预训练模型、池化层、转换为句 768 维的句向量后，再计算两者的余弦相似度，并根据计算结果进行 BERT 模型权重网络的微调，从而优化向量表示。

四　向量降维及聚类

SBERT 模型计算得到的是 768 维的高维向量，直接对这些高维句向量进行聚类处理耗时较长、计算复杂度较高，因此，在聚类处理前需要使用

UMAP 进行降维处理，UMAP 是一种基于黎曼几何和代数拓扑理论框架构建的用于降维的流形学习技术，并通过随机梯度下降的方法完成低维向量优化。

通过 UMAP 处理，原始文本的语义信息被映射到了低维的句向量空间中，基于这些句向量的空间分布情况进行聚类分析可以形成向量簇，每个向量簇中都包含着语义相近的句向量。因此，从这些向量簇中可以提取出语义相近向量的共同主题信息：通过对向量簇对应的原始文本集进行 TF - IDF 权重计算，提取出前 10 个最能代表该文本集主题的高频主题词，结合人工联想词的方法分析得到各主题的语义含义。在对主题词向量计算得到的主题向量计算余弦矩阵距离，最终形成主题聚类。

五 结果描述

（一）主题文本数量分析

通过主题分析将这 4698 条文本划分为 160 个主题，并得到每个主题的 10 个高频关键词。编号越大的主题，包含的文本数量，即句子数量越多。表 1 列出了各主题的文本数量及其在总文本数量的占比。因为篇幅所限，所以本章仅展示文本数量最多的 24 个主题和文本数量最少的 10 个主题，见表 6 - 1。由表 6 - 1 可知，最大的主题文本数量为 222，最小的为 10。通过这些主题的高频关键词可知，文本数量较大的主题主要关于地理信息系统（GIS）、数据引用、数据馆员、数据开放共享、研究人员 ID、机构知识库、数据存储、数据管理计划（Data Management Plan，DMP）、资助、隐私及版权等，说明这些内容在高校图书馆 RDM 服务中出现较多，是 RDM 服务的核心主题。文本数量较少的主题主要为不同工具的介绍，对数据管理计划重要性的强调，出国时数据保护的注意事项，期刊文章的数据提交要求，数据格式要求，数据删除、撤回，需求反馈，以及图书馆资源等细节内容。

表6-1 主题文本数量及占比

主题序号	主题编号	文本数量	占比（%）	高频关键词	主题序号	主题编号	文本数量	占比（%）	高频关键词
1	0	222	4.73	geospatial	19	18	51	1.09	analysisrelated
2	1	159	3.38	citation	20	19	49	1.04	preservation
3	2	86	1.83	librarian	21	20	46	0.98	sharing
4	3	84	1.79	storage	22	21	46	0.98	api
5	4	83	1.77	dmp	23	22	46	0.98	repositories
6	5	72	1.53	open	24	23	45	0.96	contact
7	6	72	1.53	orcid	……				
8	7	71	1.51	workshop	151	150	12	0.26	osf
9	8	70	1.49	dataspace	152	151	11	0.23	hub
10	9	63	1.34	dryad	153	152	11	0.23	ahead
11	10	62	1.32	caltechdata	154	153	11	0.23	traveling
12	11	62	1.32	databases	155	154	11	0.23	libguide
13	12	61	1.30	visiting	156	155	11	0.23	supplementary
14	13	60	1.28	funding	157	156	11	0.23	formats
15	14	59	1.26	privacy	158	157	11	0.23	extent
16	15	59	1.26	copyright	159	158	11	0.23	needs
17	16	56	1.19	anonymization	160	159	10	0.21	cycle
18	17	54	1.15	nih	总文本数	4698			

（二）主题高频关键词分析

对160个主题的高频关键词进行统计，去掉空关键词，得到1171个关键词的频次。另外，为了更好地反映主题文本数量对关键词在网站文本中实际出现频次的影响，本章根据主题文本数量的占比，为其高频关键词进行了加权，权重的计算公式为：权重＝（主题文本数/总文本数）×100，关键词的权重分类汇总得到关键词的文本量加权频次。表6-2列出了加权后频次最高的69个关键词的频次和加权后频次，加权频次越高的关键词序号越靠前。通过浏览高频关键词所在的句子可以发现，数据分析中有较多关于信息系统和数据可视化的内容，数据管理计划是许多科研资助机构的资助申请条件，数据隐私和安全涉及法律规定，RDM 服务会考虑不同的学科和需求，康奈尔大学和麻省理工学院的相关内容较多。根据这些发现，将表 6-2 中的高频关键词分为以下几类：地理信息系统和数据分析，如"systems""information""gis""maps""cartographic"；资助和数据管理计划，如"plan""agencies""funding""grant""dmp""proposal"；数据出版和引用，如"citation""style""reference""article""access"；数据存储和共享，如"options""storage""cloud""preservation""files"；数据隐私和安全，如"law"；版权和知识产权，如"copyright""right"；元数据，如"metadata"；研讨会、培训和咨询，如"training""workshop""email"；基础设施和工具，如"platform""software""dmptool""globus""repositories"；不同学科领域和需求，如"specific""science"；服务组织和人员，如"libraries""cornell""mit"。

表 6-2　　　　　　　　　　　主题关键词频次

序号	高频关键词	频次	加权频次	序号	高频关键词	频次	加权频次	序号	高频关键词	频次	加权频次
1	management	9	6.90	2	libraries	6	6.19	3	systems	2	5.51
4	information	2	5.47	5	gis	3	5.39	6	repository	7	5.36
7	maps	2	5.26	8	cartographic	1	4.73	9	geographic	1	4.73
10	geospatial	1	4.73	11	map	1	4.73	12	national	1	4.73
13	spatial	1	4.73	14	options	5	4.53	15	your	5	4.17
16	plan	6	3.98	17	citation	2	3.90	18	style	2	3.83
19	reference	2	3.79	20	article	2	3.62	21	files	6	3.62
22	author	1	3.38	23	citations	1	3.38	24	cite	1	3.38
25	cited	1	3.38	26	citing	1	3.38	27	styles	1	3.38
28	agencies	5	3.34	29	funding	5	3.34	30	grant	4	3.34
31	dmp	3	3.34	32	instruction	5	3.32	33	storage	5	3.28
34	edu	4	3.17	35	software	7	3.13	36	research	4	3.07
37	specific	4	3.04	38	dmps	2	3.04	39	science	3	2.98

续表

序号	高频关键词	频次	加权频次	序号	高频关键词	频次	加权频次	序号	高频关键词	频次	加权频次
40	cornell	6	2.94	41	platform	3	2.92	42	training	4	2.92
43	workshops	4	2.92	44	access	4	2.87	45	plans	3	2.87
46	search	3	2.87	47	university	4	2.87	48	proposal	4	2.85
49	sharing	5	2.85	50	doi	4	2.81	51	email	5	2.75
52	dmptool	3	2.75	53	mit	3	2.75	54	services	7	2.70
55	at	3	2.66	56	repositories	3	2.55	57	file	7	2.51
58	law	2	2.51	59	cloud	3	2.45	60	globus	2	2.45
61	preservation	4	2.41	62	suitable	3	2.41	63	campus	4	2.38
64	copyright	3	2.36	65	rights	3	2.36	66	metadata	5	2.30
67	statistical	5	2.28	68	workshop	2	2.23	69	template	2	2.21

（三）聚类分析

图6-1为160个主题的聚类结果，在距离为2时，160个主题分为10个聚类。聚类1主要关于数据出版、高校RDM服务团队和服务介绍、数据共享、数据安全、社会科学数据资源；聚类2主要关于数据保护和知识共享许可；聚类3主要关于存储库、分析工具和软件等基础设施；聚类4主要关于高校RDM的工具、指南和资源导航，数据存储、数据政策、服务人员、数据共享、数据分析基础设施、元数据、培训；聚类5主要关于DMP、数据存储、数据描述和检索；聚类6主要关于学科RDM、数据存储、数据安全、DMP、数据保护、学术资源、信息素养教育、数据管理的需求和帮助；聚类7主要关于研讨会和数据引用；聚类8主要关于出版和教育；聚类9、10主要关于数据可视化和存储。结合160个主题的聚类结果，和前文对主题高频关键词的分析，本章从以下11个维度对主题进行分类整理：（1）文献和资源；（2）数据管理计划；（3）数据隐私和安全；（4）数据分析和可视化；（5）数据组织和元数据；（6）数据存储和共享；（7）数据出版和重用；（8）基础设施和工具；（9）咨询、课程和研讨会；（10）资助机构和出版商政策；（11）服务人员和组织。其中，主要关于基础设施和工具介绍的主题

纳入维度8，不按照其相关的服务内容如数据管理计划、数据处理和组织、数据分析和可视化、数据存储和共享等划分，具体整理结果见表6-3。

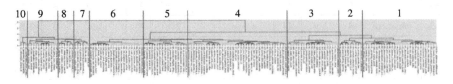

图6-1　主题聚类图

根据主题数大小，将表6-3中的主题维度划分为三大类进行分析：

第一类：主题数为24和28的维度。

维度6数据存储和共享，维度8基础设施和工具，维度9咨询、课程和研讨会这三个维度的主题数和文本数最多，这在一定程度上反映了这三个维度是RDM服务的重中之重。数据存储库是许多高校开展RDM服务的主要载体，而数据存储和共享是数据存储库的主要功能，这使得数据存储和共享成为了RDM服务的核心内容。基础设施和工具是RDM开展的重要基础，在RDM的各阶段为用户提供支持。咨询、课程和研讨会往往贯穿RDM服务全过程，是重要的服务形式。

第二类：主题数为8—16的维度。

维度1文献和数据资源，维度3数据隐私和安全，维度4数据组织和元数据，维度11资助机构和出版商政策的主题数和文本数整体上较为相近，其中维度1、11为RDM提供了数据、资金和政策方面的资源和支持，维度3、4是RDM相关的重要环节，是RDM服务需要考虑的重要内容。维度7数据出版和重用的主题数没有明显多于其他维度，但文本数却比较多，反映了该维度的内容在主题上较为集中，这可能是由于该维度相关内容受到的关注较多，并且已经形成了一定的核心规范。数据出版和重用是科研项目后期的重要活动，是实现数据生命周期循环的关键。维度10服务人员和组织的主题数和文本数都较多，反映了该维度的内容和形式较为丰富。服务人员和组织是RDM服务的最终实施者，较多高校设置了专门的人员和团队开展 RDM 服务。维度 5 数据分析和可视化的文本数相对较少，可能是由于数据分析和可视化较为需要工具的支持，较多的相关内容被划分到了基础设施和工具中。

第三类：主题数为 4 的维度。

通过高频关键词可知，DMP 相关的内容较多，但维度 2 数据管理计划的主题数和文本数却最少，这可能是因为 DMP 涉及 RDM 多方面的计划，如数据类型、元数据、数据保护、数据保存和数据共享等，所以很多相关内容被划入了其他主题和聚类中。

表 6-3　　　　　　　　　　　主题维度划分

序号	主题维度	包含主题	内容描述	主题数	文本数	占比（%）
1	文献和数据资源	136、26	统计数据库（如中国数据在线）和社会科学数据库（如 ICPSR）	11	284	6.05
		125、72	COVID 开放研究数据集；数据管理资源导航			
		98、113、93、34	统计数据、出版物；数据资源；由政府和其他组织收集的常用数据和统计资源			
		80、11	馆藏和数据库			
		130	开放学术资源			
2	数据管理计划	77	研究数据管理服务团队（RDMSG）数据管理计划（DMP）帮助	4	68	1.45
		152	DMP			
		131、91	DMP 的优势和 DMPTool；DMP 介绍和要求			
3	数据隐私和安全	116、81、73	数据风险分类、数据共享指南、数据保护和归档	11	271	5.77
		53、14、20、141、65、145	图书馆用户隐私保护；数据共享中的敏感信息保护、数据去标识化；隐私政策、隐私保护、个人信息安全；评估数据风险级别			
		115	GDPR 中的"个人数据"，隐私保护，个人和健康标识符去识别			
		153	出国旅游数据保护			

序号	主题维度	包含主题	内容描述	主题数	文本数	占比（%）
4	数据组织和元数据	112、84、119	快速链接，描述需要数据的关键字；自述文件；文件命名	12	272	5.79
		128、63、38、144、45	元数据的定义、元素及使用；元数据和数据描述；DOI；数据库搜索；元数据标准			
		99	协助为通过 CUGIR 分发的数据准备元数据			
		156	数据格式			
		27、52	元数据、用来识别属性和描述研究数据的信息、为数据处理提供清晰的文档；数字化、元数据、版权、知识产权的统一服务点			
5	数据分析和可视化	142、107、124、122、95、42	数据分析；综合数据服务器以及相关统计软件接入；人口普查数据；统计软件；数据分析工具；定制的生物信息学分析长期研究合作和数据库开发	9	188	4.00
		105、61、43	数据可视化工具；GIS；数据可视化服务			
6	数据存储和共享	126、100、151	上传文件大小限制；安全文件传输、临时传输；文档和文件存储	24	642	13.67
		6	使用 ORCID 登录			
		71、101、25	ICPSR、数据保护、敏感数据存储与分析、数据去标识化、数据归档和共享；数据库中的个人信息；JHU Data Archive 服务			
		85、19、110、149	有效地组织数据以访问记录上下文以实现可重复性并安全地保持工作和物理完整性；数据存储、迁移、版本控制；跟踪研究数据和文档；长期存档、保存、访问、共享数据			
		88、60、157	数据、数据管理的定义；数据保留要求；数据删除、撤回、更改			
		140、79	学科存储库、主题存储库			
		76、106	文件存储；数据存储、数据恢复			
		139	数据收集和存储计划			
		102	准备和/或存放数据集方面的帮助			
		67	SMARTech 开放存储库数据提交指南			
		135、3	备份服务；存储和备份服务（存储选项、云存储服务）			
		16	数据存储和共享、数据匿名化			

续表

序号	主题维度	包含主题	内容描述	主题数	文本数	占比（%）
7	数据出版和重用	114、70、155	FAIR原则；学科索引、数据库；期刊数据出版要求	13	527	11.21
		78、15、1	知识产权、版权（指南、调查、介绍）；版权政策、版权法律、版权信息；数据引用			
		5	开放获取，开放获取政策，出版			
		59、57、66、50	开放获取周、数据可访问性、数据收集；外部数据使用条款、数据访问限制			
		123	针对出版需求的合规支持			
		24	知识共享（cc）许可			
8	基础设施和工具	8、4、32、94、87	DataSpace在线存储库；DMPTool；工作站、实验室、数据可视化工作室、DataLab；Lab Archive电子实验室笔记本软件；CaltechDATA	28	1094	23.29
		134、44、33、143、74	康奈尔大学图书馆的永久数字图书馆；明尼苏达大学DRUM的数据存储库；佐治亚理工学院SMARTech存储库；布朗大学BDR机构存储库、布朗大学Dataverse存储库；引文管理软件			
		28、21、41、30、146、97	在线协作工具和工作平台；API；GIS数据实验室；GIS资源、GIS实验室和相关研讨会			
		150	OSF学术网络工具			
		83、0、10	软件；GIS；CaltechDATA存储库			
		35	数据管理系统的软件基础设施、定制软件开发			
		111、9	GitHub代码版本库；Dryad数据存储库			
		22	查找数据库的工具和资源			
		58、96	REDCap应用程序（用于构建和管理在线数据库和调查）；为生物学家配置的云计算资源，提供多个高性能计算服务器网络存储			
		127	电子实验室笔记本（ELN）试点项目			
		154	LibGuide（包含用于学习数据管理和在研究工作流程中实施数据管理技术的资源）			

续表

序号	主题维度	包含主题	内容描述	主题数	文本数	占比（%）
9	咨询、课程和研讨会	51、7	开放教育资源（OER）知识库；其他研讨会、课程	24	613	13.05
		69、55、68、132、108、47	咨询、定制研讨会、定制课程；数据服务预约、数据服务反馈；信息会议、研讨会、培训；数据采购建议；数据服务邮件列表			
		148、92	咨询；链接、更多信息、指南			
		62、23、109、64	联系以获取数据管理支持；联系			
		104、75、117、39	元数据咨询；数据分析统计咨询；咨询培训和数据管理服务、存储和处理数据有多种选择；研究数据管理研讨会、培训			
		121、18、138	研讨会、研究信息系统（RIS）、开放学术；常见问题解答、MIT研究数据原则、DMP；科研数据生命、研讨会			
		158	分享如何进行数据管理，帮助了解和进行RDM			
		37	信息素养和数据素养教育（工具包、课程、研讨会、专业培训）			
		129	研讨会幻灯片和资源			
10	服务人员和组织	118、29、103、54	哈佛图书馆RDM服务；康奈尔大学RDM服务团队和活动；图书馆服务；华盛顿大学数据服务团队	16	439	9.34
		120、137、12、2	图书馆DMP编写、数据发布、可访问支持服务；图书馆和图书馆员RDM服务；员工或学科馆员、联络人、信息素养和数据素养专家；图书馆员、数据服务馆员、数据管理负责人、评估数据分析师、元数据协调员、数字存储经理			
		86、49	华盛顿大学图书馆的数据服务团队，戴维斯图书馆研究中心，支持数据科学计划和数据管理的人员（提供跨学科服务）；地球观测数据网（DataOberservation Network for Earth，DataONE）			
		82、56	华盛顿大学图书馆RDM服务；跨学科组织科研数据服务（RDS）、校园范围的协作组织科研数据管理服务团队（RDMG）			
		147	数据和可视化中心主任、GIS专家、数据科学图书馆员、数据可视化分析师、研究数据管理顾问			
		159、46、36	图书馆为在整个研究生命周期中使用数据的人员提供服务资源和帮助；霍普金斯大学数据服务；RDM服务介绍和指南			

续表

序号	主题维度	包含主题	内容描述	主题数	文本数	占比（%）
11	资助机构和出版商政策	48、13、133	资助机构、期刊对共享和保存数据的要求；NSF 和 NIH 申请资助时的 DMP 提交要求；UCI 帮助完成资助机构要求	8	270	5.75
		90、89、40	联邦机构公共获取政策；数据管理计划，拨款要求；资助机构和出版商数据管理计划要求			
		31、17	OSTP 备忘录；美国国家科学基金会（NSF）拨款申请指南、美国国立卫生研究院（NIH）数据管理和共享政策			

第二节　高校图书馆科研数据管理服务模式要素词典

基于美国高校图书馆网站 RDM 服务页面文本的主题分析和聚类分析，结合科研项目生命周期和前期对 RDM 服务需求的调查，下面从要素框架、要素注解和要素关系三方面构建 RDM 服务模式的要素词典。

一　要素框架

本书将 RDM 服务要素，分为流程要素、内容要素、支持要素和形式要素四大方面，其中流程要素是用户 RDM 活动和图书馆 RDM 服务发生的阶段，包括科研项目周期和数据生命周期，科研项目周期分为项目的前期、中期、后期，数据生命周期分为计划、数据收集、数据处理、数据分析、数据存储、数据共享、数据重用七个阶段；内容要素是 RDM 服务内容的主题，包括数据管理计划、数据隐私和安全、数据组织和元数据、数据分析和可视化、数据存储和共享、数据出版和重用；支持要素是服务内容实现所需的支持，包括文献和数据资源、服务人员和组织、资助机构和出版商政策，以及基础设施和工具；形式要素是服务内容提供的方式，包括线上和线下，定制和普适，咨询、课程和研讨会咨询三种划分维度。要素的框架和基本对应关系见图 6-2。

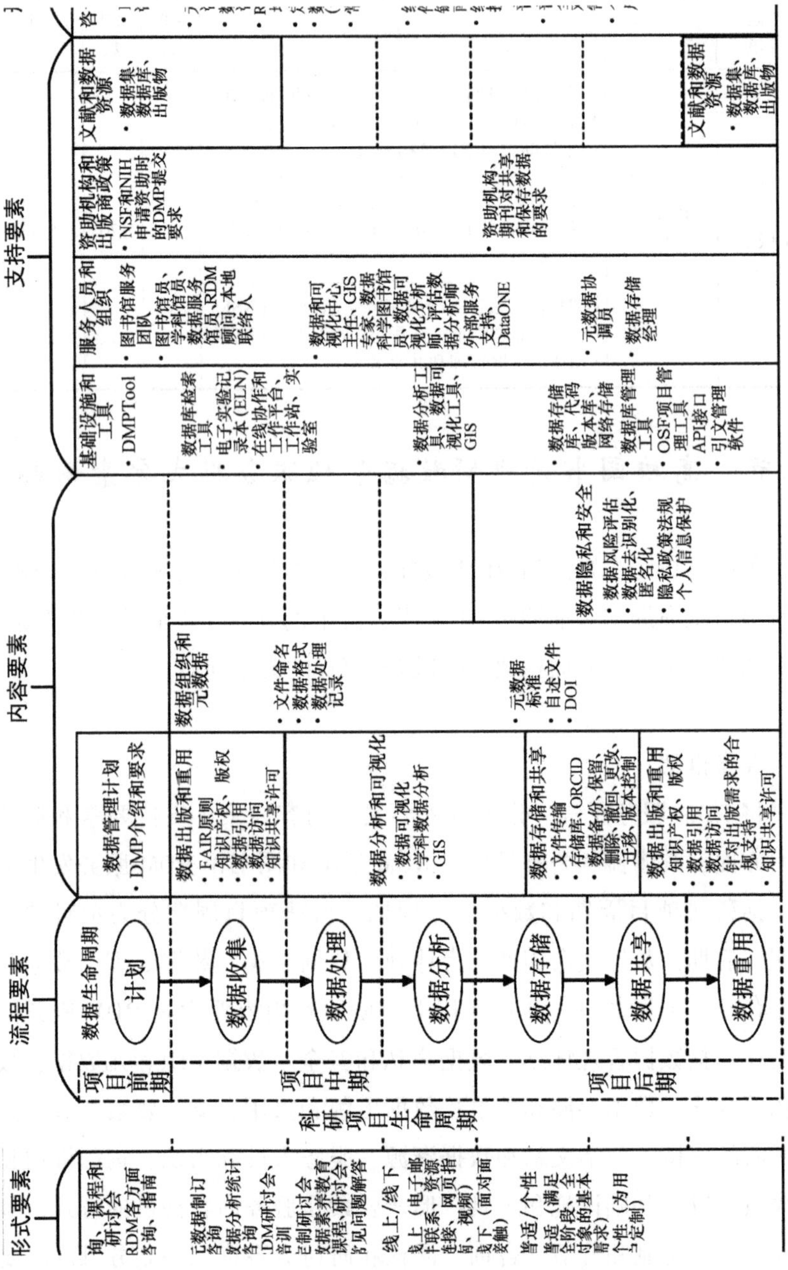

图 6－2　高校图书馆科研数据管理服务模式要素框架

形式要素
…询、课程研讨会、RDM 各方面咨询、指南
已数据制订、数据分析统计咨询、数据资源咨询、RDM 研讨会培训
已制研讨会教育课程素养研讨会、常见问题解答
线上/线下
线上（电子邮件、视频、网页资源、链接）、线下（面对面交流）
舒适/个性
普适（满足全体对象的基本需求）、个性（为用户定制）

流程要素
数据生命周期：计划 → 数据收集 → 数据处理 → 数据分析 → 数据存储 → 数据共享 → 数据重用
科研项目生命周期：项目前期、项目中期、项目后期

内容要素
- 数据管理计划：DMP 介绍和要求
- 数据组织和元数据
- 数据出版和重用：FAIR 原则、知识产权、版权、数据引用、数据访问、知识共享许可
- 文件命名、数据处理记录、文件命名格式
- 数据分析和可视化：数据可视化、学科数据分析、GIS
- 数据存储和共享：文件传输、数据存储、ORCID、数据修改、截留、更改、删除、版本控制、迁移、版本控制
- 元数据标准、自述文件、DOI
- 数据隐私和安全：数据风险评估、数据去识别化、匿名算法、隐私政策法规、个人信息保护
- 数据出版和重用：知识产权、版权、数据访问、数据引用、针对出版需求适合的合规支持、知识共享许可

支持要素
- 基础设施和工具：DMPTool、数据库检索工具、电子实验记录本（ELN）、在线协作平台、工作站、实验室、数据分析工具、数据可视化工具、GIS、数据存储库、版本代码、网络存储、数据库管理工具、OSF 项目管理工具、API 接口、引文管理软件
- 服务人员和组织：图书馆团队、图书馆员、学科馆员、数据服务顾问、RDM 顾问、本地联络员、数据中心、数据可视化主任、GIS 专家、科学图书馆员、数据分析师、评估师、数据可视化外部服务支持、DataONE、元数据协调员、数据保管经理
- 资助机构和出版商政策：NSF 和 NIH 申请资助时的 DMP 提交要求、资助机构和期刊对共享和保存数据的要求
- 文献和数据资源：数据集、数据库、出版物

二　流程要素注解

（一）科研项目生命周期

科研项目生命周期（research project lifecycle）是科研项目从计划到结项经历的所有阶段以及相应的管理过程。在大多数情况下，新的研究项目基于从先前项目结果中开发的假设或问题开始其生命周期。根据第二章对科研项目生命阶段的划分，科研项目生命周期有前期、中期、后期三个阶段，前期主要包括项目资金来源选择、项目计划或申报，以及项目相关事项调研和准备三方面管理活动，中期主要包括项目实施和监管两方面管理活动，后期主要包括项目成果验收、存储和推广三方面管理活动。

（二）数据生命周期

数据生命周期（data lifecycle）是从数据第一次被获取或生产开始经历的所有阶段。本要素框架还在数据生命周期六个阶段的基础上考虑了获取或生产数据之前的规划阶段，将数据生命周期划分为计划、数据收集、数据处理、数据分析、数据存储、数据共享以及数据重用七个阶段。其中，数据收集（data collection）或数据获取（data acquisition）阶段的管理活动可分为两种类型：一是自己通过实验、调查和观察等方式生产和获取一手数据；二是从网站、数据存储库等来源获取可以用于或辅助自身研究的二手数据。数据处理（data processing）阶段涉及对收集的原始数据进行处理的各种活动，可以包括数据清理和数据格式转换等活动，数据清理又称数据修改或数据整理指将数据集进行清理并使其转化为更易于访问和使用的形式，数据格式转换指将数据格式转换为可以更有效地存储或更易于查看或分析的格式。

三　内容要素注解

（一）数据管理计划

数据管理计划（Data Management Plan，DMP）是一份常与资助申请一起提交的简短书面文件，概述了研究人员在研究项目过程中期望获取或生成的数据，他们将如何管理、描述、分析和存储这些数据，以及在项目结束后他们将如何共享和保存他们的数据。美国高校的 DMP 主要为资助机构资助提供政策导向。

（二）数据隐私和安全

这里的数据隐私（data privacy）指用户的"个人数据（个人信息）"及其保护。欧盟《通用数据保护条例》（gdpr）对"个人数据"的定义是"与已识别或可识别的自然人（'数据主体'）相关的任何信息。可识别的自然人指可以直接或间接识别的人，特别是通过一个标识符，如姓名、身份证号、位置数据、在线标识符等，或一个或多个该自然人的相关因素，如物理特征、生理特征、遗传特征、心理特征、经济特征、文化特征或社会特征等识别"[①]。中国《个人信息保护法》对"个人信息"的定义是以电子或者其他方式记录的与已识别或者可识别的自然人有关的各种信息，不包括匿名化处理后的信息[②]。数据安全（data security）是指保护数据免受未经授权的访问、使用、变更、披露和破坏。数据隐私保护和数据安全的主要措施有数据风险级别评估、数据去标识化和数据匿名化。数据隐私和安全常在数据共享阶段讨论，如许多数据平台在共享数据前会要求对数据进行去标识化；数据共享指南往往包含数据隐私和安全相关的操作规范。数据隐私和安全还常在人类受试者参与时强调，许多政策和规范要求对人类受试者的个人信息去标识化，以保护研究参与者的隐私。

（三）数据组织和元数据

数据组织（data organization）是对数据进行分类和分级，以使其更可用的实践[③]。元数据是数据组织的重要工具。元数据（metadata）是结构化信息，用于描述、解释、定位信息资源，或者以其他方式使检索、使用或

---

① Intersoft Consulting, "General Data Protection Regulation"（June 29, 2022）, https://gdpr-info. eu/art-4-gdpr/.

② 中华人民共和国中央人民政府：《中华人民共和国个人信息保护法》, http://www. gov. cn/xinwen/2021/08/20/content_ 5632486. htm, 2022 年 6 月 29 日。

③ Sisense, "Data Organization"（June 29, 2022）, https:// www. sisense. com/glossary/data-organization/.

管理信息资源变得更容易。元数据有三种类型：一是结构性元数据，表示复合对象是如何组合在一起的，如页面如何排序形成章节；二是描述性元数据，描述要发现和识别的资源的内容，可以包括标题、摘要、作者和关键词等元素；三是管理性元数据，提供帮助管理资源的信息，如资源何时和如何被创建，它的文件类型是什么，以及谁可以访问它①。不同的研究团体已经制定了元数据标准，以帮助他们的团体成员以相同的方式描述他们的数据，并确保至少关于样本，以及样本分析和结果的必要描述性信息能够被收集，以将这些信息用于报告。常见的元数据标准有柏林核心（Dublin Core）和数据文档倡议（Data Documentation Initiative，DDI）等。数字对象标识符（DOI）是分配给在线（期刊）文章、书籍和其他作品的唯一且永不更改的字符串，使检索作品变得更容易，常存在于元数据中②。自述文件（readme file）是通常位于数据集根目录的文本文件，提供有关数据文件的信息，旨在确保您或其他人以后在共享或发布数据时能够正确解释数据。康奈尔大学在"编写自述式元数据指南"中指出在没有适当元数据标准的情况下，对于内部使用，编写"自述文件"样式的元数据是一种适当的策略③。为了研究人员能更好地选择和使用元数据标准，不同的组织和机构向研究人员提供了关于元数据标准的工具，如FAIRsharing门户网站提供了数据标准的检索工具；数字监管中心（Digital Curation Centre，DCC）编制了元数据标准清单。许多美国高校为用户提供了元数据制定服务，并将这些工具的链接在网站列出供用户选择和使用。

（四）数据分析和可视化

数据分析（data analysis）是系统地应用统计和逻辑技术来描述和说

---

① University of Texas Libraries，"Metadata Types"（June 29，2022），https://guides. lib. utexas. edu/metadata-basics/key-concepts.

② Scribbr，"What is a DOI？ | Finding and Using Digital Object Identifiers"（May 9，2022），https://www. scribbr. com/citing-sources/what-is-a-doi/.

③ Kathryn and Shelby Cullom Davis Library，"Readme. txt"（May 13，2022），https://libguides. graduateinstitute. ch/rdm/readme.

明、浓缩和概括以及评估数据的过程①。不同学科对数据分析工具的需求程度和类型需求存在不同，高校提供了针对特定学科的数据分析服务，如康奈尔大学提供了定制的生物信息学分析和为生物学家配置的云计算资源②。数据可视化（data visualization）指通过图表、图形、地图和其他可视化格式对数据进行描绘，以帮助识别数据中的趋势和关系③。GIS 是一个创建、管理、分析和映射所有类型数据的系统④，是美国高校 RDM 服务的一项重要数据分析和可视化工具。

（五）数据存储和共享

数据存储（data storage）指在存储介质中存储数据⑤。大部分国外高校都有数据存储库服务。数据存储库（data repository）是保存数据、使数据可供使用并以逻辑方式组织数据的地方，也为数据共享提供了平台。数据存储库实践常涉及数据的上传，数据的备份和归档，数据的删除、撤回和更改，数据的迁移，以及数据的访问和共享。数据上传（data upload）指将数据从用户的计算机或原先的存储介质传输到数据存储库。数据备份（data backup）是将数据从主要位置复制到次要位置，以在发生灾难、事故或恶意行为时保护数据⑥，云存储是数据备份的一种常用方式。数据归档（data archive）是将不再主动使用的数据移动到单独的存储设备以进行长期保留⑦。前者主要是为了保障数据及时使用，后者主要是为了实现数据长期保存。数据的删除（remove）、撤回（withdrawn）和更改（change）

---

① Northern Illinois University, "Data Analysis" (May 13, 2022), https:// ori. hhs. gov/ education/products/n_ illinois_ u/datamanagement/datopic. html.

② Cornell Institute of Biotechnology, "Customized Bioinformatics Analyses" (May 13, 2022), https://www. biotech. cornell. edu/core-facilities-brc/services/customized-bioinformatics-analyses.

③ Qlik, "Data Visualization Examples" (May 13, 2022), https:// www. qlik. com/us/data-visualization/data-visualization-examples.

④ Esri, "What is GIS?" (May 12, 2022), https://www. esri. com/en-us/what-is-gis/overview.

⑤ Wikipedia, "Data Storage" (May 13, 2022), https://en. wikipedia. org/wiki/Data_ storage.

⑥ Cloudian, "Data Backup in Depth: Concepts, Techniques, and Storage Technologies" (May 13, 2022), https://cloudian. com/guides/data-backup/data-backup-in-depth/.

⑦ HCL, "What is Data Archival?" (May 12, 2022), https://www. hcltech. com/technology-qa/ what-data-archival.

分别指将数据从存储库中彻底删除、将数据撤出公众视野和对数据进行修改的相关操作。数据的迁移（migrate）指将数据转移到新的格式或新的系统。在数据更改和迁移中，需要注意数据旧版本的保留和备份，必要时还需要建立数据新旧版本间的链接，以便于数据的恢复和其他人了解数据的更新情况。数据访问（data access）是用户访问或检索存储在数据库或其他存储库中的数据的实践，是用户对数据进行获取、删除和修改等操作的前提。数据共享（data sharing）是用户将用于学术研究的数据提供给其他研究人员的实践①。另外，数据存储库还要在各相关的实践环节考虑数据隐私和安全，采取相应的措施对数据进行保护。高校的数据存储库一般提供给本校的学生和教职员工使用，用户可以通过学校账号或 ORCID 等方式登录数据存储库。一些组织和机构还提供了针对不同学科的存储库，以应对不同学科的科研数据存储、组织和管理需求。

（六）数据出版和重用

数据出版（data publishing）是指通过一定的公共机制发布科研数据集（数据的集合），使得公众根据一定规则可以发现、获取、评价和应用这些数据集的过程。相比数据共享，数据出版更强调作者影响力的扩大和数据质量的控制。数据出版主要有独立出版和集成出版两种模式，独立出版指数据以独立学术成果的形式出版，主要包括通过数据存储库直接出版和以数据论文形式出版；集成出版指数据与学术论文集成出版，主要包括两类：一是学术论文出版时正文或附件中含有支撑该论文核心论点的原始数据；二是学术论文引用作者提交至存储库的支撑该论文核心论点的数据后出版②。数据出版还是开放获取运动的组成部分。开放获取（open access）是一种学术信息共享的开放理念和出版机制，也是推动学术成果在互联网上自由地出版、交流与传播、利用等而采取的一系列行动③。

---

① Wikipedia，"Data Sharing"（May 12, 2022），https://en.wikipedia.org/wiki/Data_sharing.

② 黄国彬、王舒、屈亚杰：《科学数据出版模式比较研究》，《大学图书馆学报》2018 年第 1 期。

③ 涂志芳、刘兹恒：《国内外学术图书馆参与开放存取出版的实践进展述略——从出版途径的视角》，《图书与情报》2017 年第 3 期。

数据重用（data reuse）指将科研数据用于非最初的研究活动或目的①。共享和出版数据的一个重要目的就是使数据可被发现和获取，从而促进数据的重用。数据重用主要有两种类型：一是利用数据对原始研究的结果进行验证；二是对数据进行进一步了解和分析，以产生新的见解。数据提供方需要对自己的数据进行授权，让其他人知道如何使用数据，在保护自身知识产权的同时，促进数据在更大的范围的使用。数据使用方需要得到授权，并对数据进行规范的引用，避免侵权行为的发生。在数据出版和共享中，研究人员常使用知识共享许可协议（Creative Commons License）（又称CC协议）来详细说明数据使用条款，授予其他人共享、使用和处理其作品的权利，并明确数据引用的规范，以减少数据重用的法律和技术障碍。FAIR（FAIR，Findable，Accessible，Interoperable，and Re-usable）数据原则是 RDM 服务的一项重要规范，描述了如何组织和记录数据，从而使其他用户和计算机系统更易查找、访问、互操作和重用数据②。根据 FAIR 数据原则准备和共享数据可以促进研究的发现和重用，所以 FAIR 原则经常在数据共享和数据重用服务中被强调。

四　支持要素注解

（一）文献和数据资源

文献和数据资源既包括图书馆存储并提供访问的文献、数据和数据集，也包括图书馆提供导航和链接的外部文献、数据和数据集。

（二）服务人员和组织

服务人员是图书馆内外共同实施图书馆 RDM 服务的人员，包括学科馆员、数据馆员、其他馆员，图书馆邀请和应聘的专家，以及不同学院、

---

① Network of the National Library of Medicine, "Data Reuse" (May 13, 2022), https://nnlm.gov/guides/data-thesaurus/data-reuse.

② Cornell University, "Preparing FAIR Data for Reuse and Reproducibility ｜ Research Data Management Service Group" (May 13, 2022), https://data Research Cornell. edu/content/preparing-fair-data-reuse-and-reproducibility#: ~ : text = The%20FAIR%20Principles%20describe%20how%20data%20can%20be, can%20facilitate%20discovery%20and%20reuse%20of%20your%20research.

系或专业的本地 RDM 服务联络人。服务组织是为在高校推广良好的 RDM 服务实践，按照一定的结构形式、活动规律结合起来的，提供 RDM 服务的服务人员群体，包括提供 RDM 全阶段服务的团队，以及针对 RDM 服务某个阶段或方面提供支持的团队。

（三）资助机构和出版商政策

资助机构是为特定领域的计划、项目和个人提供赠款、奖学金或其他形式支持的组织。资助机构可能是非营利组织、私人基金会或政府办公室。作为对科学技术和政策办公室（Office of Science and Technology Policy, OSTP）公共访问备忘录的回应，大多数资助机构要求每个资助申请都有一个 DMP。在政策驱动下，许多高校都开展了 DMP 服务，帮助研究人员制定符合资助机构要求的 DMP。例如，美国国立卫生研究院（NIH, National Institutes of Health）和美国国家科学基金会（NSF, National Science Foundation）的数据共享政策和 DMP 要求在美国高校 RDM 服务中提及较多，这些资助机构对资助项目范围进行了规定，并对提交资助申请项目的数据共享和 DMP 提出了要求[1][2]。

出版商政策主要为期刊和数据库的数据出版政策，主要包括期刊文章发表的附带数据要求和数据论文出版要求，以及 RDM 指南。美国高校主要关注的出版商有爱思唯尔（Elsevier）、PLOS、《自然》（Nature）和《科学》（Science）。其中，爱思唯尔建议作者将他们的数据集存放在相关的数据存储库中或通过其他渠道提供[3]；PLOS 要求除了数据已经构成文章一部分的情况，文章所有数据和相关元数据都必须存放在相关且可公开访问的数据存储库中[4]；《自然》要求作者在其杂志上发表文章时，向读者提供其

---

① NHI Scientific Data Sharing, "Data Management and Sharing Policy" (May 13, 2022), https://sharing. nih. gov/data-management-and-sharing-policy.

② National Science Foundation, "ENG Guidance on Data Management Plans" (May 13, 2022), https://www. nsf. gov/eng/general/dmp. jsp.

③ Elsevier, "Research Data" (May 13, 2022), https:// www. elsevier. com/about/policies/research-data.

④ Plos One, "Data Availability" (May 13, 2022), https:// journals. plos. org/plosone/s/data-availability.

所有材料、数据、代码和所有相关协议，并鼓励作者在《科学数据》（Scientific Data）中发布数据描述符[①]；《科学》要求作者将理解、评估和阐述稿件中提出的结论所必需的所有信息提供给杂志的读者，并要求数据集必须存放在批准的存储库中[②]。

（四）基础设施和工具

基础设施和工具指辅助 RDM 活动或为 RDM 活动实现提供基础的硬件和软件，包括实验室、工作站、协作平台、项目管理工具、数据存储库，以及其他 RDM 阶段的辅助设备和工具。其中，数据存储库是最为核心的基础设施，美国高校大多有自己的数据存储库，或建议的外部存储库，一些存储库已经具备了数据提交、审核、DOI 分配、存储、分析、维护、共享和出版等功能，能够实现一站式的数据存储和共享服务。

五 形式要素注解

本要素框架将 RDM 服务的形式维度分为了线上和线下，定制和普适，咨询、课程和研讨会三类，不同维度的形式要素相互组合，构成更为具体的服务形式。在线上和线下方面，一些线上服务形式在高校图书馆网站非常常见，包括电子邮件、资源链接、网页指南和视频等。许多服务会同时提供线上和线下两种形式，如线上和线下的咨询和研讨会。在定制和普适方面，有定制的服务，如定制研讨会和个性化的咨询服务；也有普适的服务，如常见问题解答和 RDM 服务访问咨询。在咨询、课程和研讨会方面，咨询更倾向于间歇的单次服务时间持续较短的服务形式，一般是为了满足用户即时的需求；课程一般是系统的有各种特定主题的教学活动和培训，除了本校开设的课程，还有很多开放教育资源可供师生和研究人员获取和使用，如慕课（MOOC）提供的在线课程资源；研讨会一般是定期举办的

---

① Springer Nature, "Research Data Publishing" (May 13, 2022), https://www.springernature.com/gp/authors/research-data/research-data-publishing.

② Science, "Data and Code Deposition" (May 13, 2022), https://www.science.org/content/page/science-journals-editorial-policies#data-and-code-deposition.

不同主题的前沿学术交流会，如每年开放获取周的系列研讨会。

六　要素关系分析

图6-3展示了要素间的关系，本章从流程要素间、内容要素间、流程要素与内容要素、内容要素与形式要素、支持要素与内容要素五个关键关系出发进行分析。

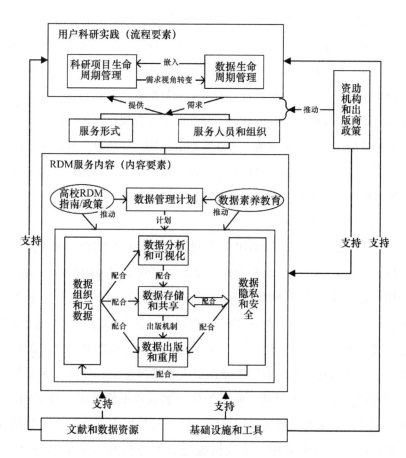

图6-3　高校图书馆科研数据管理服务模式要素关系

（一）流程要素间关系

对于RDM服务开展并不成熟的高校或学科来说，研究人员在实践中更多地采用科研项目生命周期视角，因为大多高校都为研究人员提供了科研项目的立项申报，并制定了相应的科研项目管理办法。但 RDM 服务多从数据生命周期的角度进行设计，这使得 RDM 服务出现了两个关键问题：一是服务不能准确针对用户需求；二是用户没有意识到自己可以采用 RDM 服务。为了解决这些问题，RDM 服务需要打通科研项目生命周期和数据生命周期，了解用户在科研实践中的需求，并让用户知道在科研项目的不同阶段应该采取怎样的 RDM 实践。科研项目生命周期与数据生命周期的各阶段不是一一对应的关系，数据管理往往嵌入在项目管理的过程中，在科研项目结束后，数据仍可以继续被保存、共享和使用①。在项目前期，用户需要选择资助来源和撰写项目申请，这个时候主要发生关于数据管理计划的相关活动。在项目中期，用户需要收集和分析数据，并确保研究合规，这个时候主要发生数据收集和数据分析，以及对他人共享数据的重用。在项目后期，用户需要将研究成果进行发表，对数据进行共享，并对研究记录进行保存，这个时候主要发生数据存储、数据共享，以及对数据重用的授权。

（二）内容要素间关系

6 个不同的内容要素在 RDM 服务过程中需要相互配合，其配合主要体现在以下几个方面：一、数据管理计划服务对其他服务内容的采用起到推动作用。数据管理计划是围绕数据生命周期制订的，涉及其他内容要素的计划，这帮助用户在研究的开端就意识到自己在 RDM 过程中可能需要的服务，进而推动服务的采用。二、元数据服务常与数据共享和出版服务同时提供。数据只有能被检索到才能在更大范围被获取和使用，而元数据就是检索得以实现的关键因素，所以如何编制元数据使数据符合 FAIR 原则得到了很多图书馆和科研用户的关注。三、元数据服务有时会与数据分析和可视化服务同时被采用。元数据也是数据分析和可视化的一个对象。四、数据存储和共享服务与数据隐私和安全服务关系密切。在数据存储和

---

① Princeton University Library, "Research Lifecycle Guide" (May 14, 2022), https://researchdata. princeton.edu/research-lifecycle-guide/research-lifecycle-guide.

共享过程中要注意数据隐私和安全，因为在这些过程中数据会经历传输、访问和修改等操作，数据可能会因为技术问题和黑客攻击而遭到破坏和泄露，并且数据可能不再只存在于用户自己的设备中，更容易被他人获取、使用和修改，个人信息泄露的风险也变得更大。五、数据出版与重用服务也要关注数据隐私和安全。数据出版在共享数据的过程中有更复杂的机制，这时候用户需要根据出版商的要求进行数据存储等操作，图书馆则根据出版商的要求为用户提供相关的指导。六、高校 RDM 政策和信息素养教育推动各内容要素的形成和实现。这两项服务没有作为独立的内容要素列出，但这两项服务的内容已经包含在了其他 6 个内容要素中，是各项服务内容形成的关键。

（三）流程要素与内容要素的关系

通过要素框架可知，流程阶段和服务内容也不是一一对应的关系，数据生命周期的一个阶段可能需要多种服务，一项服务可以提供给数据生命周期的多个阶段。厘清流程要素和内容要素的关系，可以帮助我们了解 RDM 服务需求和供应之间的关系。在计划阶段，用户主要进行项目的计划和 DMP 的制定，同时需要了解 DMP 的内容结构和资助者的要求，所以图书馆在该阶段提供相应的指导服务，帮助用户按照资助者的要求制定 DMP。在数据收集阶段，用户除了利用设备、工具或其他方式进行数据的生产外，还可能需要从合适的数据源获取二手数据进行使用，这个时候用户可能会主动采用图书馆的数据出版和重用服务，以更好地实现数据访问、数据引用等操作。在数据处理阶段，用户会对获取和生产的数据进行清洗、格式转换等操作，对图书馆数据组织和元数据服务中的数据格式、数据处理记录等产生需求。在数据分析阶段，用户可能需要获取数据分析的工具或辅助，以及学习数据分析的方法和技术，所以图书馆在该阶段提供数据分析和可视化服务。在数据存储阶段，一方面，用户自身会产生对数据存储平台的需求，另一方面，很多高校会主动要求用户将数据存储到图书馆提供的或其他指定的存储库中，用户在使用存储库时需要根据一定的要求对数据文件进行上传，对元数据进行制定，以及对数据进行去标识化或匿名化等，所以在用户采用数据存储服务的同时，图书馆又主动向他们提供了数据组织和元数据、数据隐私和安全服务。双方的推动使数据存储服务得到了很高的重视。在数据共享阶段，用户主要通过数据存储库和学术期刊等渠道将自己的数据提供给其他研究人员，这个时候用户对数据共享、元数据、数据出版，以及数据隐私和安全服务的需求较为强烈。在数据重用阶段，用户一方面需要通过数据存储和共享、数据出版和重用，以及数据组织和元数据服务使自己的数据更有可能被重用，另一方面需要通过这些服务帮助自己去重用他人的数据，这其实就回到了数据收集的阶段。

（四）形式要素与内容要素的关系

形式是内容的载体，只有服务内容但没有提供的方式，服务也无法实现。服务内容一般都会配有线上和线下的服务形式，但随着互联网的发展，线上服务越来越广泛，链接、在线指南、在线视频等成了普适性服务提供的重要形式，线上研讨会由于其灵活性成为了个性化服务最常见的形式之一。课程是数据素养教育实现的一个重要形式。数据素养是一套综合能力，包括对数据的反思发现，对数据如何产生和价值的理解，以及在创造新知识和道德地参与学习社区中使用数据。由于数据素养教育包含在服务内容的各要素中，没有作为单独一类服务内容列出。

（五）支持要素与流程要素的关系

在基础设施和工具方面，数据生命周期的不同阶段对设施和工具的需求类型和依赖程度存在差异，并受到学科等因素的影响。计划阶段对设施的依赖程度很小，用户一般有一台可以联网和编辑文档的计算机就足够，在该阶段图书馆主要提供 DMPTool 软件对用户的 DMP 进行支持。但数据收集、处理与分析阶段对设施和工具的依赖程度就比较大，特别是自然科学的相关研究往往需要特定的实验室、设备和数据分析工具。虽然人文社会科学研究对设备的依赖比较小，但也需要通过数据库检索工具来寻找所需的数据源和数据。在数据存储和共享阶段，数据存储库以及数据共享相关工具和技术让数据存储更为便利、规范和安全，并让不同系统中数据的共享和互操作成为了可能，是用户实践和图书馆提供服务的关键支持。除了这些关键支持，引文管理软件等工具也为实践效率的提升提供了帮助。

在服务人员和组织方面，RDM 服务团队联合和本地联络人等角色，为用户提供全流程的 RDM 服务，一些服务由有相关专业和知识，或接受过相关培训的图书馆从业人员提供，一些服务对专业知识和能力的要求较高，图书馆员通过短期培训无法实现，会安排精通该领域的人员提供服务，如数据分析和可视化服务的实施者会有 GIS 专家、数据可视化分析师。一些重要的 RDM 基础设施，也会安排专门人员进行管理，如数据存储库往往会有专门人员进行负责。

在资助机构和出版商政策方面，资助机构和出版商的政策直接影响着用户的 RDM 实践，所以图书馆多围绕这些重要的政策来提供服务，如 NSF 和 NIH 等资助机构的 DMP 提交要求驱动了 DMP 的推广；资助机构和出版商的数据存储和共享的要求，也为数据存储库服务提供了重要参考。在文献和数据资源方面，图书馆本身的文献和数据资源及链接的外部资源，为用户的数据收集和数据重用提供了便利。

第三节　高校图书馆科研数据管理服务模式搭建

一　模式概念图

根据前文对 RDM 服务模式要素以及要素间关系的分析，搭建如图 6-4所示的高校图书馆 RDM 服务模式概念图。

二　模式图形解析

该模式将流程要素、内容要素、支持要素和形式要素整合为流程端、服务端和支持端三部分。数据生命周期连接着流程端和服务端，服务人员连接着服务端和支持端。模式的左侧为流程端，由科研项目生命周期和数据生命周期构成，两者的相互对应，引导用户在科研项目各阶段加强对数据管理活动的重视。模式中间部分为服务端，其中的数据生命周期连接着用户的需求，高校图书馆通过提供相应的服务设施和工具、服务内容和服务人员来满足用户的需求，在这个过程中，政策为用户 RDM 实践和图书馆 RDM 服务提供了指导。模式的右侧为支持端，分别从服务内容主题和服务适用范围两个角度对支持进行了划分。高校图书馆服务人员利用内外部资源在数据生命周期各阶段将服务内容以咨询、课程和研讨会等形式提供给用户，是 RDM 服务的直接实施者，普适性服务可以由一般的图书馆员或在线资源实现，而一些需要专业知识和技能的服务，则可能还需要学科馆员、数据馆员或其他专业人员的支持。针对普适服务内容的支持通过持续和便于访问的方式满足用户基本的 RDM 服务需求，如高校 RDM 服务团队和外部 RDM 组织为 RDM 服务的全过程提供支持，高校 RDM 指南和政策、FAIR 原则为 RDM 全过程提供指导、规范和标准，常见问题解答帮助用户解决 RDM 中的疑难问题，RDM 相关的研讨会和课程帮助用户学习 RDM 的知识和技能，RDM 及其服务访问咨询引导用户访问和利用各种 RDM 服务，开放教育资源为用户提供 RDM 相关的数据素养教育。针对个性化服务内容的支持则根据用户 RDM 的实际情况，为用户提供定制和个性化的咨询、课程和研讨会。

服务端是模式的核心部分，用户和图书馆的接触就主要在此发生。在计划阶段，由于用户申请资助和撰写项目计划书的需求，会开展文献检索，这个时候图书馆会提供文献资源导航，帮助用户获取图书馆内外的数据和文献资源。根据前文分析可知，美国等国家的资助机构对 DMP 的要求推动了用户采纳 RDM 服务。但在国内，还没有形成 DMP 的规范，所以更需要数据素养教育和 RDM 政策、指南来提升用户制订数据管理计划的意识，并为用户的数据管理计划提供指导。该阶段主要由图书馆从业人员实施服务。在数据收集阶段，用户正式开始实施其研究，这时他们会借助各种基础设施和工具来生产和获取一手数据和二手数据。高校图书馆在这个阶段主要向用户提供数据出版和重用服务中的数据访问和引用服务，数据组织和元数据服务中的元数据标准服务。数据收集的基础设施和工具，以及数据资源导航为这些服务相关的 RDM 实践提供支持。在这个阶段，学科馆员可以参与到服务之中，为不同学科领域，使用不同数据收集方式的用户提供更好的支持。

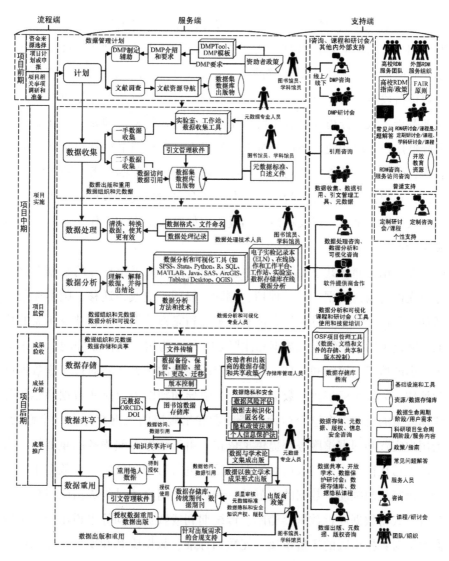

图6-4 高校图书馆科研数据管理服务模式图

在数据处理阶段，用户需要对生产或收集的数据进行进一步的处理，以符合后续保存和分析的需要。高校图书馆在这个阶段主要提供数据组织和元数据服务中的文件命名、数据格式和数据处理记录等服务，帮助用户在数据处理过程中更有效地管理数据并做好记录。在数据分析阶段，用户需要对收集和处理的数据进行理解、解释，并以此得出研究的结论。这个时候用户会利用工具，以及方法和技术来实现数据分析和可视化的目标。用户有时需要接受技能培训或借助专业人员的技能，才能实现数据分析，所以该阶段对数据分析专业人员的需求较高。由于数据处理是数据分析的重要基础，数据分析和可视化培训往往也会包含数据处理相关的技能。为了降低用户获取和使用数据分析工具的成本，高校图书馆常与软件提供商合作，购入正版软件并共同为用户提供软件使用相关的服务。除了常见的软件，在数据处理和分析阶段，图书馆还会向用户提供数据记录工具，如电子实验室记录本，以及科研基础设施，如在线协作和工作平台、工作站和实验室等。

在数据存储和共享阶段，用户主要通过高校图书馆推荐的数据存储库进行文件传输，数据备份、保留、删除、撤回、更改、迁移，版本控制等活动。数据存储库通过工具和技术来实现和完善数据存储和共享所需的功能；通过辅助用户制定元数据和注册 ORCID，为用户的作品分配 DOI 来促进数据的检索、访问和共享，以及用户影响力的扩大；并通过实施数据风险评估、数据去标识化、数据匿名化，引导和辅助用户落实数据隐私相关法律政策的要求。在这个阶段，资助者和出版商的数据存储和共享政策，为用户实践和图书馆服务都提供了依据。由于数据存储服务的重要性，高校图书馆往往安排专门人员对数据存储库进行管理和维护。在数据重用阶段，出版机制推动了数据的规范共享和利用，用户通过集成出版或独立出版等方式将数据通过数据存储库、传统期刊或数据期刊等渠道出版。出版商政策对数据出版的质量审核、元数据标准、数据隐私和安全、知识产权和版权等进行规定。高校图书馆针对出版要求为用户提供合规支持服务。知识共享许可协议帮助用户授权数据使用的范围和按授权内容对他人的数据进行合理的使用。在数据存储、数据共享和重用阶段，图书馆围绕元数据、版权、信息安全、数据隐私等主题向用户提供各类咨询、课程和研讨会，图书馆员、学科馆员、元数据专业人员可以在这些阶段合作为用户提供支持。

三　模式应用和调整

（一）对象选择和模式构建

前文对高校图书馆 RDM 服务模式的服务要素及其之间的关系进行了详细的划分和分析，并构建了高校图书馆 RDM 服务的概念图。但该模式主要基于美国高校图书馆 RDM 服务的整体情况形成，应用时还要考虑国内高校图书馆的实际情况。根据第三章和第四章国内高校科研数据管理服务的现状调查，北京大学是我国科研数据服务较为领先的高校，在学术研究、平台建设和服务实践等方面都形成了一定的成果，所以本章以北京大学为例探讨该模式在我国高校的应用。以上文要素框架和模式图为基础，选择北京大学图书馆网站"科研服务"下的"数据服务""学科服务""知识产权服务"，"互动交流"下的"教学与培训"栏目进行调查①，并结合北京大学图书馆的《北京大学开放研究数据平台建设：探索与实践》②《研究数据管理服务框架研究与构建：以北京大学为例》③ 两篇文章，分别构建北京大学的 RDM 服务要素框架（见图 6-5）和 RDM 服务模式图（见图 6-6）。图中框出的内容有两类：一是目前没有提供的服务；二是已经提供但对 RDM 的针对性不够强的服务。

（二）模式的差异和特点

在内容要素方面，北京大学图书馆的服务内容虽然涉及了数据生命周期的全阶段，但服务内容的覆盖并不全面，北京大学图书馆没有 DMP 服务，并且数据出版相关的服务也比较少。国外高校图书馆会建议用户对数据组织、数据处理等活动按照一定规范进行记录，以方便后续对数据来源和变化的了解，但北京大学图书馆并没有强调这方面的数据管理活动。国外许多高校都设立了专门的页面来介绍数据隐私和安全，而北京大学图书

---

① 北京大学图书馆官网，https：//www.lib.pku.edu.cn/portal/，2022 年 6 月 29 日。

② 朱玲、聂华、崔海媛等：《北京大学开放研究数据平台建设：探索与实践》，《图书情报工作》2016 年第 4 期。

③ 崔海媛、罗鹏程、李国俊等：《研究数据管理服务框架研究与构建：以北京大学为例》，《图书情报工作》2019 年第 1 期。

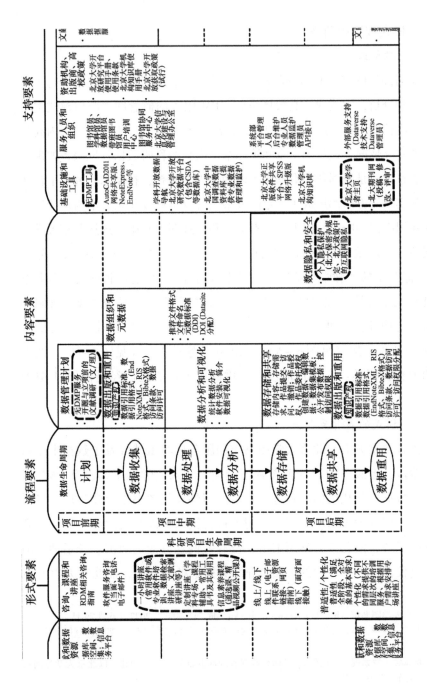

图 6 - 5 北京大学图书馆科研数据管理服务模式要素框架

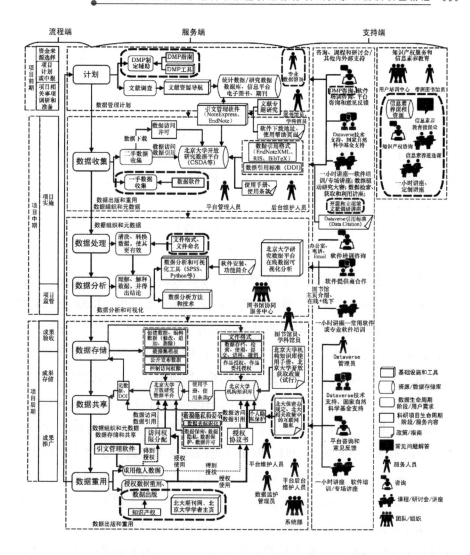

图6-6　北京大学图书馆科研数据管理服务模式图

馆的数据隐私和安全内容分散在 RDM 政策和指南中，并且北京大学机构
知识库依据的"北大保密办规定"和"北大相关政策中的互联网隐私"两
项重要规定没有在机构知识库的政策和指南中提供具体内容或链接。北京
大学图书馆关于科研数据知识产权的内容也分散在各政策和指南中，虽然

北京大学图书馆提供了知识产权服务，但很少涉及 RDM 中的知识产权问题。另外，虽然北京大学图书馆没有采用"数据出版"一词描述的服务，但用户可以在开放数据平台创建自己的数据集，平台会帮助编制元数据，让数据可以在一定范围共享和被引用，这种数据共享方式在一些研究中也被归为通过机构知识库的数据独立出版。虽然用户可以通过开放研究数据平台获取权威的调查和统计数据，但用户通过平台共享的数据并没有经过同行评审，在认可度上相对较低。所以北京大学图书馆的数据出版服务还处在较为初级的阶段。

在支持要素方面，除了核心的北京大学开放研究数据平台、北京大学机构知识库，北京大学图书馆的基础设施和工具多为常见的数据统计和分析软件，缺乏大型硬件设施和其他 RDM 在线管理工具，这可能是因为硬件设施多由高校或学院进行管理，图书馆服务涉及得较少，RDM 在线管理工具的需求可能还比较有限，图书馆还没有采用的计划。北京大学图书馆还将北京大学期刊网和学者主页归入了数据服务栏，为用户提供期刊投稿渠道和学者科研成果的展示。北京大学图书馆也设立了图书馆员、学科馆员和数据馆员等岗位，并通过一些组织来提供培训和软件等特定的服务，除此之外，北京大学图书馆还设置了带班图书馆员，这一角色和美国 RDM 服务中的本地联络人较为相似。但相比美国高校图书馆，北京大学图书馆专业性较强的服务人员较少，如数据素养教育专业人员、数据分析和可视化专业人员。资助机构和出版商政策是美国高校图书馆服务开展的重要依据，而北京大学图书馆服务较少涉及资助机构和出版商政策，图书馆主要通过制定本机构的政策来为用户提供指导，并且 RDM 相关政策多参考国外机构。在形式要素方面，北京大学图书馆的服务形式更多地为"讲座"而不是"研讨会"。根据国内外高校对其"讲座"和"研讨会"内容的描述，两种服务形式的差异并不大，但研讨会更强调非正式的讨论，用户的参与度整体会更高。

从整体上看，虽然北京大学图书馆的服务较为丰富，但其对于 RDM 的针对性还有待加强，如北京大学的信息素养教育主要关注文献检索方面的知识和技能，数据素养教育主要关注科研数据的检索和获取，以及常用软件的功能和使用，都缺乏针对 RDM 的系统培训；北京大学期刊网提供了北京大学主办期刊的投稿和审稿的渠道，但大部分期刊还没有数据出版的要求，并且图书馆也没有根据不同期刊的特点为用户提供数据管理相关的服务，所以该服务的针对性也有待加强。另外，北京大学图书馆的核心 RDM 服务，如数据存储和共享、数据出版和重用，主要围绕其开放研究数据平台展开。北京大学机构知识库的存储范围也包括科研数据，但其存储作品的类型较广，服务内容的针对性相较开放研究数据平台要弱一些。

（三）服务建议和模式调整

在数据管理计划方面，虽然北京大学图书馆学者在研究中已经考虑了 DMP 服务的设计，并认为需要专业图书馆来提供相关服务，但是目前北京大学图书馆仍没有 DMP 服务。这可能与我国的政策环境有关，我国很少有资助机构和出版商提出 DMP 相关政策，研究人员在申请研究资助和申报项目时往往没有制定 DMP 的强制要求，所以大部分高校和北京大学一样仍处于学习国外经验，但没有开设服务的阶段。但是无论是对于项目生命周期管理还是数据生命周期管理，计划都是一项重要的前期管理活动。北京大学图书馆已经开展了开题和立项前期的文献调研培训服务，为用户的文献调查提供讲座和咨询，在这个过程中，图书馆可以针对用户的需求和研究领域的特点，在提供文献调研培训时，适当地加入数据管理计划的相关内容，加强用户管理数据和制订数据管理计划的意识。

在数据组织和元数据方面，北京大学图书馆可以考虑提供关于数据处理记录的指导，使用户能更好地管理自己的数据。在数据隐私和安全方面，北京大学图书馆可以设立专门页面，对数据隐私和安全相关的服务、介绍和政策进行整合和展示，方便用户对数据隐私和安全相关的内容进行获取和学习。在数据出版和重用方面，北京大学已经基于数据平台为用户访问和引用数据提供了相应的服务，但是关于用户出版数据的服务却比较少，北京大学图书馆可以增加相关培训服务，帮助用户提升其数据质量，促进数据出版的实现，使数据能在更大范围得到重用。北京大学图书馆还可以利用本校主办期刊的优势，根据期刊编辑和评委的建议，为用户的数据管理提供一些指导服务，以更好地满足目标期刊的需求。在服务人员和组织方面，北京大学的带班图书馆员为学生提供一对一的图书借阅、学科学术资源整理、数据库检索、论文选题和期刊投稿等方面的咨询与帮助，带班图书馆员可以在这些服务的基础上，进一步为学生提供科研数据管理方面的指导①。在咨询、课程和讲座方面，北京大学图书馆可以通过在培训服务中加入小组自由讨论等环节，来提升用户的参与度。图书馆还可以根据服务需要，培养和招聘更多具备科研数据管理专业知识和技能的人员，以加强服务内容的针对性和专业性。另外，高校图书馆可以加强对用户需求的定期调查和用户服务反馈的获取，以对服务进行及时的调整，为用户提供更多所需的资源。高校图书馆还可以加强 RDM 原则、规范和标准的制定和应用，促进最佳实践在校园范围推广。

根据以上建议，结合图 6-6 所示的高校图书馆 RDM 服务模式图，对北京大学图书馆 RDM 服务模式图进行调整，并对部分信息进行补充或概括，以得到一个更适用于国内高校图书馆的服务模式。图 6-7 是调整后得到的 RDM 服务模式图，该模式以数据开放平台和机构知识库为核心，以信息素养教育和数据素养教育为重要支持，符合国内高校 RDM 服务多平台建设和发展不成熟的特点。因为成本和技术的限制，虽然许多高校已经有了自己的机构知识库，但没有选择在其基础上建设开放数据平台，而是在国外数据平台软件的基础上进行二次开发。除了北京大学，武汉大学、复旦大学等高校的数据平台也是基于国外软件建设而成的。由于国内高校图书馆 RDM 服务仍在初级阶段，图书馆需要对用户提供数据素养教育，来提升用户进行 RDM 的意识和能力。虽然没有制定 DMP 的强制要求，调整后的模式还是保留了 DMP 的相关要素和基本内容，因为计划也是用户了解 RDM 构成的重要方式，并且国内研究人员已经在实践中进行了数据管

① 北京大学图书馆：《带班图书馆员》，https://www.lib.pku.edu.cn/portal/cn/hdjl/jxypx/dbtsgy，2022 年 6 月 29 日。

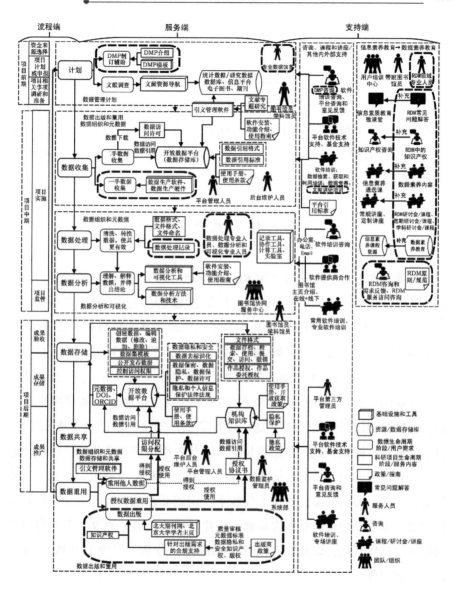

图 6-7　调整后的高校图书馆科研数据管理服务模式图

理计划，很多研究人员对 DMP 服务存在需求。另外，我国关于数据出版的
政策也并不完善，所以该模式加入图书馆已有的知识产权服务，图书馆可
以在此基础上补充关于数据共享、出版和重用的知识产权服务。该模式还

将数据处理和分析阶段的基础设施和工具归纳为记录工具、协作工具、计算工具和实验室，以帮助图书馆更好地对基础设施和工具需求进行分析。在未来模式的应用中，可以将前文的服务模式与该调整后的模式结合进行使用，前文基于国外高校图书馆 RDM 服务搭建的模式主要作为 RDM 服务调整的参考，帮助我国高校图书馆发现目前服务中存在的不足，根据北京大学图书馆 RDM 服务现状调整后的模式主要作为 RDM 实际操作的参考，帮助我国高校图书馆推进 RDM 服务。

第四节　本章小结

本章主要进行了高校图书馆 RDM 服务模式的要素提取和搭建，并以此为基础进行了模式的应用和调整。在要素提取方面，本章以 37 所美国高校图书馆的 RDM 服务相关网页文本为样本，采用文本分析和统计分析法，对文本进行了主题分析和聚类分析，将其划分为了 160 个主题和 11 个主题维度，并进一步将这 11 个维度归纳为了流程要素、内容要素、支持要素和形式要素四大方面，其中流程要素包括科研项目生命周期和数据生命周期；内容要素包括数据管理计划、数据隐私和安全、数据组织和元数据、数据分析和可视化、数据存储和共享，以及数据出版和重用；支持要素包括文献和数据资源、服务人员和组织、资助机构和出版商政策，以及基础设施和工具；形式要素包括线上和线下，定制和普适，以及咨询、课程和研讨会。本章以提取的要素为基础，构建了模式的要素框架，并对各要素的定义、具体表现，以及相互间的关系进行了分析，形成了 RDM 服务模式的要素词典。

在模式搭建方面，本章在要素词典的基础上，搭建了由流程端、服务端和支持端构成的高校图书馆 RDM 服务模式，并对该模式的结构和主要内容进行了解析。在模式的应用和调整方面，本章以要素框架和高校 RDM 服务模式图为基础，对北京大学图书馆的 RDM 服务的现状进行调查，构建其服务框架图和模式图，并将该模式与前文模式进行对比，发现国内服务存在的特点和不足，为北京大学图书馆 RDM 服务提出建议，并基于对北京大学 RDM 服务模式的调整，得到一个更符合我国高校图书馆 RDM 服务发展特点的模式，该调整后的模式可以与前文搭建的高校 RDM 服务模式结合使用，为高校图书馆提供更全面的参考和指导。

第七章　高校图书馆科研数据管理
服务系统建构与仿真

前面的章节"由表及里"地对高校图书馆科研数据管理（后文可简称为 RDM）服务的概念内涵进行界定，总结国内外高校图书馆 RDM 服务的发展经验，探索 RDM 服务需求对高校图书馆服务实践的指引，识别 RDM 服务模式要素并厘清要素之间的联系，描绘高校图书馆 RDM 服务模式，力求为我国高校图书馆 RDM 服务实践的开展提供支撑。

本章将从系统的角度，考虑高校图书馆 RDM 服务模式的顺利运行问题，辨析利益相关主体及 RDM 服务系统运行机理，通过建立动态仿真系统，将服务模式静态的"面"研究扩展至服务系统动态的"体"研究，更深入直观地揭示 RDM 服务运行体系。在系统动力学理论和 VensimPLE 软件的帮助下，对高校图书馆 RDM 服务系统进行系统构建与仿真实验，分析不同系统变量在运作过程中的作用机理，辨析系统内部的正负反馈路径，确认驱使高校图书馆 RDM 服务水平不断提升的主要动力，优化系统构成并提出针对性的建议，从而保证高校图书馆 RDM 服务的健康发展。

第一节　研究方法与分析软件

RDM 服务的核心是数据权益[①]，在高校图书馆、资助机构及科研人员

---

① 顾立平：《科研模式变革中的数据管理服务：实现开放获取、开放数据、开放科学的途径》，《中国图书馆学报》2018 年第 6 期。

等多方参与下进行权益博弈，最终目的是形成稳定的 RDM 服务系统。对 RDM 服务系统进行探究能加速形成高效的行为模式框架，尤其是对在该领域中起步较晚的我国高校图书馆 RDM 服务建设来说，具有重要参考和指导意义。本章在这一思想的指引下，采用系统动力学作为主要研究方法进行建模和仿真实验，力求直观地体现调节不同变量对最终目标——提升 RDM 服务水平的影响力差距。现有常见用于系统动力学分析的软件包括 Vensim、Stella 以及 Anylogic 等，通过这些软件，能够将系统动力学理论中定量的数学模型转换为计算机程序进行仿真模拟①，从而得到可视化的仿真结果显示。下文将选择使用较为轻便的 VensimPLE 软件，结合共现矩阵、词频法等辅助手段，完成高校图书馆 RDM 服务系统的构建与仿真分析，动态地考虑 RDM 服务水平提升问题，提出恰当的行为策略，保障我国高校图书馆 RDM 服务的顺利运行。

第二节　服务系统主要变量提取

高校图书馆 RDM 服务系统建构的前提是系统变量的获取。如何提取影响系统运行的主要变量？可以说是本书的一个难点。为避免主观调查可能带来的偏差，本书选择实验研究方法，更全面地捕捉当前学界专家学者们对可能影响 RDM 服务系统运行的主要变量的认知情况，为本章后续的 RDM 服务系统建模提供参考。实验通过从 CNKI 选取发表在 CSSCI 及中文核心期刊中"篇关摘"包含"科研数据服务"或"科研数据管理"的论文共 246 篇，并导出所有论文中所包含的关键词数据，共得到关键词 473 个，再通过 Python 编写程序完成关键词共现频数统计、构建关键词共现矩阵后，得到的结果如表 7 - 1 所示。

---

① 李洪波、熊励、刘寅斌：《基于系统动力学的信息管理研究：框架与综述》，《情报科学》2017 年第 2 期。

表7-1   关键词共现矩阵表（局部）

关键词	科研数据管理	科研数据	高校图书馆	数据管理	科研数据服务	数据共享
科研数据管理	279	16	19	3	10	2
科研数据	16	242	12	18	5	7
高校图书馆	19	12	153	4	6	0
数据管理	3	18	4	112	1	6
科研数据服务	10	5	6	1	82	1
数据共享	2	7	0	6	1	68

表7-1中行和列代表所选论文中出现的关键词，数值则表示行列对应关键词同时出现的频数。可以看到，尽管检索时采用的是"科研数据管理"或"科研数据服务"的形式进行，但最终检索得到论文中"科研数据管理"出现的频数（279次）远大于"科研数据服务"出现的频次（82次）。这一结果初步表明，在我国对科研数据研究的关注存在"管理"大于"服务"的情况，这也就解释了项目研究主题最终确定为"科研数据管理服务"而非"科研数据服务"这一称谓的原因。选择共现关键词数多于4的数据（即节点度数大于等于5的数据），在Gephi软件上进行进一步可视化后得到关键词共现网络如图7-1所示。

图7-1中关键词的字体大小随着出现频率的增高而变大，关键词之间的连线的颜色深度及粗细代表两者之间共现次数的多少，颜色越深，线条越粗，表示两关键词共现次数越多，也代表两者之间的联系更紧密。为进一步直观反映图中各关键词的重要性，还需要计算各关键词的特征向量中心度辅助分析。特征向量中心度（eigenvector centrality）是一种用于衡量节点重要性的同时考虑其邻接点重要性的重要指标，计算公式如下：

$$EC_i = x_i = c \sum_{j=1}^{n} a_{ij} x_j \qquad (7-1)$$

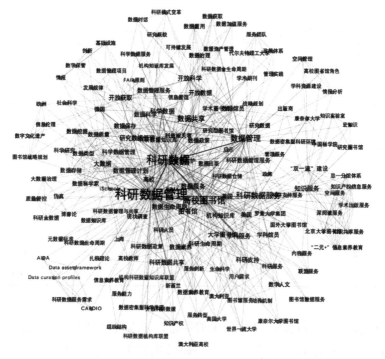

图7-1 科研数据管理服务领域高频关键词共现网络

公式（7-1）中，x_i 为节点 i 的重要性，c 为比例常数，a_{ij} 为邻接矩阵值，x_j 为节点 i 的邻接节点重要性，每一次迭代计算可视作一次周围节点中心度的扩散和叠加，经过多次迭代达到稳态后，计算得到的特征向量中心度最能够表达各节点的重要性。该部分实验计算工作本章通过 Gephi 完成，最终得到特征向量中心度最高的前30个关键词如表7-2所示。

表7-2 　　　　　　　　 **高频关键词的特征向量中心度**

关键词	度数	特征向量中心度	关键词	度数	特征向量中心度
科研数据管理	166	1.00	研究数据管理	26	0.27
科研数据	137	0.88	开放科学	27	0.27
高校图书馆	86	0.59	数据保存	18	0.25
数据管理	62	0.49	大学图书馆	23	0.25

续表

关键词	度数	特征向量中心度	关键词	度数	特征向量中心度
科研数据服务	58	0.44	数据政策	18	0.24
数据共享	48	0.42	机构知识库	21	0.23
数据服务	32	0.38	学术图书馆	14	0.23
图书馆	36	0.35	大数据	23	0.23
科学数据	31	0.30	高校	21	0.22
开放数据	24	0.29	数据科学	20	0.22
英国	18	0.29	iSchools	14	0.22
学科服务	29	0.29	数据管理服务	17	0.21
数据馆员	22	0.29	科研数据知识库	15	0.21
数据生命周期	26	0.28	启示	12	0.20
数据管理计划	25	0.27	科研数据共享	23	0.20

通过图7-1和表7-2中提供的信息，可以得出以下几点结论：

（一）"科研数据管理"和"科研数据服务"是该领域的核心概念。虽然研究重点可能有所偏向，但概念均与具体的服务环节密切相关，如数据共享、数据管理和数据保存，以及开放科学等。这些环节共同构成了科研数据的生命周期[1][2]。然而，通过对原始文献的分析，发现还存在不同的数据生命周期划分方式，如数据获取、数据产生、数据加工、数据应用、数据收集发现和数据记录分析等[3][4][5]。因此，在整合现有研究结果的基础上，本书将RDMS的数据生命周期划分为数据获取、数据保存、数据开

[1] 张宇、刘文云：《基于数据生命周期的高校机构知识库科研数据服务研究》，《图书馆学研究》2021年第3期。
[2] 秦顺、李昊沂、邢文明等：《数据管理计划评估准则：实践模式、核心要素及其启示》，《图书馆论坛》2023年第5期。
[3] 刘星、韩婷婷、王胜金：《我国高校科研项目数据高质量管理的挑战与应对分析——以哈尔滨工业大学为例》，《研究与发展管理》2021年第5期。
[4] 周雷、杨萍、燕娜等：《德国高校科研数据管理服务现状和启示》，《情报杂志》2021年第7期。
[5] 金贞燕、阿童木：《科研数据管理服务内容体系构建研究》，《情报理论与实践》2021年第8期。

放、数据利用、数据生成和数据共享六个阶段。

（二）关键词中大量出现的"高校图书馆""图书馆""高校""大学图书馆""学术图书馆"和"iSchools"表明，高校图书馆是进行 RDMS 建设的主体①。同时，"数据馆员"表明，科研服务人员同样被认为是参与其中的重要主体②③④。此外，一些研究者通过对政府、机构知识库和科研数据知识库等不同来源的数据政策进行研究，强调政府和第三方机构等利益相关者在 RDMS 系统中所能发挥的关键作用⑤⑥。因此，本书将利益相关者确定为高校图书馆、科研人员、政府和第三方机构四类。

结合上述对数据生命周期的划分以及利益相关者的确定，本书可以进一步确定系统中可能涉及的关键变量。（一）在科研数据获取阶段，高校图书馆需要考虑数据的重要性和可获取的共享数据量来确定获取和管理的优先级。（二）在科研数据保存阶段，高校图书馆的数据组织能力、数据库建设水平和规范程度会影响科研数据存储的效果。（三）科研数据开放阶段涉及多个利益相关者，其中数据敏感性、政策支持和存储服务供应商的能力都是重要考虑因素。（四）在科研数据利用阶段，高校图书馆提供的服务种类和人员规模，以及科研数据的开放程度将影响科研数据的利用水平。（五）在科研数据生成阶段，科研人员的资金投入量、数据素养和科研水平对科研数据的生成质量起到重要作用。（六）在科研数据共享阶段，数据共享环境、政府政策支持和科研数据的生成量都会影响科研数据的共享情况。

因此，本章研究构建的高校图书馆 RDM 系统将从对我国建设提供启

---

① 蔡迎春、欧阳剑、严丹等：《基于数据中台理念的图书馆数据服务模式研究》，《图书馆杂志》2021 年第 11 期。

② 蔡惠霞：《数据馆员：内涵、核心角色与培养策略》，《图书馆》2022 年第 1 期。

③ 黄惠平：《谢菲尔德大学图书馆专业服务建设探究及启示》，《新世纪图书馆》2020 年第 4 期。

④ 谢守美、李敏、黄萍莉等：《基于科学数据服务的馆员与科研人员协同信息行为研究》，《情报杂志》2020 年第 5 期。

⑤ 崔涛：《荷兰高校图书馆科研数据管理服务实践及启示》，《图书馆学研究》2020 年第 15 期。

⑥ 秦长江、吴思洁、王丹丹：《学术期刊出版机构数据政策框架研究》，《出版科学》2021 年第 6 期。

示的角度出发，结合数据生命周期理论、利益相关者理论，得出六类对 RDM 服务系统产生影响的主要变量，具体如表 7 – 3 所示。

表 7 – 3　　　　　　科研数据管理服务系统主要变量表

作用生命周期	涉及利益相关者	主要变量
科研数据获取	高校图书馆	数据重要性
	高校图书馆、科研人员	科研人员科研数据共享量
	高校图书馆	高校科研数据管理服务意愿
科研数据保存	高校图书馆	数据组织水平
	高校图书馆	数据库建设水平
	高校图书馆	科研数据存储规范程度
	高校图书馆	数据管理水平
	高校图书馆	高校图书馆数据获取量
科研数据开放	高校图书馆、科研人员	数据敏感性
	高校图书馆、科研人员	数据发布及开放存取水平
	科研人员	科研人员数据需求
	政府、高校图书馆、第三方机构	政策支持水平
	第三方机构	数据存储服务供应商
	高校图书馆	高校图书馆科研数据存量
科研数据利用	高校图书馆、科研人员	科研数据管理服务种类
	高校图书馆、科研人员	科研数据管理服务人员规模
	高校图书馆、科研人员	高校图书馆数据开放量
科研数据生成	科研人员	科研资金投入量
	高校图书馆、科研人员	数据素养培训水平
	科研人员	科研水平自然增长量
	科研人员	高校图书馆开放数据利用量
科研数据共享	政府、高校图书馆、科研人员、第三方机构	数据共享环境
	政府、科研人员	政策支持水平
	科研人员、第三方机构	资助机构 DMP（数据管理计划）要求
	科研人员	科研人员科研数据生成量

一　作用于科研数据获取的主要变量

本书认为，作用于科研数据获取的主要变量包括：（一）数据的重要性：科研数据的重要性越高，高校图书馆对其关注力度也越高，也越有可能收集该数据。（二）可以被获取的科研数据量：科研人员共享的科研数据量，当科研人员共享的科研数据量越多，在获取效率不变的前提下，被高校图书馆获取的科研数据也越多。（三）高校开展 RDM 服务的意愿水平：高校开展 RDM 服务的意愿水平主要影响高校图书馆的科研数据获取效率，当开展 RDM 服务的意愿水平越高时，科研数据获取效率也越高。

二　作用于科研数据保存的主要变量

本书认为，作用于科研数据保存的主要变量包括：（一）高校图书馆保存科研数据时的数据组织能力水平：具体可以表现为对整理收集的科研数据进行归并、存储和处理的能力。（二）用于数据保存的数据库建设水平：用于数据保存的数据库在设计上的合理性、数据库容量大小，以及是否有专业的数据库管理员和技术支持等因素将影响并决定数据保存的时效性和可靠性。（三）科研数据存储的规范程度：例如存储格式上是否统一，是否存在数据备份等。（四）科研数据管理水平：例如，科研数据入库时的分类信息是否规范完整，数据索引的建立是否细致等。（五）高校图书馆获取的科研数据量：高校图书馆在进行数据存储时需要对获取的科研数据进行初步筛选，剔除重复数据以及老旧过时的数据，为此，在存储转化率一定的前提下，高校图书馆前期获取的科研数据量越大，能被确认并进行长期保存的科研数据也会越多。

三　作用于科研数据开放的主要变量

本书认为，作用于科研数据开放的主要变量包括：（一）保存数据的数据敏感性：为了避免陷入伦理道德或者法律问题，首先需要确认被开放的科研数据的数据敏感性得到了妥善处理。（二）科研数据的发布、开放存取水平：科研数据的发布往往与开放存取联系在一起，2002 年 2 月，布达佩斯开放存取倡议将开放存取（Open Access，OA）定义为"文献在互联网等公共领域中能被免费获取，并不对阅读、下载、复制、传递、打印、检索、链接进行任何限制，同时还允许任何用户对其建立索引、作为数据输入或其他的合法用途"[①]。如今，越来越多的高校图书馆正在加入并响应这一实践，通过高校图书馆平台所发布的科研数据在传播上是否符合开放存取的要求，对科研数据的开放程度至关重要。（三）科研人员的数据需求：部分科研人员在进行科研工作时的一些行为伴随着对某些领域科研数据的需求，因而可能会推进高校图书馆提升该领域科研数据的开放水平。（四）政策支持水平：政策支持水平包括数据保护政策以及数据开放政策，两者往往相辅相成，对数据权益的保护会降低高校图书馆数据开放的成本，而对数据开放的鼓励同时也会提升高校图书馆数据开放的信心。（五）数据存储服务供应商：例如，Dyrad 等提供第三方存储服务的开放数据库通常会选择将其存储的科研数据对所有用户免费开放使用，而提供此类存储服务的第三方机构数据库的建设水平对整体科研数据的开放水平也会产生不容忽视的影响力。（六）科研数据的存储量：科研数据的开放建立在科研数据存储的基础之上，为此，一个规模庞大且来源可靠的科研数据存储量是进行科研数据开放的必要前提条件。

四 作用于科研数据利用的主要变量

本书认为，作用于科研数据利用的主要变量包括：（一）RDM 服务种类：高校图书馆的 RDM 服务是科研人员利用科研数据最为直接的渠道之一，开展多样化且高质量的 RDM 服务必然能够对科研数据的利用产生有利影响。（二）RDM 服务人员规模：高质量的 RDM 服务离不开专业的数据馆员或图书馆从业人员的加持，完善的人员配置能够最大限度地发挥 RDM 服务的影

---

① 司莉、曾粤亮：《世界一流高校图书馆科研支持服务调查与分析》，《图书情报工作》2018 年第 8 期。

响力，如 RDM 专家、集合分析师、数据服务协调员等[1]的存在。（三）科研数据的开放量：RDM 服务的基础在于开放的科研数据，只有开放的科研数据量达到一定规模时，才足以支撑多样化的 RDM 服务。

五 作用于科研数据生成的主要变量

本书认为，作用于科研数据生成的主要变量包括：（一）针对科研人员的资金投入量：科研人员作为生成科研数据的主体，科研活动需要足够的科研资金投入作为支撑。（二）针对科研人员的数据素养教育水平：数据素养指那些能够让人们通过获取、管理、合理使用数据等手段将数据转换为信息和可用知识的技能集合及知识基础[2]。对科研人员进行数据素养教育，能够加快研究进展，提高研究人员的数据使用效率及研究产出，进而提升科研数据的生成效率。（三）科研水平自然增长量：随着科研水平的自然增长，科研人员处理和面对的科研数据规模也在与日俱增，因此科研水平的自然增长量对科研数据生成量的影响也不容忽视。（四）科研数据的利用量：科研人员的数据素养水平有助于提升对科研数据的利用效率，而增加科研数据的利用量则能够在利用效率保持不变的情况下提升科研人员的科研数据生成量。

六 作用于科研数据共享的主要变量

本书认为，作用于科研数据共享的主要变量包括：（一）数据共享环境：一个良好的数据共享环境离不开各利益相关者的共同合作，例如政府政策扶持水平、高校图书馆的数据共享技能培训和咨询活动开展情况，研究人员之间科研数据共享的氛围，以及各种期刊发表、项目申请中的数据共享要求等。（二）政策支持水平：与科研数据开放类似，数据共享同样受到政府政策支持水平的影响，但作用机制上存在差异，科研数据开放的主体是高校图书馆，而科研数据共享的主体是科研人员，数据保护政策能

---

[1] 张莎莎、黄国彬、邸弘阳：《美国高校图书馆科研数据管理服务研究》，《图书馆杂志》2016 年第 7 期。

[2] Rice R., Southall J., *The Data Librarian's Handbook*, London, UK: Facet publishing, 2016.

够减少科研人员进行科研数据共享行为时遭遇权益侵害的风险，而数据共享政策则能推动形成科研人员的数据共享习惯。（三）来自资助机构的DMP 提交要求：一些资助机构在接受科研人员的科研经费申请时会要求科研人员提交一份详细的数据管理计划（Data Management Plan，DMP），例如跨大学政治和社会研究联盟 ICPSR、国家人文基金会 NEH 等。这些 DMP 提交要求同样也有利于科研数据共享行为的推广。（四）科研数据生成量：共享的科研数据源于科研人员在进行科研活动时生成的科研数据，因此科研数据的生成量也会对科研数据的共享量产生影响。

第三节　服务系统模型构建

一　模型边界及假设条件

系统动力学方法能够从内源性的角度看待复杂的系统，并始终以问题为导向，建立量化模型进行仿真和预测[①]。使用系统动力学方法进行研究，首先需要明确模型边界，因为系统动力学强调改变系统的内在变量，并假定外部因素对系统不会产生本质影响。而模型边界的确定则能够作为区分外部因素和内在变量的重要指标。在本章实验中，内在主要变量仅设定为由高校图书馆、第三方机构、政府作为行为主体的，对数据获取、数据存储、数据开放、数据利用、数据生成、数据共享产生影响的系统变量。而行业合作、社会需求以及舆论环境等其他直接或间接对 RDM 服务系统产生影响的变量则作为外部因素，不作为研究重点。

此外，为确保本章实验的严谨性，提出以下基本假设：

假设一：高校图书馆 RDM 服务系统是一个相对封闭稳定的系统，在无外界系统变量的影响下保持稳定缓慢的自然增长，增长驱动来源于科研水平的自然增长的动力。

---

① Király G., Miskolczi P., "Dynamics of Participation: System Dynamics and Participation—An Empirical Review", *Systems Research and Behavioral Science*, Vol. 36, No. 2, 2019, pp. 199 – 210.

假设二：高校图书馆 RDM 服务水平只受到数据获取、数据保存、数据开放及数据利用四个环节的影响。

假设三：RDM 服务中的所有具体措施均只对科研数据生命周期中的各个环节产生作用。

假设四：对 RDM 服务系统中产生影响的政策只涵盖数据开放政策以及数据保护政策两类。其他对系统流程可能产生潜在影响的政策，如针对高校图书馆环境基建、图书馆从业人员的薪酬福利等相关政策本系统不予考虑。

二　因果回路图

因果回路图是对系统动力学模型中各方作用变量之间影响关系的简要提炼和关键体现。本章实验根据对生命周期理论中参与作用环节的不同，对系统主要变量进行划分，构建高校图书馆 RDM 服务系统的动力学因果关系模型，如图 7 - 2 所示。

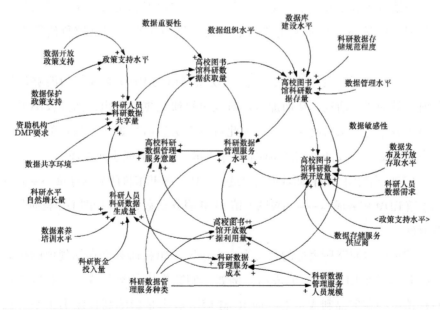

图 7 - 2　高校图书馆科研数据管理服务系统的因果回路图

图 7-2 中的每个系统变量都最终会对 RDM 服务水平产生影响,而每个系统变量的变化又同时会对其他系统变量产生影响,其中包括的主要反馈回路如下所示,其中正负号分别代表变量之间的正向影响关系及负向影响关系,当一个变量的增加会导致另一变量增加,则关系为正,反之则为负:

(一) 高校图书馆科研数据获取量→+高校图书馆科研数据存量→+高校图书馆科研数据开放量→+高校图书馆开放数据利用量→+高校科研数据管理服务意愿→+高校图书馆科研数据获取量。

该正反馈回路所表达的含义为:高校图书馆每一阶段的数据活动都建立在上一周期数据活动的基础之上,因此每个阶段下科研数据总量的增长都会对下一阶段的科研数据生命周期活动产生正向影响。而高校图书馆开放数据利用能力的提升最终又会强化高校图书馆开展科研数据管理服务的信心和意愿,从而加速下一周期的科研数据获取活动。

(二) 高校图书馆科研数据获取量→+高校图书馆科研数据存量→高校图书馆科研数据开放量→+高校图书馆开放数据利用量→+科研人员科研数据生成量→+科研人员科研数据共享量→+高校图书馆科研数据获取量。

该正反馈回路表达的含义为:高校图书馆的 RDM 服务行为能够加快科研人员的研究活动,从而加速科研人员科研数据的产出,而高校图书馆的科研数据主要来自科研人员,因此科研人员科研数据产生数量的增长反过来也会提升高校图书馆的 RDM 服务质量,从而形成正向循环。

(三) 高校图书馆科研数据获取量→+高校图书馆科研数据存量→+高校图书馆 RDM 服务成本→-高校图书馆 RDM 服务意愿→+高校图书馆科研数据获取量。

该负反馈回路所表达的含义为:高校图书馆科研数据存储规模的扩大会提升其开展 RDM 服务的成本,例如存储数据库的运行成本,对应扩招数据馆员的薪资福利成本等。而 RDM 服务成本是影响高校图书馆服务意愿的一大重要原因,服务成本的增高会导致高校图书馆服务意愿的下降,从而影响到后续服务环节的开展。因此,如何在提升 RDM 服务水平和控制 RDM 服务成本之间寻求平衡，是所有开展 RDM 服务的高校图书馆都需要面对的一个关键课题。

三　系统流图

根据上文建立的因果回路模型，构建得到高校图书馆 RDM 服务系统的系统流图，具体如图 7 - 3 所示。相较于图 7 - 2 所示的因果回路关系，系统流图进一步强化了该系统中的动态特征，其中包含的状态变量（存量）和速率变量（流量）是系统动力学的核心概念，也是反映系统动态变化的核心工具。状态变量是累积量，表征系统在该时刻的状态，而速率变量是微分量，表征状态变量的变化情况，并且状态变量的变化由且仅由速率变量引起。

在图 7 - 3 中，状态变量包括：高校图书馆数据获取量、高校图书馆数据存量、高校图书馆数据开放量、高校图书馆开放数据利用量、科研人员

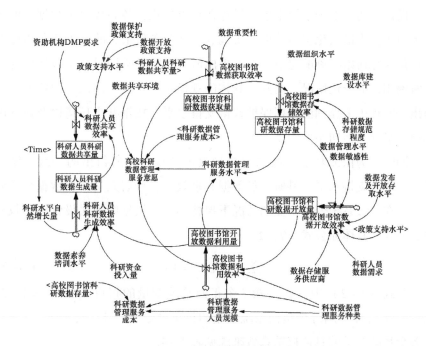

图 7 - 3　高校图书馆科研数据管理服务系统流图

科研数据生成量及科研人员科研数据共享量。速率变量则包括上述状态变量对应的：高校图书馆数据获取效率、高校图书馆数据存储效率及高校图书馆数据开放效率等。

此外，由图7-3的信息还可知，本章构建系统保持自然增长的唯一驱动因素来自高校科研水平的自然增长，其具体含义表达为：科研水平的自然增长对科研人员科研数据生成效率产生直观影响，这会导致客观上的科研数据总量增大，即便在数据生命周期中的数据获取、数据存储、数据开放、数据利用等效率均保持不变的情况下，进入整个高校图书馆数据生命周期中各环节的数据量也会增多，从而造成 RDM 服务水平的自然增长。

第四节　方程设计与参数配置

一　方程设计思路

设计之初，由于系统中各变量存在难以量化，各高校提供数据不够透明等问题，为最大化实验结果的实践意义及参考价值，故本书将各指标的值量化为与初始时刻的比值。即各指标值反映的是不同时刻下该指标与初始时刻相比的变化情况，而并非具体的规模水平指标。因此，由定义不难得出，方程中未提到的数据保护政策支持水平、数据共享环境以及数据库建设水平等指标初始值均设为1。

同时，为保证基于二级系统变量政策计算而来所得出的一级系统变量，如政策支持水平、科研人员数据共享效率、科研人员科研数据生成效率等，在一级系统变量不变的情况下保持不变。依据归一法设计通用权重系数公式，具体如公式（7-2）所示：

$$\sum_{i=1}^{n} X_i - \sum_{j=1}^{m} Y_j = 1 \qquad (7-2)$$

公式（7-2）中，X_i 为第 i 个正面系统变量的权重系数（$i = 1，2，3，\cdots，n$），Y_j 为第 j 个负面系统变量的权重系数（$j = 1，2，3，\cdots，m$）。而各个系统变量的具体权重系数来源见表7-4。

此外，对于状态变量，如科研人员科研数据共享量、科研人员科研数据生成量以及高校图书馆开放数据利用量等，应有以下关系：

$$\Delta S\ (t)\ =k\cdot\mu\cdot S\ (t-1) \tag{7-3}$$

在公式（7-3）中，$\Delta S\ (t)$ 为存量在 t 时刻的单位时间变化量，k 为单位时间增长比例系数，本实验中取值为0.02，μ 为存量 S 对应增长效率，如高校图书馆数据获取量对应高校图书馆数据获取效率、高校图书馆数据存量对应高校图书馆数据存储效率等，$S\ (t-1)$ 为 $t-1$ 时刻的存量。

二 系统变量权重系数确定

为确定高校图书馆 RDM 服务系统动力学模型中各系统变量的权重系数，本书同样使用 Python，将第二小节选取的246篇论文的 pdf 文件转换为 txt 文本后，再对全文文本进行分词处理，随后参考表7-3所选取的系统变量确定对应的关键词，并统计出各词的词频信息。同时，为避免词频差距过大对最后实验结果的影响，本实验还对词频信息进行对数化处理，最后再基于公式（7-2）计算得到各系统变量的权重系数，如表7-4所示。

表7-4　　　　　　　　　　系统变量权重表

一级系统变量	二级系统变量	相关关键词	词频	对数化	权重系数
科研数据管理服务水平	高校图书馆科研数据获取量	获取数据	62	4.13	0.16
	高校图书馆科研数据存量	保存	1795	7.49	0.28
	高校图书馆科研数据开放量	数据共享	1773	7.48	0.28
	高校图书馆科研数据利用量	数据服务	1528	7.33	0.28
高校科研数据管理服务意愿	科研数据管理服务水平	服务水平	42	3.74	0.28
	数据共享环境	数据共享	1773	7.48	0.56
	高校图书馆数据利用效率	数据服务	1528	7.33	0.55
	科研数据管理服务成本	资金	190	5.25	0.39
高校图书馆数据获取效率	数据重要性	重要性	139	4.93	0.27
	科研人员科研数据共享量	数据共享	1773	7.48	0.42
	高校科研数据管理服务意愿	服务平台	272	5.61	0.31

一级系统变量	二级系统变量	相关关键词	词频	对数化	权重系数
高校图书馆 数据存储效率	高校图书馆科研数据获取量	提供数据	371	5.92	0.31
	数据组织水平	数据组织	283	5.65	0.30
	数据库建设水平	数据库系统	10	2.30	0.12
	科研数据存储规范程度	存储管理	17	2.83	0.15
	数据管理水平	管理水平	10	2.30	0.12
高校图书馆 数据开放效率	高校图书馆科研数据存量	保存	1795	7.49	0.31
	数据发布及开放存取水平	数据共享	1773	7.48	0.30
	政策支持水平	政策法规	68	4.22	0.17
	科研人员数据需求	需求	1884	7.54	0.31
	数据存储服务供应商	服务商	11	2.40	0.10
	数据敏感性	敏感	97	4.57	0.19
高校图书馆 数据利用效率	高校图书馆科研数据开放量	数据共享	1773	7.48	0.49
	科研数据管理服务种类	服务类型	29	3.37	0.22
	科研数据管理服务人员规模	管理人员	80	4.38	0.29
科研人员科研 数据生成效率	高校图书馆开放数据利用量	获取数据	62	4.13	0.29
	科研资金投入量	投入	119	4.78	0.33
	数据素养培训水平	培养	230	5.44	0.38
科研人员数据 共享效率	资助机构DMP要求	DMP	697	6.55	0.25
	政策支持水平	政策	4513	8.41	0.32
	数据共享环境	数据共享	1773	7.48	0.28
	科研人员科研数据生成量	数据源	54	3.99	0.15
政策支持水平	数据保护政策支持	产权保护	10	2.30	0.48
	数据开放政策支持	开放政策	12	2.48	0.52
科研数据管理 服务成本	科研数据管理服务种类	服务类型	29	3.37	0.22
	高校图书馆科研数据存量	保存	1795	7.49	0.49
	科研数据管理服务人员规模	管理人员	80	4.38	0.29

三 方程表达

本书构建高校图书馆 RDMS 系统的动力学模型，并使用方程表达系统的基本思路。在模型中，一级系统变量通过将二级系统变量与相应的权重系数相乘并求和计算而得。正面指标对应的权重系数为正值，负面指标对应的权重系数为负值。状态变量通过将相应的速率变量、比例系数0.02与上一周期状态变量值的乘积进行积分计算而得，初始值均设为1，具体如下所示：

（一）政策支持水平 = 数据保护政策支持 ×0.48 + 数据开放政策支持 ×0.52；

（二）科研人员数据共享效率 = 资助机构 DMP 要求 ×0.21 + 政策支持水平 ×0.32 + 数据共享环境 ×0.28 + 科研人员科研数据生成量 ×0.15；

（三）科研人员科研数据共享量 = INTEG（科研人员数据共享效率 ×0.02 ×科研人员科研数据共享量，1）；

（四）科研人员科研数据生成效率 = 高校图书馆开放数据利用量 ×0.29 + 科研资金投入量 ×0.33 + 数据素养培训水平 ×0.38 + 科研水平自然增长量；

（五）科研人员科研数据生成量 = INTEG（科研人员科研数据生成效率 ×0.02 ×科研人员科研数据生成量，1）；

（六）科研数据管理服务人员规模 = 0.7 + 科研数据管理服务种类 ×0.3；

（七）科研数据管理服务成本 = 科研数据管理服务人员规模 ×0.29 + 科研数据管理服务种类 ×0.22 + 高校图书馆数据存量 ×0.49；

（八）科研数据管理服务水平 = 高校图书馆开放数据利用量 ×0.28 + 高校图书馆数据存量 ×0.28 + 高校图书馆数据开放量 ×0.28 + 高校图书馆数据获取量 ×0.16；

（九）科研水平自然增长量 = Time ×0.015；

（十）高校图书馆开放数据利用量 = INTEG（高校图书馆数据利用效率 ×0.02 ×高校图书馆开放数据利用量，1）；

（十一）高校图书馆数据利用效率 = 科研数据管理服务人员规模 ×0.29 + 科研数据管理服务种类 ×0.22 + 高校图书馆数据开放量 ×0.49；

（十二）高校图书馆数据存储效率＝数据库建设水平×0.12＋数据管理水平×0.12＋数据组织水平×0.3＋科研数据存储规范程度×0.15＋高校图书馆数据获取量×0.21；

（十三）高校图书馆数据存量＝INTEG（高校图书馆数据存储效率×0.02×高校图书馆数据存量，1）；

（十四）高校图书馆数据开放效率＝政策支持水平×0.17＋数据发布及开放存取水平×0.30＋数据存储服务供应商×0.10＋科研人员数据需求×0.31＋高校图书馆数据存量×0.31－数据敏感性×0.19；

（十五）高校图书馆数据开放量＝INTEG（高校图书馆数据开放效率×0.02×高校图书馆数据开放量，1）；

（十六）高校图书馆数据获取效率＝数据重要性×0.27＋高校科研数据管理服务意愿×0.31＋科研人员科研数据共享量×0.42；

（十七）高校图书馆数据获取量＝INTEG（高校图书馆数据获取效率×0.02×高校图书馆数据获取量，1）；

（十八）高校科研数据管理服务意愿＝高校图书馆数据利用效率×0.55＋数据共享环境×0.56＋科研数据管理服务水平×0.28－科研数据管理服务成本×0.39。

第五节　系统仿真分析

一　初始状态分析

在 Vensim PLE 平台上对高校图书馆 RDM 系统进行模拟仿真试验，设定仿真时间为 36 个月，仿真步长为 1，RDM 服务水平初始值为 1，在不更改任何系统变量的情况下得到 RDM 服务水平自然增长曲线如图 7 - 4 所示。

从图 7 - 4 中可以看出，RDM 服务水平的自然增长趋势整体保持比较平缓的指数增长态势，在仿真前期增速较为缓慢，但在后期逐渐加速，最终伴随 36 个月的自然增长后，RDM 服务水平增长为初始状态的 2.27 倍。

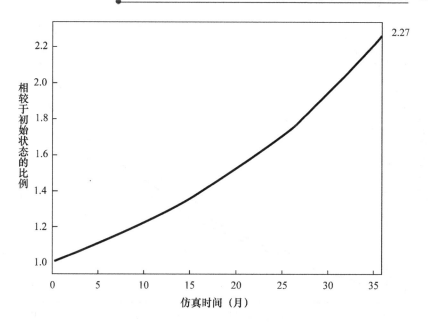

图 7 - 4　科研数据管理服务水平的自然增长曲线

造成这种趋势的主要原因在于，科研数据量的规模增长速度会随着整体规模的增大而加快，并且这种趋势会逐渐扩散到科研数据生命周期各个环节的状态变量中，如高校图书馆数据获取量、高校图书馆数据存量、高校图书馆数据开放量等，从而最终影响到高校图书馆 RDM 服务水平。

二　灵敏度分析

灵敏度分析是通过对关键参数调整后的仿真运行结果进行分析比较，可以得到各系统变量与最后系统输出结果之间的影响关系。本章首先选择对 RDM 服务水平产生直接影响的四个可控系统变量进行灵敏度分析，即高校图书馆数据获取效率、高校图书馆数据存储效率、高校图书馆开放效率以及高校图书馆利用效率，得到实验结果及分析如下。

（一）高校图书馆数据获取效率的灵敏度分析

本实验控制其他变量不变，调整高校图书馆数据获取效率分别为初始值的150%及50%进行仿真实验，观测得到的运行结果如图 7 -5 所示。

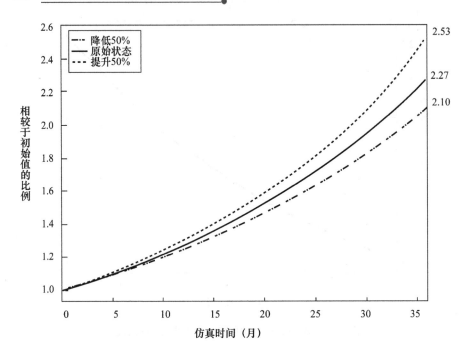

图 7 - 5　高校图书馆数据获取效率对科研数据管理服务水平的影响

　　由图 7 - 5 可知，经过 36 个月的仿真运行，当高校图书馆数据获取效率调整为初始值的 150% 时，RDM 服务水平由自然增长的 2. 27 倍提升至 2. 53 倍，而当高校图书馆数据获取效率调整为初始值的 50% 时，RDM 服务水平降低至 2. 10 倍。这主要是因为在本模型中，高校图书馆本身并不能独立产生科研数据，高校图书馆的科研数据主要来自高校研究人员的科学研究产出，高校图书馆通过对这些科学研究产生的科研数据进行收集获取，并以此为基础进行下一步的 RDM 服务活动。因此，在无其他系统变量干扰的情况下，高校图书馆的数据获取效率越高，高校图书馆所能获取得到的科研数据体量越大，能够提供的 RDM 服务种类会越丰富，服务质量也会越高，从而导致 RDM 服务水平的进一步提升。反之，当高校图书馆获取得到的科研数据量处于极低水平时，能够对科研工作产生的影响力和影响范围也会极为有限，即便高校图书馆后续开展的数据存储、数据开放以及数据利用等服务的效率再高，RDM 服务的整体水平也会受限于科研数据的规模，无法完全发挥，对相应学科发展产生的推动作用也会受到极大阻碍。

（二）高校图书馆数据存储效率的灵敏度分析

本实验控制其他变量不变，调整高校图书馆数据存储效率分别为初始值的 150% 及 50% 进行仿真实验，观测得到运行结果如图 7 - 6 所示。

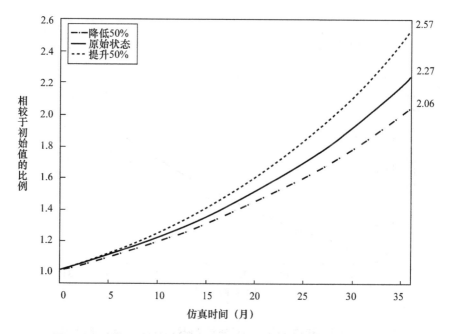

图 7 - 6　高校图书馆数据存储效率对科研数据管理服务水平的影响

由图 7 - 6 可知，当高校图书馆数据存储效率调整为初始值的 150% 时，RDM 服务水平在仿真运行结束时由自然增长的 2.27 倍提升至 2.57 倍，而当高校图书馆数据获取效率调整为初始值的 50% 时，RDM 服务水平则降低至 2.06 倍。出现这种趋势的主要原因为：当高校图书馆通过数据获取得到科研数据后，如果这些数据没有得到合理的分类存储处理，在数据开放使用时会出现索引不清晰，指向不明确，从而无法快速准确地让使用者得到需要的科研数据，这会进一步导致后续数据开放、数据利用时的效率低下问题。因此，只有提升 RDM 服务水平，完善对获取科研数据的分类、索引、存储等各个环节，才能最大限度地利用获取到的科研数据，而不对后续数据开放、数据利用等环节产生负面影响。

（三）高校图书馆数据开放效率的灵敏度分析

本实验控制其他变量不变，调整高校图书馆数据开放效率分别为初始值的150%及50%进行仿真实验，观测得到的运行结果如图7-7所示。

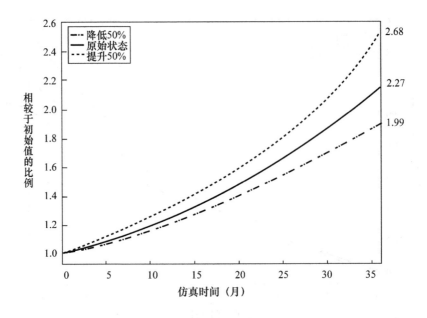

图7-7　高校图书馆数据开放效率对科研数据管理服务水平的影响

由图7-7可知，当高校图书馆数据获取效率调整为初始值的150%时，其RDM服务水平在仿真运行结束时由自然增长的2.27倍提升至2.68倍，而当高校图书馆数据获取效率调整为初始值的50%时，其RDM服务水平降低至1.99倍。出现这种变化的主要原因为：数据开放是RDM服务的重要内容之一，数据开放的存取水平高低极大地决定了高校图书馆RDM服务的影响范围，一个高效的、健康的、均衡的数据交流环境必然不会是闭塞的和充满限制的。形成良好的合作机制和通信机制是高校图书馆开展RDM服务的重要前提和有效途径。当数据开放效率较高时，科研数据的影响范围和被使用概率也会随之提升，而当数据开放效率低下时，则会产生大量"坏的科学"，即超过有效使用期限的科研数据。特别是在一些时效性要求较高的研究领域，一旦科研数据在有效期限内无法得到充分利用，不仅会导致科研资源的浪费，同时还会造成高校图书馆 RDM 服务系统的空转，不利于其 RDM 服务水平的提升。

（四）高校图书馆数据利用效率的灵敏度分析

本实验控制其他变量不变，调整高校图书馆数据利用效率分别为初始值的 150% 及 50% 进行仿真实验，观测得到的运行结果如图 7-8 所示。

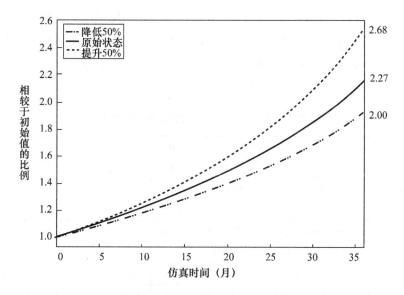

图 7-8　高校图书馆数据利用效率对科研数据管理服务水平的影响

由图 7-8 可知，当高校图书馆数据获取效率调整为初始值的 150% 时，RDM 服务水平在仿真运行结束时会由自然增长的 2.27 倍提升至 2.68 倍，而当高校图书馆数据获取效率调整为初始值的 50% 时，RDM 服务水平降低至 2.00 倍。出现这种变化的主要原因为：数据利用效率是评价高校图书馆 RDM 服务水平最直观的方法，不论何种 RDM 服务，其最终目的都是提升科研数据的利用效果，从而实现学科创新、学科发展。当数据利用效率较高时,在获取、存储、共享相同规模科研数据的情况下,能够产出更多高质量的科研成果,而高质量的科研成果会带动更多科研活动的开展,也会进一步扩展科研数据的产出规模,最终形成良性循环。相反,如果数据利用效率低下,即便前期环节进展顺利,也无法使数据产生实际价值,反而会对高校图书馆开展相关 RDM 服务的意愿产生负面影响,最终导致 RDM 服务水平的下降。

（五）各系统变量的对比分析

完成针对高校图书馆数据获取效率、数据存储效率、数据开放效率以及数据利用效率等各状态变量的灵敏度分析后,为横向对比不同环节对高校图书馆 RDM 服务系统输出结果影响力的大小,本书导出在仿真周期内不同时期 RDM 服务水平的数据,得到的结果如表 7 - 5 所示。

表 7 - 5　　　　科研数据管理水平各系统变量仿真实验结果对比表

	经过仿真运行时间（单位：月）	0	1	…	35	36
科研数据管理服务水平	自然增长状态	1.00	1.02	…	2.21	2.27
	高校图书馆数据获取效率：降低 50%	1.00	1.02	…	2.05	2.10
	高校图书馆数据获取效率：提升 50%	1.00	1.02	…	2.45	2.53
	高校图书馆数据存储效率：降低 50%	1.00	1.02	…	2.01	2.06
	高校图书馆数据存储效率：提升 50%	1.00	1.02	…	2.48	2.57
	高校图书馆数据开放效率：降低 50%	1.00	1.02	…	1.95	1.99
	高校图书馆数据开放效率：提升 50%	1.00	1.02	…	2.59	2.68
	高校图书馆数据利用效率：降低 50%	1.00	1.02	…	1.95	2.00
	高校图书馆数据利用效率：提升 50%	1.00	1.02	…	2.59	2.68
科研数据管理服务水平	经过仿真运行时间（单位：月）	0	1	…	35	36
	自然增长状态	1.00	1.02	…	2.21	2.27
	高校图书馆数据获取效率：降低 50%	1.00	1.02	…	2.05	2.10

通过表 7 - 5 对比不同变量的仿真运行结果可以发现,调整不同系统变量进行的灵敏度分析实验结果在初期的区别并不明显,在后期则逐渐拉开

差距，这说明高校图书馆 RDM 服务系统内部可能存在一定滞后期，对系统中各环节的调整效果，需要在经历较长的数据循环周期后才能明显显现。从数据层面看，提升 50% 的高校图书馆的数据获取效率、数据存储效率、数据开放效率及数据利用效率对最终 RDM 服务水平的提升都有较为明显的效果，提升比例均达到了 10% 以上。进一步比较发现，高校图书馆数据利用效率和数据开放效率对整个 RDM 服务水平的影响力最大，其次是高校图书馆数据存储效率，而高校图书馆数据获取效率的影响力最小。造成这一现象的原因可能在于：高校图书馆提升数据获取效率和数据存储效率的手段相对有限，在提升数据开放效率和数据利用效率方面能够开展的相关办法则更具多样性，因此高校图书馆在 RDM 服务实施阶段对后者会更为侧重。

三　情境分析

完成对 RDM 服务水平产生直接影响的四个可控系统变量进行的灵敏度分析及各系统变量之间的对比后，可以得到数据获取效率、数据存储效率、数据开放效率及数据利用效率变化与高校图书馆 RDM 服务水平之间的影响关系。但数据获取效率、数据存储效率等系统变量，并不能受到利益相关者的直接影响，而需要通过某些行为活动来对这些速率变量产生影响，如提升数据库建设水平、提升开放存取水平、增加 RDM 服务的种类等。为体现这些直接行为对最终 RDM 服务水平的影响关系，本章分别从政府、出版商和供应商三方机构，以及高校图书馆自身的角度，开展情境分析得到如下结果。

（一）政府政策维度

政府主要通过制定政策来对高校图书馆 RDM 服务水平的变化趋势施加影响，而在本模型中，政策又主要分为数据保护政策和数据开放政策两类，为体现不同政策种类对高校图书馆 RDM 服务水平的影响关系，现分别将数据保护政策支持和数据开放政策支持调整为自然状态的 3 倍，并进行仿真运行实验，得到的动态结果如图 7-9 所示。

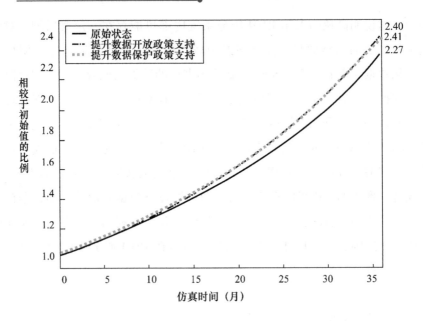

图7-9 政府政策支持行为对科研数据管理服务水平的影响

从图7-9中可以看出，提升数据开放政策支持水平和提升数据保护政策支持水平对RDMS水平的影响差异并不明显，但相较于原始状态下均有着10%左右的提升幅度。这也反映出本章模型设计想要表达的一个重要观点：在政策层面，数据开放政策与数据保护政策的重要性是同等的。因为相较于其他领域的法规，高校图书馆的数据开放与数据保护行为并不适合简单地通过政府的法律法规进行严格管控，政府相关政策主要在营造大环境及趋势引导上起着重要作用。换言之，对提升高校图书馆的RDM服务水平而言，政府的政策支持行为起到的决定性作用比较有限。而在政府政策趋势引导上，也不宜对数据保护或者数据开放的任何一方过分倾斜：过分强调数据保护会削弱数据流动性，从而影响数据共享效率；过分强调数据开放则会损伤数据敏感性，在数据保护方面可能会造成更大的问题，因此，对政府政策制定而言，最好的办法应该是兼顾两者，在数据保护与数据共享之间寻求平衡。

（二）第三方机构维度

可能对高校图书馆 RDM 服务水平产生影响的第三方机构包括：对科研数据管理计划存在一定要求的学术资助机构，如跨大学政治和社会研究联盟（ICPSR）、国家人文基金会（NEH）等，以及为高校图书馆提供数据存储的数据存储服务供应商，如 Dyrad 数据知识库等。前者通过对资助申请者提出 DMP 要求来提升科研人员的科研数据共享效率，后者则通过收集整理高校图书馆提供的科研数据，并对科研人员免费开放，以促进高校图书馆的数据开放效率。为体现两者行为对 RDM 服务水平的影响差异，现分别将数据存储服务供应商水平与资助机构 DMP 要求提升至原始状态的 3 倍进行仿真运行实验，得到的结果如图 7 - 10 所示。

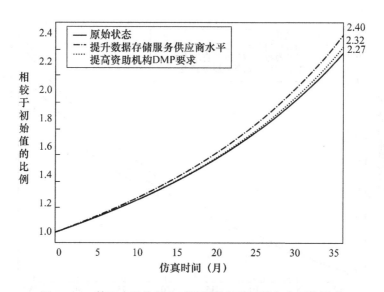

图 7 - 10 第三方机构行为对科研数据管理服务水平的影响

通过图 7 - 10 中的信息可以看出，从第三方机构行为的视角来看，不管是提升数据存储服务商水平，还是提高资助机构 DMP 要求，对高校图书馆 RDM 服务水平来说都具有一定的积极意义。并且在其他系统变量不变的情况下，提升数据存储服务供应商水平相较于提高资助机构 DMP 要求而言，能为高校图书馆 RDM 服务水平的提升带来更多的正面影响。产生这一现象的原因可能是：资助机构的 DMP 要求仅仅是对申请相关资助的科研人员的最低要求，产生的影响力有限，而数据存储服务供应商通常会同时对多个高校图书馆提供服务，并且服务对象并不局限在高校图书馆之内，因此能产生更广阔的影响范围和影响效力。

（三）高校图书馆维度

高校图书馆作为开展 RDM 服务的主体，在影响 RDM 服务水平的行为选择上更具多样性，本模型选择从增加 RDM 服务种类、增强科研数据存储规范程度、提升数据发布及开放存储水平等几个角度，在控制其他系统变量水平不变的前提下，调整观测目标系统变量水平至原始状态的 3 倍，完成仿真运行实验后得到的结果如图 7-11 所示。

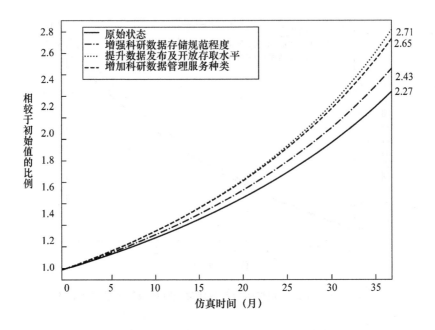

图 7-11　高校图书馆行为调整对科研数据管理服务水平的影响

由图 7-11 可以看出，提升数据发布及开放存取水平与增加 RDM 服务种类均能有效提升高校图书馆 RDM 服务水平，而增加科研数据存储规范程度产生的效果比较有限。出现这一结果的原因可能在于：尽管数据获取、数据存储也是评价 RDM 服务水平的重要指标之一，但相较之下，数据的开放及利用环节处于高校图书馆数据生命周期的末期，能更为直接地影响到下一周期的数据循环。此外，科研人员对科研数据的感知也集中体现在上述两个环节，这也就意味着，针对数据开放及数据利用展开的 RDM 服务行为能够对科研人员产生更为明显的反馈，从而对高校图书馆 RDM 服务水平的变化形成更显著的影响。

提升数据发布及开放存取水平、增加 RDM 服务种类，以及增强科研数据存储规范程度分别作用于高校图书馆的数据开放效率、数据利用效率及数据存储效率，图 7－11 高校图书馆的不同行为对 RDM 服务水平的影响变化幅度符合上文灵敏度分析结果的预期。同时，对比图 7－9 至图 7－11 还可以发现，高校图书馆行为的调整对 RDM 服务水平变化的影响最为明显，这也符合实际情况下对高校图书馆作为 RDM 服务主体的期望。因此，本章的实验设计及仿真结果存在一定的内在逻辑一致性。

第六节　研究发现与建议

科学研究向第四范式转变以来，高校图书馆在信息资源管理任务及科学学科发展等方面承担着越来越重要的角色，特别是在科研数据管理的相关问题上有着举足轻重的作用。根据第三、四章的研究可知，我国由于相关领域研究起步较晚，受重视程度不高等，在 RDM 服务的建设方面与发达国家已经产生了较大差距，这对我国科研数据的利用水平提升和学科发展速度可能造成一定不利影响。为进一步提升我国高校图书馆的 RDM 服务水平，缩短与发达国家在该领域的差距，亟须对 RDM 服务运作流程进行系统性审视，才能有的放矢，提出高效的建设策略。为此，本章基于系统动力学理论进行系统建模，通过 VensimPLE 开展仿真实验，得到以下几点发现和建议。

一　研究发现

（一）在整个实验进行过程中，本课题组发现，RDM 服务系统作为一个有多个利益相关者共同参与作用的庞大组织，存在一定滞后性，换言之，任何调整改善措施的提升效果都需要长时间的实践来检验其有效性。这也意味着：不管是高校图书馆还是政府，又或者是第三方机构，任何参与 RDM 服务系统中的利益相关者在进行行为模式和行为策略的调整时，都需要贯彻始终，确保前后行为逻辑的一致性，这样才能最大效率地发挥其影响力。

（二）受科研水平自然增长的影响，参与进入生命周期的科研数据的总体体量是在不断增长的，而更丰富的科研数据会带来更为优异的数据服务体验，这意味着高校图书馆 RDM 服务水平受到整体科研水平的影响，同样会出现自然增长的趋势。

（三）在对高校图书馆 RDM 服务水平产生直接影响的四个可控系统变量进行灵敏度分析时发现，提升高校图书馆的数据获取效率、数据存储效率、数据开放效率、数据利用效率均能有效提升高校图书馆 RDM 服务水平。但从横向比较结果来看，数据管理服务水平对高校图书馆数据开放效率及数据利用效率的变化最为敏感，其次才是高校图书馆存储效率和获取效率。因此，本章认为提升科研数据的开放使用效率是提升高校图书馆 RDM 服务水平最为高效的手段。

（四）从政府政策行为的角度来看，加大数据开放政策支持水平与加大数据保护政策支持水平对最终的 RDM 服务水平提升均能产生一定的正面效果，且两者产生的效果差异并不大。此外，相较于第三方机构而言，政府政策产生的影响力更为明显，但相较于高校图书馆来说，政府政策行为产生的效果还相对有限。产生这种现象的原因可能在于：政府政策行为所起到的作用主要在于整体大环境氛围的营造以及趋势引导方面，并不直接干涉实际 RDM 服务行为措施，因此产生的影响会比作用领域较为局限的第三方机构更为明显，却不如承担 RDM 服务主体的高校图书馆。

（五）从第三方机构行为的角度来看，提高资助机构 DMP 要求、提升数据存储服务供应商水平都能提升最终的 RDM 服务水平，且提升数据存储服务供应商水平相较于提升资助机构 DMP 要求来说效果更加明显，应当作为第三方机构开展相关服务的主要方向。但横向对比发现，与政府政策行为和高校图书馆行为比较，第三方机构行为所能产生的效果相对薄弱。产生这种现象的原因可能在于：第三方机构行为所直接参与的环节较少，在 RDM 服务系统中主要扮演辅助性角色，通过承担高校图书馆无法完全处理的任务，实现对 RDM 服务薄弱环节的增强补全，因此产生的效果最不明显。

（六）从高校图书馆行为的角度来看，增加 RDM 服务种类、增强科研数据存储规范程度、提升数据发布及开放存取水平均能较大幅度提升最终的 RDM 服务水平，其中提升数据发布及开放存取水平和增加 RDM 服务种类对整体 RDM 服务水平的提升幅度最高，应当作为高校图书馆后续发展措施的关注重点。此外，相较于政府政策行为和第三方机构行为而言，高校图书馆行为产生的影响效果也更为明显。产生这种现象的原因在于：高校图书馆作为承担 RDM 服务任务的主体，其采取的行为能够直接作用在数据生命周期的各个环节，也能直接反映在 RDM 服务水平的变化上。

二　建议对策

基于上述研究发现，本章结合 RDM 服务系统运行的全员、全过程、全方位对高校图书馆提出以下几点发展建议：

（一）科研数据的开放使用活动围绕数据中心（数据共享中心、数据共享平台）进行。数据中心主要由国家或高校图书馆主持建设，我国国家层面目前建立的主要科研数据共享平台包括林业科研数据平台、地球系统科研数据共享平台、人口与健康科研数据共享平台、农业科研数据共享中心、地震科研数据共享中心和气象科学数据共享中心等[①]。各大高校图书馆通过数据开放共享平台、机构知识库，还包括一些第三方的科研数据库进行科研数据的开放使用，如第四章调查可知，北京大学、复旦大学利用自建的数据开放共享平台共享科研数据；厦门大学学术典藏库保存着厦门大学师生的科研数据资料；由教育部 CALIS 项目资助的一些研究数据库也

---

① 盛小平、吴红：《科学数据开放共享活动中不同利益相关者动力分析》，《图书情报工作》2019 年第 17 期。

被多个高校图书馆引入使用。可以看出，我国国家层面建成的数据共享中心多归属于自然科学领域，在人文社科领域关注力度严重不足，文学、历史、社会等领域每年都会产生大量的科研数据，但是由各高校的数据平台分散保存，缺乏一个统一的平台进行分类整理以及开放共享，导致了大量科研资源浪费在重复收集等无效行为上，不利于人文社科相关学科的发展建设。为此，希望有关部门以及相关领域学科建设优势强校能够发挥带头作用，整合资源，扩展渠道，参考自然科学领域相关平台建设成果，建设集存储、发布、交换、共享与分析于一体的数据共享平台。

（二）开放数据通过鼓励重复使用和丰富数据集来加速研究进程，同时最大限度地利用公共预算于研究数据的生产①。任何人、任何时间、任何地点都可以自由使用、重复使用和重新共享。尽管开放数据对使用方法和用途目的并没有做出额外的限制，但是我国现阶段开放数据的使用还很大程度上集中在科研领域。研究者们使用开放数据进行各种各样的研究，却忽视了在研究以外的领域开放数据所能发挥的作用，如信息教育领域以及公共治理领域②：以信息教育领域的数据素养为例，数据素养能够广泛地将数据管理和研究技能通过提出问题、解释数据、分析数据以及可视化数据行为进行联系③④⑤。而数据素养可以通过对开放数据的学习活动来培养⑥，这显示出开放数据作为数据素养教育材料的重要潜力，除此之外，

① Burgelman J-C., Pascu C., Szkuta K., et al., "Open Science, Open Data, and Open Scholarship: European Policies to Make Science Fit for the Twenty-First Century", *Frontiers in Big Data*, Vol. 2, 2019, p. 43.

② Neves F. T., De Castro Neto M., Aparicio M., "The Impacts of Open Data Initiatives on Smart Cities: A Framework for Evaluation and Monitoring", *Cities*, Vol. 106, 2020, p. 10286.

③ Coughlan T., "The Use of Open Data as a Material for Learning", *Educational Technology Research and Development*, Vol. 68, No. 1, 2020, pp. 383 –411.

④ Atenas J., Havemann L., Priego E., "Open Data as Open Educational Resources: Towards Transversal Skills and Global Citizenship", *Open Praxis*, Vol. 7, No. 4, 2015, pp. 377 –389.

⑤ Crusoe D., "Data Literacy Defined Pro Populo: To Read this Article, Please Provide a Little Information", *The Journal of Community Informatics*, Vol. 12, No. 3, 2016, pp. 27 –46.

⑥ Wolff A., Montaner J. J. C., Kortuem G., "Urban Data in the Primary Classroom: Bringing Data Literacy to the Uk Curriculum", *The Journal of Community Informatics*, Vol. 12, No. 3, 2016, pp. 57 –82.

批判性思维、统计素养、全球思维、团队合作都可以通过开放数据学习来获得①。因此，在开放数据使用领域不能囿于固有思维，可以适当在高等教育阶段加入数据素养等开放数据学习环节，鼓励用户参与开放数据活动等。尽管这对现阶段的 RDM 服务建设来说可能产生的影响有限，但是具有在未来发挥巨大作用的潜力。

（三）从政府行为的角度来说，需要稳定落实政策环境，细化侵权情形与责任分配标准，引导形成良好数据开放及数据保护氛围。政府行为对 RDM 服务的水平产生的提升效果，相较于高校图书馆行为来说并不明显，但这并不意味着政府政策行为无关紧要，相反，由于政府政策在环境营造、趋势引导上所起到的决定性作用，导致政府政策对数据保护和数据共享领域的长期发展来说至关重要。尽管我国在宏观层面已经提出了较多系列政策，如《科学数据管理办法》《科学数据共享条例》《国家科技项目科学数据汇交暂行办法（草案）》等②。但在例如《数字版权保护法》《著作权法实施条例》等更为严格的法律法规下还存在许多责任分配不够细致、对数字资源的特殊性认识不够等情况③。为此，政府不仅要推动数据共享及数据保护意识的发展，还要细化落实侵权等违规违法行为的责任分配标准，充分发挥政策法律的威慑力和震慑效果，形成强而有效的法律屏障，以减少数据滥用、保证科研人员的数据共享权益、形成良好的数据开放及保护氛围。

（四）从第三方机构行为的角度来说，需要进一步拓展数据存储服务商渠道，并标准化 DMP 要求。我国高校图书馆目前还没有形成一个强而有效的第三方机构参与的 RDM 服务监督机制。我国 RDM 服务相关规范的设计主体依旧集中在高校之间，如北京大学开放研究数据平台用户指南、复

---

① 崔涛：《荷兰高校图书馆科研数据管理服务实践及启示》，《图书馆学研究》2020 年第 15 期。

② 王继娜：《国外高校图书馆科学数据管理服务的调研与思考》，《情报理论与实践》2019 年第 8 期。

③ 章诚：《学术期刊数字版权保护的现实困境、规范向度与法治进路》，《科技与出版》2021 年第 6 期。

旦大学社会科学数据平台指南等，尽管部分高校图书馆在网站页面提及了由中国高等教育文献保障系统（China Academic Library & Information System，CALIS）主导的 RDM 服务规范，但并未介绍其具体内容①。然而由高校主导的数据共享行为很可能会导致不同高校之间存在天然的壁垒，不利于数据资源的整合、开放、共享。此外，第三方机构在这一领域的缺席也对构建形成良好的 RDM 服务生态产生了一定的负面影响。斯普林格·自然与中国科学院文献情报中心做的一份社会调查显示，有 35% 的国内受访研究者认为，期刊等机构没有提出 DMP 的要求是导致研究人员没有共享数据的主要原因②。综上所述，强化第三方机构的参与力度，进一步拓展数据存储服务商渠道，并标准化 DMP 要求，对整合数据共享资源、提高科研人员数据共享积极性具有重要意义。

（五）从高校图书馆行为的角度来说，推进 RDM 服务发展进程的首要任务应该是增加 RDM 服务种类，优化开放存取等数据共享渠道。当前，我国高校图书馆在 RDM 服务的开展种类上，与其他国家还存在较大差距。根据第三章的调查可知，以西方发达国家高校图书馆中常见的：数据管理计划工具、数据存储与备份、数据出版与共享、咨询培训、数据引用、敏感数据以及数据可视化七大类服务内容为例，我国北京大学、清华大学、武汉大学、复旦大学、湖南大学、上海外国语大学等部分开展 RDM 服务的高校图书馆只涉及其中的两三类。我国高校图书馆不仅在服务种类上与国外同等水平高校存在较大差距，在服务深度上也存在明显差距。以数据存取与备份为例，作为上述 RDM 服务中开展比例最高的一类，在国外高校图书馆中已经形成了较为成熟的应用体系，如数据存取政策指导、数据存取平台推广使用、数据存取系统建设等。而相比之下，我国绝大多数高校目前还只停留在咨询阶段。但这也意味着，我国 RDM 服务建设还存在

① 陈媛媛、林安洁：《高校科研数据管理服务实践：数据拥护者计划》，《情报理论与实践》2022 年第 2 期。

② Lucraft M., Allin K., Baynes G., et al., Challenges and Opportunities for Data Sharing in China [EB/OL]. [2022-7-3]. https://figshare.com/articles/journal_ contribution/Challenges_ and_ Opportunities_ for_ Data_ Sharing_ in_ China/7326605.

着较大的提升空间。为此，我国高校图书馆应该充分发挥后发优势，吸收西方现有先进经验，探索构建个性化、差异化的服务，增加 RDM 服务种类，优化开放存取等数据共享渠道，以形成满足我国科研人员需求的 RDM 服务系统运行方式。

第七节　本章小结

本章参考数据生命周期理论、利益相关者理论等构建高校图书馆 RDM 服务系统的动力学模型。首先基于词频法确定各影响因子的权重系数并构建系统动力学方程，其次完成动态仿真模拟实验，最后在实验分析结果的基础上对我国高校图书馆的 RDM 服务建设提出了具有一定可行性的参考建议。

尽管研究尽可能遵循客观规律，但在研究方法上仍然存在一定不足。例如在词频法的关键词选择和影响因子之间的联系紧密程度问题上并未做严谨的分析讨论，而是基于课题组主观判断进行，对结果的公正性可能会产生一定的影响。且由于系统动力学模型建立和方程设计并没有固定规律可循，如何公正客观地进行实验设计一直是该领域研究的一大难题。在这一问题上，本书提出的方法仅作为初试，后续将进一步结合自然语言处理、神经网络和语义向量化等技术，通过语义相似度计算结果选择词频法需要的关键词，完善系统动力学方程构建，进而提升实验结果的客观性。

第八章 结论与展望

第一节 研究结论

RDM 服务是数据密集型科研环境下高校图书馆的关键任务之一，图书馆未来发展的重要方向就是成为从事数据任务学者的服务提供方，但许多高校图书馆的 RDM 服务仍处在初级阶段。随着科学研究第四范式的到来，高校图书馆如何妥善开展 RDM 服务？哪些主体将参与其中？科研数据的创建者和使用者对 RDM 服务的认同情况如何？我们又如何设计一套具有一般性、重复性和可操作性的服务模式和服务系统来指导高校图书馆 RDM 服务的开展？围绕以上问题，本项目通过质性探索与量性检验相结合的科学研究思路，"由表及里""由面及体"地先后对高校图书馆 RDM 服务的相关概念内涵及理论范畴进行界定，为高校图书馆开展 RDM 服务提供理论支撑；探索科研人员和图书馆从业人员对高校图书馆 RDM 服务的认知与需求，寻找 RDM 服务的发展方向；构建高校图书馆 RDM 服务模式，厘清模式要素之间的关系，指导服务实践开展；系统分析高校图书馆 RDM 服务系统运行机理，辨析利益相关主体及其之间的作用关系，提出有效提升高校图书馆 RDM 服务水平的建议。研究结论可以从以下几方面来总结：

（一）通过对美国、英国、加拿大、澳大利亚四个国家的高校图书馆的 RDM 服务实践的网络调研和分析，发现大部分国外高校图书馆都已建设开展 RDM 服务，且提供的服务内容较好地囊括了数据生命周期的不同阶段，能够为使用者提供较为全面的指引。而通过对我国 147 所 "双一流" 高校的调研，发现国内目前开展 RDM 服务的高校图书馆数量少之义少，且存在基础设施建设薄弱、服务内容不完善、服务形式较单一、专业人员不足等问题。在国外经验总结的基础上，本书从在国家政策的指导下，制定本校科研数据管理政策，以及推进 RDM 服务建设进程、丰富服务内容等方面为我国高校图书馆提出了建议。

（二）通过构建量化指标，并根据这些指标调查国内外高校科研数据服务平台——机构知识库的建设与服务现状发现，国外高校机构知识库的总体建设水平较高，国内高校机构知识库建设水平与国外相比还有一定差距，部分机构对于开展机构知识库这一服务还未形成共识，多数的高校因为缺乏人才、资金不足、技术落后等问题，未能建设机构知识库。基于调查结果，本书提出我国高校图书馆应在参考国外建设经验的基础上，完善机构知识库基础建设，注重内容资源设置，健全管理政策体系，选择合适的软件平台，从而提高机构知识库的建设与服务。

（三）通过问卷调查和半结构化访谈相结合的方式，对高校科研人员和图书馆从业人员分别展开调研，发现尽管高校科研人员对于 RDM 服务存在明显需求，但高校科研人员和图书馆从业人员对于 RDM 服务的认知整体不足，图书馆从业人员的 RDM 服务能力亟待提高。在调查结果的基础上，本书提出高校图书馆需加速推进 RDM 服务的建设进程，做好 RDM 服务的推广和普及。

（四）通过文本分析等方法，对国外高校图书馆 RDM 服务模式要素和内容进行提取和归纳，得到包含流程要素、内容要素、支持要素和形式要素四大方面，共 11 个要素的 RDM 服务要素框架。在此基础上，搭建了由流程端、服务端和支持端构成的高校图书馆 RDM 服务模式，并以北京大学图书馆 RDM 服务为例，对模式的概念模型进行应用。基于应用结果，本书从数据管理计划、数据组织和元数据、数据隐私和安全、数据出版和重用、服务人员和组织，以及咨询、课程和讲座等方面为我国高校图书馆 RDM 服务提出了建议，并对初始模式进行了优化完善，以更好地指导我国高校图书馆 RDM 服务实践开展。

（五）通过系统动力学理论和 VensimPLE 软件，构建高校图书馆 RDM 服务系统的动力学模型，并进行模拟仿真分析，得到了数据获取效率、数据存储效率、数据开放效率和数据利用效率的变化，以及政府、三方机构和高校图书馆的行为活动与高校图书馆 RDM 服务水平之间的影响关系。并基于仿真结果，从科研数据开放使用、政府行为、第三方机构行为，以及高校图书馆行为等方面为我国高校图书馆的 RDM 服务建设提出了具有一定可行性的参考建议。

第二节　研究创新点

本书对图书馆学现有研究理论进行了补充和完善，并将系统动力学原理引入图书馆学研究中，从系统、动态的角度看待 RDM 服务问题，创新点具体体现在以下四个方面：

（一）深化了高校图书馆 RDM 服务的认知与需求分析。从高校科研人员和图书馆从业人员两个角度分别展开调研。在调查高校科研人员时，主要运用调查问卷法和半结构化访谈的方法，辨析年龄、专业背景和身份等对认知与需求是否存在显著性差异，深入挖掘被调查对象的认知与需求产生情境，并分析影响因素。在调研高校图书馆从业人员时，研究不同特征下的图书馆从业人员对于 RDM 服务的认知与能力需求差异，基于两部分调研结果提出服务发展建议。

（二）丰富了高校图书馆 RDM 服务模式搭建与应用研究。首先，对高校图书馆 RDM 服务模式要素进行识别，整理得到包含流程、内容、支持和形式四大方面，科研项目周期、数据生命周期、数据管理计划、数据隐私和安全、数据组织和元数据、数据分析和可视化、数据存储和共享、数据出版和重用、文献和数据资源、服务人员和组织、资助机构和出版商政策，以及基础设施和工具 12 个要素的 RDM 服务要素框架，进而对各要素及其之间的关系进行分析，形成要素词典，并在此基础上搭建高校图书馆

RDM 服务模式，之后以北京大学图书馆为例，进行模式应用与优化，将 RDM 服务研究具象化，提高理论模型的普适性，以便更好地指导我国高校 RDM 服务的实践。

（三）实现了高校图书馆 RDM 服务系统模拟与仿真研究。在系统动力学理论的指导下，提出 RDM 服务系统边界以区分内外部因素，继而构建系统动力学方程式，进行初始状态、灵敏度和情境三方面的仿真分析。系统的初始状态分析是对系统的服务水平在仿真过程中的自然增长趋势以及该趋势的形成原因进行分析。系统的灵敏度分析用以判断各系统变量对服务系统的服务水平所产生的影响力和影响范围。系统的情境分析是从利益相关者角度分析不同变量在系统运行过程中的作用机理。区别于以往孤立看待 RDM 服务的研究角度，提出系统优化建议，为 RDM 服务的健康发展提供参考。

（四）采用了理论与实证、静态定性与动态定量相结合的研究方法。本书不仅借助 Python 爬取网页数据，使用 SBERT 进行文本分析，从而搭建高校图书馆 RDM 服务模式的概念模型，还运用案例研究的方法检验模型的应用，相较于单纯的理论研究，理论与实证相结合的形式使得研究结果更加科学、合理；本书不仅定性描述高校图书馆 RDM 服务系统的构成，还通过词频分析得到各系统变量的权重系数，并应用系统动力学软件 Vensim 建模仿真模拟系统运行情况，相较于简单的静态定性研究，动态定量与之相结合的形式使得研究角度更加丰富、立体。

第三节　研究不足

尽管始终坚持研究的科学性和严谨性，但由于调查对象的复杂性，以及研究人员认知和能力的有限性等因素的限制，本书还存在以下不足：

（一）本书对高校图书馆 RDM 服务平台——机构知识库的建设评估分析中，由于部分评估指标无法量化、国外网站获取信息受限等导致调查数据不够完整，分析结果不够全面；对科研人员和图书馆从业人员的认知与需求调研中，调查范围没有遍及全国所有高校，调查对象数量和专业有限，不能完全反映客观情况。

（二）本书在对高校图书馆 RDM 服务模式研究部分，由于不同高校图书馆网站栏目设置存在差异，所以只选择了 37 所美国高校图书馆网站作为数据源，这可能会对服务模式内容的全面性产生一定影响；数据通过网页链接爬取，虽然设置了关键词来过滤不相关链接和文本，但不可避免地还会存在与 RDM 服务无关的内容，会对分析的准确性产生一定影响；虽然通过算法，根据语义对文本进行了主题和聚类的提取和生成，但是对文本语境的考虑还存在不足，所以模式维度的划分必须结合人工调整，在这个过程中可能会存在主观判断和认知局限的影响；另外，由于条件所限，模式应用中还是主要采用了网络调查和文献调查的方法，没有进行实地调研或对图书馆人员进行访谈，这可能对模式应用的准确性产生一定影响。

（三）本书在高校图书馆 RDM 服务系统研究部分，尽管尽可能遵循客观规律，但所使用研究方法仍然存在一定不足。例如，在词频法的关键词选择和影响因子之间联系紧密程度问题上并未做严谨的分析讨论，而是基于课题组主观判断进行，对结果的公正性可能会产生一定的影响。且由于系统动力学模型建立和方程设计并没有固定规律可循，如何公正客观地进行实验设计一直是该领域研究的一大难题，本书提出的方法仅作为初试。

第四节　研究展望

为了更好地为高校图书馆 RDM 服务提供理论和实践上的支持，在未来研究中，以下问题还需深入探讨：

（一）RDM 服务平台评估指标的完善。国内 RDM 服务平台数量正在不断增加，但建设水平与国外相比还有一定差距。相对完备的评价指标对机构知识库进行评估分析，能够帮助发现不足，提高机构知识库的服务水平。但是目前相关评估体系不太成熟，未来可以在该领域进行更加深入的研究。

（二）RDM 服务能力评价研究的开展。随着 RDM 服务的发展，RDM 服务能力的评价问题将越来越值得关注。对我国高校图书馆 RDM 服务能力进行评估定级，从而选择合适的 RDM 服务推广路径是未来值得深入探讨的问题。

（三）高校图书馆 RDM 服务模式的实际应用。本书提出的高校图书馆 RDM 服务模式，只以一所国内高校为例进行了理论上的应用，还需要在更多情境下进行检验。未来研究应通过实地调研和相关人员访谈等方式，对模式进行更多的实际应用，从而对高校图书馆 RDM 服务模式进一步优化，提升模式的一般性、重复性和可操作性。

（四）系统动力学在科研数据服务领域的应用探索。本课题组将进一步结合自然语言处理、神经网络和语义向量化等技术，通过语义相似度计算结果选择词频法需要的关键词，完善系统动力学方程构建，进而提升实验结果的客观性。

参考文献

中文专著

胡昌平：《信息服务与用户》，武汉大学出版社 2008 年版。

美国项目管理协会：《项目管理知识体系指南（PMBOK 指南）》，电子工业
　　出版社 2018 年版。

沈德立、阴国恩：《基础心理学》，华东师范大学出版社 2010 年版。

吴慰慈、董焱：《图书馆学概论》，国家图书馆出版社 2019 年版。

钟永光、贾晓菁、李旭等：《系统动力学》，科学出版社 2009 年版。

中文期刊

蔡洪齐：《面向学科的高校图书馆数据素养教育研究》，《图书与情报》
　　2016 年第 3 期。

蔡惠霞：《数据馆员：内涵、核心角色与培养策略》，《图书馆》2022 年第
　　1 期。

蔡迎春、欧阳剑、严丹等：《基于数据中台理念的图书馆数据服务模式研
　　究》，《图书馆杂志》2021 年第 11 期。

柴会明、张立彬、赵雅洁：《国内图书馆科学数据研究述评》，《图书情报
　　工作》2019 年第 7 期。

陈国卫、金家善、耿俊豹：《系统动力学应用研究综述》，《控制工程》
　　2012 年第 6 期。

陈晋：《2008—2018 年我国科研数据管理服务研究述评》，《图书馆工作与

研究》2008 年第 11 期。

陈丽君：《约翰·霍普金斯大学科学数据管理服务实践与启示》，《现代情报》2016 年第 4 期。

陈廉芳：《医学科学数据馆员制度建设》，《图书馆学研究》2018 年第 12 期。

陈美华、刘文云、刘昊、王静雅：《国内外机构知识库建设研究》，《情报理论与实践》2015 年第 9 期。

陈姝彤、何梦洁、徐坤：《高校图书馆科学数据研究特征分析》，《情报科学》2020 年第 11 期。

陈欣悦：《基于内容分析法的用户参与高校机构知识库的影响因素分析》，《图书馆理论与实践》2022 年第 1 期。

陈秀娟、胡卉、吴鸣：《英美数据管理计划与高校图书馆服务》，《图书情报工作》2015 年第 14 期。

陈媛媛：《高校科研数据管理服务能力研究》，《情报杂志》2020 年第 6 期。

陈媛媛、柯平：《大学图书馆科研数据服务模型研究》，《情报理论与实践》2018 年第 5 期。

陈媛媛、柯平：《高校图书馆科研数据服务研究综述》，《图书馆工作与研究》2017 年第 1 期。

陈媛媛、林安洁：《高校科研数据管理服务实践：数据拥护者计划》，《情报理论与实践》2022 年第 2 期。

陈媛媛、王朔桓：《科研人员数据共享的挑战》，《图书馆论坛》2020 年第 8 期。

陈媛媛、王苑颖：《科研数据开放共享的利益相关者互动关系》，《图书馆论坛》2020 年第 5 期。

程结晶、刘佳美、杨起虹：《基于耗散结构理论的科研数据管理系统概念模型及运行策略》，《现代情报》2018 年第 1 期。

储节旺、夏莉：《嵌入生命周期理论的科学数据管理体系构建研究——牛津大学为例》,《现代情报》2020 年第 1 期。

崔海媛、罗鹏程、李国俊等:《研究数据管理服务框架研究与构建:以北京大学为例》,《图书情报工作》2019 年第 1 期。

崔海媛、聂华、吴越等:《公共资助机构开放获取政策研究与实施——以国家自然科学基金委员会基础研究知识库开放获取政策为例》,《大学图书馆学报》2017 年第 3 期。

崔涛:《荷兰高校图书馆科研数据管理服务实践及启示》,《图书馆学研究》2020 年第 15 期。

崔涛、姜春燕、李青等:《国外高校图书馆科研数据管理服务激励机制研究》,《情报杂志》2020 年第 1 期。

崔涛、李青、胡杨等:《国外大学图书馆科研数据管理服务现状调查分析》,《情报杂志》2019 年第 5 期。

崔旭、赵希梅、王铮等:《我国科学数据管理平台建设成就、缺失、对策及趋势分析——基于国内外比较视角》,《图书情报工作》2019 年第 9 期。

党洪莉、谭海兵:《基于 DMM 的数据管理成熟度模型及在服务评估中的应用》,《现代情报》2017 年第 9 期。

丁红发、孟秋晴、王祥等:《面向数据生命周期的政府数据开放的数据安全与隐私保护对策分析》,《情报杂志》2019 年第 7 期。

丁宁、马浩琴:《国外高校科学数据生命周期管理模型比较研究及借鉴》,《图书情报工作》2013 年第 6 期。

丁培:《国外大学科研数据管理政策研究》,《图书馆论坛》2014 年第 5 期。

董凌峰:《基于 SD 演化博弈的网络舆情形成阶段主体研究》,《情报科学》2018 年第 1 期。

董薇:《数据密集型科研范式下馆员数据素养能力培养路径分析》,《数字图书馆论坛》2017 年第 11 期。

杜杏叶、李贺、李卓卓:《面向知识创新的科研团队数据能力模型构建研究》，《图书情报工作》2018年第4期。

凡庆涛、刘娟、杜赟等：《高校科研数据研究状况与热点分析——以科学知识图谱为视角》，《中国高校科技》2020年第12期。

樊俊豪：《图书馆在科学数据管理中的角色定位研究》，《图书情报工作》2014年第6期。

顾立平：《科研模式变革中的数据管理服务：实现开放获取、开放数据、开放科学的途径》，《中国图书馆学报》2018年第6期。

顾立平、张潇月：《开放科学环境下数据馆员的实践探析》，《图书情报知识》2020年第2期。

郝媛玲、沈婷婷：《数据素养及其培养机制的构建与策略思考》，《情报理论与实践》2016年第1期。

何平、何艳平：《学科信息服务嵌入机构知识库的研究和应用策略》，《图书馆》2018年第3期。

洪正国、项英：《基于Dspace构建高校科学数据管理平台——以蝎物种与毒素数据库为例》，《图书情报工作》2013年第6期。

胡卉、吴鸣：《国外图书馆数据素养教育最佳实践研究与启示》，《现代情报》2016年第8期。

胡卉、吴鸣、陈秀娟：《加拿大高校图书馆数据素养教育模式》，《图书情报工作》2016年第8期。

胡佳琪、陆颖：《开放科学数据利益主体协同机制研究》，《图书情报工作》2020年第21期。

胡蓉、赵宇翔、朱庆华：《移动互联环境下用户跨屏行为整合分析框架——基于扎根理论的探索》，《中国图书馆学报》2017年第6期。

胡绍君：《面向科研数据管理的高校学科馆员能力建设研究》，《图书情报工作》2016年第22期。

胡元元、朱慧敏：《我国科研数据管理服务：内涵、主题演变、研究框架及其启示》，《图书馆学研究》2019年第4期。

胡媛、艾文华、胡子祎等：《高校科研人员数据需求管理影响因素框架研究》，《中国图书馆学报》2019 年第 4 期。

黄国彬、邱弘阳、张莎莎等：《数据管理计划工具 DMPTool 的服务体系剖析》，《图书情报工作》2018 年第 4 期。

黄国彬、刘馨然、张莎莎：《英澳科学数据共享过程中个人隐私保护政策研究》，《图书情报知识》2017 年第 6 期。

黄国彬、屈亚杰：《英国科研资助机构的科学数据共享政策调研》，《图书馆论坛》2017 年第 5 期。

黄国彬、王舒、屈亚杰：《科学数据出版模式比较研究》，《大学图书馆学报》2018 年第 1 期。

黄红华、韩秋明：《英国大学图书馆科研数据管理服务研究》，《图书馆理论与实践》2017 年第 8 期。

黄惠平：《谢菲尔德大学图书馆专业服务建设探究及启示》，《新世纪图书馆》2020 年第 4 期。

黄如花、赖彤：《利益相关者视角下图书馆参与科学数据管理的分析》，《图书情报工作》2016 年第 3 期。

黄如花、赖彤：《数据生命周期视角下我国政府数据开放的障碍研究》，《情报理论与实践》2018 年第 2 期。

黄如花、李白杨：《数据素养教育：大数据时代信息素养教育的拓展》，《图书情报知识》2016 年第 1 期。

江洪、刘敬仪：《国外期刊科学数据管理调查与分析》，《图书情报工作》2019 年第 9 期。

江洪、王春晓：《基于科学数据生命周期管理阶段的科学数据质量评价体系构建研究》，《图书情报工作》2020 年第 1 期。

姜鑫：《国外资助机构科学数据开放共享政策研究——基于 NVivo 12 的政策文本分析》，《现代情报》2020 年第 8 期。

蒋丽丽、陈幼华、陈琛：《国外高校图书馆数据馆员服务模式研究》，《图书情报工作》2015 年第 17 期。

金贞燕、阿童木：《科研数据管理服务内容体系构建研究》，《情报理论与实践》2021 年第 8 期。

李成赞、张丽丽、侯艳飞等：《科学大数据开放共享：模式与机制》,《情报理论与实践》2017 年第 11 期。

李菲、林橦、于金平：《生命周期范式下大学图书馆科研智库服务模式构建与应用研究》,《图书情报工作》2018 年第 24 期。

李洪波、熊励、刘寅斌：《基于系统动力学的信息管理研究：框架与综述》,《情报科学》2017 年第 2 期。

李慧佳、马建玲、王楠等：《国内外科学数据的组织与管理研究进展》,《图书情报工作》2013 年第 23 期。

李梅：《大学图书馆的研究数据服务创新与数据馆员新角色——英国爱丁堡大学范例研究》,《图书与情报》2019 年第 3 期。

李秋月、何祎雯：《我国科学数据权益保护问题及对策——基于共享政策的文本分析》,《图书馆》2018 年第 1 期。

李晓辉：《图书馆科研数据管理与服务模式探讨》,《中国图书馆学报》2011 年第 5 期。

李杨、裴丽：《面向研究数据管理的高校图书馆学科服务模式探析》,《图书馆工作与研究》2020 年第 6 期。

李洋、温亮明：《〈科学数据管理办法〉落实现状、影响因素及推进策略研究》,《图书情报工作》2021 年第 2 期。

李志芳：《英美高校图书馆科研数据管理服务调查》,《图书馆》2019 年第 1 期。

梁子裕：《国外科研数据出版模式研究》,《出版发行研究》2017 年第 3 期。

刘澈、李桂华：《中外高校图书馆社科数据服务比较》,《图书馆论坛》2016 年第 6 期。

刘丹：《机构知识库元数据质量控制方法研究》,《图书馆学研究》2018 年第 4 期。

刘桂锋、卢章平、阮炼：《美国高校图书馆研究数据管理服务内容研究》,

《图书馆论坛》2015 年第 8 期。

刘桂锋、濮静蓉、苏文成：《高校科研人员科研数据开放的影响因素与机理研究》，《图书馆学研究》2019 年第 22 期。

刘桂锋、阮冰颖、包翔：《数据生命周期视角下高校科学数据安全内容框架构建》，《情报杂志》2021 年第 2 期。

刘桂锋、魏悦、钱锦琳：《高校科研数据管理与共享政策的案例与执行模型研究》，《图书馆论坛》2018 年第 11 期。

刘金亚、顾立平：《图书馆数据管理服务设计——基于中国科学院大学研究生的调查》，《图书馆学研究》2020 年第 18 期。

刘金亚、顾立平、张潇月等：《开放科研数据环境下科研人员的数据伦理框架研究》，《情报理论与实践》2021 年第 2 期。

刘莉、刘伯实：《英国医学院校科研数据管理政策解析——以伦敦大学医学院为例》，《图书馆论坛》2019 年第 7 期。

刘莉、刘文云、苏庆收、张宇：《机构知识库可持续发展的驱动因素、障碍及方向研究》，《情报理论与实践》2019 年第 7 期。

刘琼、刘桂锋：《高校图书馆科学数据管理计划服务框架构建与解析》，《国家图书馆学刊》2019 年第 4 期。

刘霞、方小利、郑怡萍：《武汉大学面向本科生的数据素养通识课程的建设与思考》，《图书情报工作》2020 年第 22 期。

刘霞、饶艳：《高校图书馆科学数据管理与服务初探——武汉大学图书馆案例分析》，《图书情报工作》2013 年第 6 期。

刘晓慧、刘兹恒：《学术图书馆推动数据引用的角色分析》，《图书与情报》2018 年第 5 期。

刘星、韩婷婷、王胜金等：《我国高校科研项目数据高质量管理的挑战与应对分析——以哈尔滨工业大学为例》，《研究与发展管理》2021 年第 5 期。

隆茜：《数据素养能力指标体系构建及高校师生数据素养能力现状调查与分析》，《图书馆》2015 年第 12 期。

陆莉、沙勇忠、徐雪峰：《基于生命周期的公共安全数据管理模型研究》，《图书与情报》2019 年第 4 期。

马波、李宇：《欧美国家高校图书馆科研数据管理实践及启示》，《图书馆工作与研究》2018 年第 8 期。

马慧萍：《2010—2019 年国内图书馆科学数据共享研究综述》，《图书馆学研究》2010 年第 8 期。

马景源、白林林：《机构知识库用户的使用和存缴意愿研究——以中国科学院文献情报中心机构知识库为例》，《图书馆理论与实践》2018 年第 11 期。

孟祥保、常娥、叶兰：《数据素养研究：源起、现状与展望》，《中国图书馆学报》2016 年第 2 期。

孟祥保、钱鹏：《国外高校图书馆数据馆员岗位设置与管理机制》，《图书与情报》2013 年第 4 期。

齐宝鑫、武亚军：《战略管理视角下利益相关者理论的回顾与发展前瞻》，《工业技术经济》2018 年第 2 期。

钱庆、侯丽、孙海霞：《研究型图书馆为科研服务的创新性思考》，《情报资料工作》2010 年第 5 期。

秦顺：《面向一流高校建设的图书馆科研数据管理服务研究——以整合 DLC – SH 为视角》，《图书情报工作》2021 年第 4 期。

秦顺、李昊沂、邢文明等：《数据管理计划评估准则：实践模式、核心要素及其启示》，《图书馆论坛》2023 年第 5 期。

秦小燕、初景利：《科学数据素养内涵结构研究》，《图书情报工作》2019 年第 18 期。

秦小燕、初景利：《面向我国科研人员的科学数据素养能力评价研究》，《情报理论与实践》2020 年第 2 期。

秦长江、吴思洁、王丹丹：《学术期刊出版机构数据政策框架研究》，《出版科学》2021 年第 6 期。

邱均平、何文静：《科学数据共享与引用行为的相互作用关系研究》，《情报理论与实践》2015 年第 1 期。

邱小红、姜颖：《中美机构知识库资源建设现状与特点剖析》，《图书情报知识》2015 年第 3 期。

申静、于梦月：《基于系统动力学的智库知识服务发展机制模型构建》，《图书馆论坛》2022 年第 7 期。

盛小平、宋大成：《数据管理与数据治理的比较分析及其对制定科学数据开放共享政策的启示》，《图书情报工作》2020 年第 22 期。

盛小平、王毅：《利益相关者在科学数据开放共享中的责任与作用——基于国际组织科学数据开放共享政策的分析》，《图书情报工作》2019 年第 17 期。

盛小平、吴红：《科学数据开放共享活动中不同利益相关者动力分析》，《图书情报工作》2019 年第 17 期。

盛小平、袁圆：《国内外科学数据开放共享影响因素研究综述》，《情报理论与实践》2021 年第 8 期。

师衍辉、韩牧哲、刘桂锋：《融合区块链技术的机构知识库科学数据监护模型研究》，《现代情报》2020 年第 1 期。

施雨、张晓阳：《高校图书馆数据馆员胜任特征模型探索》，《图书馆学研究》2021 年第 9 期。

史艳芬、刘玉红：《基于科学数据管理生命周期的高校图书馆服务角色定位研究》，《新世纪图书馆》2016 年第 4 期。

司莉、曾粤亮：《机构科研数据知识库联盟创建的动因与条件》，《图书馆论坛》2018 年第 8 期。

司莉、曾粤亮：《机构科研数据知识库联盟数据治理框架研究》，《图书馆论坛》2018 年第 8 期。

司莉、曾粤亮：《世界一流高校图书馆科研支持服务调查与分析》，《图书情报工作》2018 年第 8 期。

司莉、陈玄凝：《科研数据机构库建设现状的调查分析》，《图书馆》2017 年第 4 期。

司莉、辛娟娟：《英美高校科学数据管理与共享政策的调查分析》，《图书馆论坛》2014 年第 9 期。

司莉、邢文明：《国外科学数据管理与共享政策调查及对我国的启示》，《情报资料工作》2013 年第 1 期。

宋金波、史庆斌、高景鑫：《城市基础设施投资结构的动态仿真与分析——以北京市为例》，《系统管理学报》2022 年第 3 期。

宋筱璇、王延飞、钟灿涛：《国内外科研数据安全管理政策比较研究》，《情报理论与实践》2016 年第 11 期。

孙会清、杜鑫、廉立军：《美国知名高校机构知识库调查与分析》，《情报杂志》2018 年第 4 期。

孙茜：《欧洲科研开放获取基础设施项目 OpenAIRE 的建设与启示》，《图书情报工作》2019 年第 3 期。

孙晓燕、李希彬、王文玫等：《面向科研人员的科学数据共享影响因素的调查分析——基于计划行为理论》，《图书馆学研究》2019 年第 5 期。

唐燕花：《高校科研数据管理服务实践研究及建议》，《图书情报工作》2016 年第 24 期。

涂志芳、刘兹恒：《国外数据知识库模式的数据出版质量控制实践研究》，《图书馆建设》2018 年第 3 期。

涂志芳、刘兹恒：《国内外学术图书馆参与开放存取出版的实践进展述略——从出版途径的视角》，《图书与情报》2017 年第 3 期。

王代礼：《基于利益相关者的高校图书馆科学数据管理策略分析》，《图书馆工作与研究》2020 年第 9 期。

王丹丹：《科学数据出版过程中的数据质量控制》，《图书情报工作》2015 年第 23 期。

王丹丹：《数据管理计划在图书馆科学数据管理服务中的应用》，《图书情报工作》2018 年第 1 期。

王丹丹：《科学数据管理服务需求识别方法研究》，《大学图书馆学报》2018 年第 1 期。

王丹丹、刘清华、葛力云：《Springer Nature 科研数据政策标准化工作实践及启示》，《图书情报工作》2020 年第 18 期。

王丹丹、任婧媛、吴思洁：《社会科学数据管理与服务平台研究——德国的经验》，《现代情报》2020 年第 11 期。

王德庄、姜鑫：《科学数据开放政策与个人数据保护政策的政策协同研究——基于利益相关者理论视角》，《情报资料工作》2019 年第 3 期。

王辉、Michael W.：《基于 re3data 的科研数据仓储全景分析》，《图书情报工作》2017 年第 22 期。

王继娜：《国外高校图书馆科学数据管理服务的调研与思考》，《情报理论与实践》2019 年第 8 期。

王凯、彭洁、屈宝强：《国外数据管理计划服务工具的对比研究》，《情报杂志》2014 年第 12 期。

王利君、吴淑芬、杨友清：《英国"常春藤联盟"高校图书馆科研数据管理服务实践与启示》，《图书馆学研究》2019 年第 16 期。

王其藩：《系统动力学理论与方法的新进展》，《系统工程理论方法应用》1995 年第 2 期。

王其藩：《系统动力学的理论与应用（一）》，《国外自动化》1985 年第 6 期。

王其藩、车宏安、张晓波：《系统动力学的理论与应用》，《控制与决策》1986 年第 3 期。

王晴：《国内 Data Curation 研究综述》，《情报资料工作》2014 年第 5 期。

王琼、曹冉：《英国高校科研数据保存政策调查与分析》，《中国图书馆学报》2016 年第 5 期。

王思明：《美国高校图书馆数据管理计划服务及启示》，《数字图书馆论坛》2018 年第 12 期。

王婉：《澳大利亚高校图书馆参与科研数据管理服务研究》，《图书馆论坛》2014 年第 3 期。

王维佳、曹树金、廖昀赟：《数据素养能力评价与大学图书馆数据素养教育的思考》，《图书馆杂志》2016 年第 8 期。

王卫、王晶、张梦君：《基于数据生命周期的政府数据开放平台框架构建研究》，《图书馆理论与实践》2019 年第 3 期。

王玥、陈飞、杨梅等：《医学科研人员科研数据管理的认知调查与分析——以江苏省某地三甲医院医学科研人员为例》，《中华医学科研管理杂志》2020 年第 5 期。

卫军朝、张春芳：《国内外科学数据管理平台比较研究》，《图书情报知识》2017 年第 5 期。

蔚海燕、范心怡：《研究型图书馆数据馆员能力需求及服务内容研究》，《图书馆》2019 年第 4 期。

蔚海燕、卫军朝、张春芳：《高校研究数据管理需求调查实践与探索——以上海大学为例》，《图书情报工作》2016 年第 2 期。

魏悦、刘桂锋：《基于数据生命周期的国外高校科学数据管理与共享政策分析》，《情报杂志》2017 年第 5 期。

温芳芳：《国外科学数据开放共享政策研究》，《图书馆学研究》2017 年第 9 期。

吴丹、马乐：《基于可穿戴设备的医疗健康数据生命周期管理与服务研究》，《信息资源管理学报》2018 年第 4 期。

吴蓉、顾立平、刘晶晶：《国外学术期刊数据政策的调研与分析》，《图书情报工作》2015 年第 7 期。

吴云峰：《多维数据融合的高校科研数据管理模型构建与运行保障研究》，《情报科学》2020 年第 12 期。

吴振新、刘晓敏：《云计算在研究数据管理中的应用研究分析》，《图书馆杂志》2014 年第 1 期。

武彤：《基于数据生命周期的美国研究图书馆科学数据开放共享服务研究》，《图书与情报》2019 年第 1 期。

谢春枝、燕今伟：《国内外高校科学数据管理和机制建设研究》，《图书情报工作》2013 年第 6 期。

谢守美、李敏、黄萍莉、高红等：《基于科学数据服务的馆员与科研人员协同信息行为研究》，《情报杂志》2020 年第 5 期。

谢守美、李敏、黄萍莉等：《基于科学数据服务的馆员与科研人员协同信息行为研究》，《情报杂志》2020 年第 5 期。

熊文龙、李瑞婻：《基于科学数据管理的图书馆数据服务研究》，《图书情报工作》2014 年第 22 期。

徐菲、王军、曹均等：《康奈尔大学嵌入式科研数据管理服务探析》，《图书馆建设》2015 年第 12 期。

徐刘靖、沈婷婷：《高校图书馆员数据素养内涵及培养机制研究》，《图书馆建设》2016 年第 5 期。

徐路、姜晔、黄静：《数字时代研究型图书馆如何赋能知识可持续发展？——"LIBER 2018—2022 发展战略"解读》，《图书馆论坛》2018 年第 1 期。

许鑫、张月：《数据时代图书馆员角色的转变——数据馆员的兴起》，《图书情报工作》2021 年第 7 期。

许燕、曾建勋：《面向科研管理的机构知识库建设政策与机制》，《图书情报工作》2015 年第 6 期。

薛秋红、徐慧芳：《西方国家科研机构科学数据管理政策要素研究》，《情报理论与实践》2021 年第 7 期。

闫雪：《国外数据馆员的岗位职责与任职能力研究》，《情报科学》2021 年第 1 期。

杨乐、颜石磊、李洪波：《科研数据生命周期研究和数据知识库理论架构》，《图书情报工作》2019 年第 1 期。

杨淑娟、陈家翠：《研究成果传播与共享——英美国家基金项目数据管理计划概述》，《情报杂志》2012 年第 12 期。

杨晓琼：《大数据时代高校数据素养教育的合作路径》，《情报资料工作》2015 年第 3 期。

叶兰：《数据管理能力成熟度模型比较研究与启示》，《图书情报工作》

2020 年第 13 期。

尹春晓：《高校科学数据管理嵌入式服务模式探索》，《情报资料工作》
2017 年第 2 期。

尹春晓、鄢小燕：《研究型图书馆在科学数据管理中的角色问题研究》，
《图书馆学研究》2014 年第 15 期。

曾丽莹、刘兹恒：《全球高校科研数据知识库发展现状与思考》，《图书馆
建设》2018 年第 3 期。

曾润喜、陈创：《网络舆情信息传播动力机制的比较研究》，《图书情报工
作》2018 年第 7 期。

张春芳、卫军朝：《生命周期视角下的科学数据监管工具研究及启示》，
《情报资料工作》2015 年第 5 期。

张贵香、刘桂锋、梁炜：《我国科研数据管理理论与服务研究进展述评》，
《情报理论与实践》2020 年第 6 期。

张计龙、殷沈琴、张用等：《社会科学数据的共享与服务——以复旦大学
社会科学数据共享平台为例》，《大学图书馆学报》2015 年第 1 期。

张静蓓、吕俊生、田野：《国外数据共享行为影响因素研究综述》，《图书
情报工作》2014 年第 4 期。

张俊、谢冰冰：《开放科学环境下的高校图书馆科研角色与服务》，《图书
馆论坛》2021 年第 7 期。

张萍、周晓英：《高校科研数据管理的需求评估方法研究》，《情报杂志》
2015 年第 11 期。

张群、刘玉敏：《面向研究生的高校图书馆科学数据素养教育研究》，《大
学图书馆学报》2017 年第 3 期。

张莎莎、黄国彬、邸弘阳：《美国高校图书馆科研数据管理服务研究》，
《图书馆杂志》2016 年第 7 期。

张潇月、顾立平、胡良霖：《国内外开放科研数据重用困境解决措施述
评》，《图书馆》2021 年第 3 期。

张新红：《国内外高校图书馆科学数据素养教育比较分析》，《图书馆学研

究》2018 年第 11 期。

张新勤：《国外高校图书馆数据馆员管理服务现状和启示》，《图书馆》
　　2022 年第 1 期。

张亚姝：《图书馆推进开放科学的策略与实践——〈欧洲研究型图书馆协
　　会 2018—2019 年度报告〉解读》，《图书与情报》2019 年第 4 期。

张洋、肖燕珠：《生命周期视角下〈科学数据管理办法〉解读及其启示》，
　　《图书馆学研究》2019 年第 15 期。

张瑶、顾立平、杨云秀等：《国外科研资助机构数据政策的调研与分
　　析——以英美研究理事会为例》，《图书情报工作》2015 年第 6 期。

张颖：《美国研究型图书馆科研数据服务的实践进展及趋势》，《图书情报
　　工作》2017 年第 9 期。

张宇、刘文云：《基于数据生命周期的高校机构知识库科研数据服务研
　　究》，《图书馆学研究》2021 年第 3 期。

张玉娥、王永珍：《欧盟科研数据管理与开放获取政策及其启示——以
　　"欧盟地平线 2020" 计划为例》，《图书情报工作》2017 年第 13 期。

章诚：《学术期刊数字版权保护的现实困境、规范向度与法治进路》，《科
　　技与出版》2021 年第 6 期。

赵红潮：《系统动力学的研究与发展综述》，《南京理工大学学报》（自然
　　科学版）1992 年第 2 期。

郑微波、魏群义：《高校机构知识库建设策略研究》，《图书情报工作》
　　2015 年第 24 期。

周雷、刘利永：《德国 RISE – DE 科研数据管理服务自评估模型的研究》，
　　《图书馆学研究》2019 年第 21 期。

周雷、杨萍、燕娜等：《德国高校科研数据管理服务现状和启示》，《情报
　　杂志》2021 年第 7 期。

周力虹、段欣余、宋雅倩：《我国高校图书馆科研数据管理服务调查与分
　　析》，《图书情报工作》2017 年第 2 期。

周晓燕、宰冰欣：《澳大利亚高校科研数据保存政策分析》，《图书情报知

识》2016 年第 2 期。

周晓燕、宰冰欣：《澳大利亚高校科研数据管理政策制定研究》,《图书馆建设》2017 年第 2 期。

朱玲、聂华、崔海媛等：《北京大学开放研究数据平台建设：探索与实践》,《图书情报工作》2016 年第 4 期。

祝凤云：《基于利益相关者视角的研究数据管理平台比较研究》,《图书馆学研究》2020 年第 9 期。

左志林：《我国高校图书馆数据馆员研究》,《图书馆建设》2020 年第 1 期。

外文专著

Carroll A. B., Buchholtz A. K., *Business and Society：Ethics, Sustainability, and Stakeholder Management*, USA：Cengage Learning, 2014.

Freeman R. E., *Strategic Management：A Stakeholder Approach*, Cambridge, UK：Cambridge University Press, 2010.

外文期刊

Alter G., Gonzalez R., "Responsible Practices for Data Sharing", *American Psychologist*, Vol. 73, No. 2, 2018.

Andreoli-Versbach P., Mueller-Langer F., "Open Access to Data：an Ideal Professed But Not Practised", *Research Policy*, Vol. 43, No. 9, 2014.

Atenas J., Havemann L., Priego E., "Open Data as Open Educational Resources：towards Transversal Skills and Global Citizenship", *Open Praxis*, Vol. 7, No. 4, 2015.

Bhoi N. K., "Mendeley Data Repository as a Platform for Research Data Management", *Marching Beyond Libraries：Managerial Skills and Technological Competencies*, 2018.

Borghi J. A., Van Gulick A. E., "Data Management and Sharing in Neuroimaging: Practices and Perceptions of MRI Researchers", *Plos One*, Vol. 13, No. 7, 2018.

Borghi J. A., Van Gulick A. E., "Data Management and Sharing: Practices and Perceptions of Psychology Researchers", *Plos One*, Vol. 16, No. 5, 2021, p. e0252047.

Brown R. A., Wolski M., Richardson J., "Developing New Skills for Research Support Librarians", *The Australian Library Journal*, Vol. 64, No. 3, 2015.

Burgelman J-C., Pascu C., Szkuta K., et al., "Open Science, Open Data, and Open Scholarship: European Policies to Make Science Fit for the Twenty-first Century", *Frontiers in Big Data*, Vol. 2, 2019.

Carolina D. V., "Los Repositorios De Acceso Abierto En La Argentina Situacion Actual", *Informacion*, No. 19, 2008.

Chapman P., Clinton J., Kerber R., et al., "CRISP-DM 1. 0: Step-by-step Data Mining Guide", *Spss Inc*, Vol. 9, No. 13, 2000.

Clarkson M. E., "A Stakeholder Framework for Analyzing and Evaluating Corporate Social Performance", *Academy of Management Review*, Vol. 20, No. 1, 1995.

Cox A. M., Kennan M. A., Lyon L., et al., "Maturing Research Data Services and the Transformation of Academic Libraries", *Journal of Documentation*, Vol. 75, No. 6, 2019.

Cox A. M., Verbaan E., "How Academic Librarians, It Staff, and Research Administrators Perceive and Relate to Research", *Library & Information Science Research*, Vol. 38, No. 4, 2016.

Crusoe D., "Data Literacy Defined Pro Populo: to Read This Article, Please Provide a Little Information", *The Journal of Community Informatics*, Vol. 12, No. 3, 2016.

Donaldson T., Preston L. E., "The Stakeholder Theory of the Corporation: Concepts, Evidence, and Implications", *Academy of Management Review*,

Vol. 20, No. 1, 1995.

Erwin R. W., "Data Literacy: Real-world Learning Through Problem-solving with Data Sets", *American Secondary Education*, Vol. 43, No. 2, 2015.

Fan Z., "Context-based Roles and Competencies of Data Curators in Supporting Research Data Lifecycle Management: Multi-case Study in China", *Libri*, Vol. 69, No. 2, 2019.

Fang Y., Lim K. H., Qian Y., et al., "System Dynamics Modeling for Information Systems Research: Theory Development and Practical Application", *MIS Quarterly*, Vol. 42, No. 4, 2018.

Faniel I. M., Connaway L. S., "Librarians' Perspectives on the Factors Influencing Research Data Management Programs", *The Journal of College and Research Libraries*, Vol. 73, No. 1, 2018.

Fayyad U., Piatetsky-shapiro G., Smyth P., "From Data Mining to Knowledge Discovery in Databases", *AI Magazine*, Vol. 17, No. 3, 1996.

Federer L., "Defining Data Librarianship: a Survey of Competencies, Skills, and Training", *Journal of the Medical Library Association: JMLA*, Vol. 106, No. 3, 2018.

Fernando S. B., "Comparative Quality Evaluation of Universities' Institutional Repositories of Peru", *Jlis. It*, Vol. 12, No. 2, 2021.

Flores J. R., Brodeur J. J., Daniels M. G., et al., "Libraries and the Research Data Management Landscape", *The Process of Discovery: the CLIR Postdoctoral Fellowship Program and the Future of the Academy*, Vol. 2010, 2015.

Forrester J. W., "The Beginning of System Dynamics", *The McKinsey Quarterly*, No. 4, 1995.

Forrester J. W., "Industrial Dynamics: a Breakthrough for Decisionmakers", *Harvard Business Review*, Vol. 36, No. 4, 1958.

Forrester J. W., "Lessons From System Dynamics Modeling", *System Dynamics*

Review, Vol. 3, No. 2, 1987.

Forrester J. W. , "Urban Dynamics", IMR; Industrial Management Review (pre-1986), Vol. 11, No. 3, 1986.

Freeman R. E. , "The Politics of Stakeholder Theory: Some Future Directions", Business Ethics Quarterly, Vol. 4, No. 4, 1994.

Heidorn P. B. , "The Emerging Role of Libraries in Data Curation and E-Science", The Journal of Library Administration, Vol. 51, No. 7, 2011.

Higman R. , Pinfield S. , "Research Data Management and Openness: the Role of Data Sharing in Developing Institutional Policies and Practices", Program: Electronic Library and Information Systems, Vol. 49, No. 4, 2015.

Huang Y. , Cox A. M. , Sbaffi L. , "Research Data Management Policy and Practice in Chinese University Libraries", Journal of the Association for Information Science and Technology, Vol. 72, No. 4, 2021.

Jafari M. , Hesamamiri R. , Sadjadi J. , et al. , "Assessing the Dynamic Behavior of Online Q&A Knowledge Markets: a System Dynamics Approach", Program, Vol. 46, No. 3, 2012.

Janssen M. , Charalabidis Y. , Zuiderwijk A. , "Benefits, Adoption Barriers and Myths of Open Data and Open Government", Information Systems Management, Vol. 29, No. 4, 2012.

Joo S. , Peters C. , "User Needs Assessment for Research Data Services in a Research University", Journal of Librarianship and Information Science, Vol. 52, No. 3, 2020.

Joo S. , Schmidt G. M. , "Research Data Services From the Perspective of Academic Librarians", The Journal of Digital Library Perspectives, Vol. 37, No. 3, 2021.

Kaari J. , "Researchers at Arab Universities Hold Positive Views on Research Data Management and Data Sharing", Evidence Based Library and Information Practice, Vol. 15, No. 2, 2020.

Kim J. , "Academic Library's Leadership and Stakeholder Involvement in Research Data Services", *Proceedings of the Association for Information Science and Technology*, Vol. 57, No. 1, 2020.

Kim J. , "Determining Research Data Services Maturity: the Role of Library Leadership and Stakeholder Involvement", *Library & Information Science Research*, Vol. 43, No. 2, 2021.

Király G. , Miskolczi P. , "Dynamics of Participation: System Dynamics and Participation—an Empirical Review", *Systems Research and Behavioral Science*, Vol. 36, No. 2, 2019.

Koltay T. , "Accepted and Emerging Roles of Academic Libraries in Supporting Research 2. 0", *The Journal of Academic Librarianship*, Vol. 45, No. 2, 2019.

Koltay T. , "Data Literacy for Researchers and Data Librarians", *Journal of Librarianship and Information Science*, Vol. 49, No. 1, 2017.

Kowalczyk S. , Shankar K. , "Data Sharing in the Sciences", *Annual Review of Information Science and Technology*, Vol. 45, No. 1, 2011.

Lawal I. , "Ensuring the Integrity, Accessibility, and Stewardship of Research Data in the Digital Age", *Portal: Libraries and the Academy*, Vol. 10, No. 3, 2010.

Liu J. , Liu Y. , Wang X. , "An Environmental Assessment Model of Construction and Demolition Waste Based on System Dynamics: a Case Study in Guangzhou", *Environmental Science and Pollution Research*, Vol. 27, No. 30, 2020.

Luesebrink M. , Huang H. , Bogdan K. , et al. , "Curation and Policy Issues in Collaborative Research Data Management Communities: Perspectives From Key Stakeholders", *Proceedings of the American Society for Information Science and Technology*, Vol. 51, No. 1, 2014.

Lyon L. , Jeng W. , Mattern E. , "Developing the Tasks-toward-transparency

(T3) Model for Research Transparency in Open Science Using the Lifecycle as a Grounding Framework", *Library & Information Science Research*, Vol. 42, No. 1, 2020.

Mak T. M., Chen P-C., Wang L., et al., "A System Dynamics Approach to Determine Construction Waste Disposal Charge in Hong Kong", *Journal of Cleaner Production*, Vol. 241, 2019.

Martinez-Moyano I. J., Richardson G. P., "Best Practices in System Dynamics Modeling", *System Dynamics Review*, Vol. 29, No. 2, 2013.

Mcrostie D., "The Only Constant is Change: Evolving the Library Support Model for Research at the University of Melbourne", *Library Management*, Vol. 37, No. 6, 2016.

Miller R. J., "Open Data Integration", *Proceedings of the VLDB Endowment*, Vol. 11, No. 12, 2018.

Mohammed M. S., Ibrahim R., "Challenges and Practices of Research Data Management in Selected Iraq Universities", *DESIDOC Journal of Library & Information Technology*, Vol. 39, No. 6, 2019.

Neves F. T., De Castro Neto M., Aparicio M., "The Impacts of Open Data Initiatives on Smart Cities: a Framework for Evaluation and Monitoring", *Cities*, Vol. 106, 2020.

Nicholas R., Anderson M. E., Sally L. M., et al., "Issues in Biomedical Research Data Management and Analysis: Needs and Barriers", *Journal of the American Medical Informatics Association*, Vol. 14, No. 4, 2007.

Olivares-Aguila J., Elmaraghy W., "System Dynamics Modelling for Supply Chain Disruptions", *International Journal of Production Research*, Vol. 59, No. 6, 2021.

Park B. W., Ahn J. H., "Policy Analysis for Online Game Addiction Problems", *System Dynamics Review*, Vol. 26, No. 2, 2010.

Patel D., "Research Data Management: a Conceptual Framework", *Library Re-*

view, Vol. 65, No. 4, 2016.

Perrier L. , Barnes L. , "Developing Research Data Management Services and Support for Researchers: a Mixed Methods Study", *Partnership: the Canadian Journal of Library and Information Practice and Research*, Vol. 13, No. 1, 2018.

Peters C. , Dryden A. R. , "Assessing the Academic Library's Role in Campus-wide Research Data Management: a First Step at the University of Houston", *Science & Technology Libraries*, Vol. 30, No. 4, 2011.

Pinfield S. , Cox A. M. , Smith J. , "Research Data Management and Libraries: Relationships, Activities, Drivers and Influences", *Plos One*, Vol. 9, No. 12, 2014.

Piracha H. A. , Ameen K. , "Policy and Planning of Research Data Management in University Libraries of Pakistan", *Collection and Curation*, Vol. 38, No. 2, 2019.

Piwowar H. A. , Day R. S. , Fridsma D. B. , "Sharing Detailed Research Data is Associated with Increased Citation Rate", *Plos One*, Vol. 2, No. 3, 2007.

Prado J. C. , Marzal M. Á. , "Incorporating Data Literacy into Information Literacy Programs: Core Competencies and Contents", *Libri*, Vol. 63, No. 2, 2013.

Rafiq M. , Ameen K. , "Research Data Management and Sharing Awareness, Attitude, and Behavior of Academic Researchers", *Information Development*, Vol. 38, No. 3, 2022.

Rahul K. , Banyal R. K. , "Data Life Cycle Management in Big Data Analytics", *Procedia Computer Science*, Vol. 173, 2020.

Rebs T. , Brandenburg M. , Seuring S. , "System Dynamics Modeling for Sustainable Supply Chain Management: a Literature Review and Systems Thinking Approach", *Journal of Cleaner Production*, Vol. 208, 2019.

Renwick S. , Winter M. , Gill M. , "Managing Research Data at an Academic

Library in a Developing Country", *IFLA Journal*, Vol. 43, No. 1, 2017.

Richardson G. P., "Reflections on the Foundations of System Dynamics", *System Dynamics Review*, Vol. 27, No. 3, 2011.

Savage G. T., Nix T. W., Whitehead C. .J., et al., "Strategies for Assessing and Managing Organizational Stakeholders", *Academy of Management Perspectives*, Vol. 5, No. 2, 1991.

Searle S., Wolski M., Simons N., et al., "Librarians as Partners in Research Data Service Development at Griffith University", *Program: Electronic Library and Information Systems*, Vol. 49, No. 4, 2015.

Semeler A. R., Pinto A. L., Rozados H. B. F., "Data Science in Data Librarianship: Core Competencies of a Data Librarian", *Journal of Librarianship and Information Science*, Vol. 51, No. 3, 2019.

Simonet A., Fedak G., Ripeanu M., "Active Data: a Programming Model to Manage Data Life Cycle Across Heterogeneous Systems and Infrastructures", *Future Generation Computer Systems*, Vol. 53, 2015.

Tammaro A. M., Matusiak K. K., Sposito F. A., et al., "Data Curator's Roles and Responsibilities: an International Perspective", *Libri*, Vol. 69, No. 2, 2019.

Tang R., Hu Z., "Providing Research Data Management (RDM) Services in Libraries: Preparedness, Roles, Challenges, and Training for RDM Practice", *Data and Information Management*, Vol. 3, No. 2, 2019.

Tenopir C., Dalton E. D., Allard S., et al., "Changes in Data Sharing and Data Reuse Practices and Perceptions Among Scientists Worldwide", *Plos One*, Vol. 10, No. 8, 2015.

Tenopir C., Sandusky R. J., Allard S., Birch B., "Research Data Management Services in Academic Research Libraries and Perceptions of Librarians", *Library and Information Science Research*, Vol. 36, No. 2, 2014.

Tenopir C., Sandusky R. J., Allard S., et al., "Academic Librarians and Research Data Services: Preparation and Attitudes", *IFLA Journal*, Vol. 39, No. 1, 2013.

Tenopir C., Talja S., Horstmann W., et al., "Research Data Services in European Academic Research Libraries", *Liber Quarterly*, Vol. 27, No. 1, 2017.

Tripathi M., Chand M., Sonkar S., et al., "A Brief Assessment of Researchers' Perceptions towards Research Data in India", *IFLA Journal*, Vol. 43, No. 1, 2017.

Tzanova S., "Changes in Academic Libraries in the Era of Open Science", *Education for Information*, Vol. 36, No. 3, 2020.

Van Den Eynden V., Knight G., Vlad A., et al., "Towards Open Research: Practices, Experiences, Barriers and Opportunities", *Figshare*, 2016.

Wang M., "Supporting the Research Process Through Expanded Library Data Service", *Program*, Vol. 47, No. 3, 2013.

Wessels B., Finn R. L., Linde P., et al., "Issues in the Development of Open Access to Research Data", *Prometheus*, Vol. 32, No. 1, 2014.

Wolff A., Montaner J. J. C., Kortuem G., "Urban Data in the Primary Classroom: Bringing Data Literacy to the UK Curriculum", *The Journal of Community Informatics*, Vol. 12, No. 3, 2016.

Xiao S., Ng T. Y., Yang T. T., "Research Data Stewardship at the University of Hong Kong", *Library Management*, Vol. 43, No. 1, 2021.

Xie Z., Fox E. A., "Advancing Library Cyberinfrastructure for Big Data Sharing and Reuse", *Information Services & Use*, Vol. 37, No. 3, 2017.

Yoon A., Schultz T., "Research Data Management Services in Academic Libraries in the US: a Content Analysis of Libraries' Websites", *College & Research Libraries*, Vol. 78, No. 7, 2017.

Zomorodian M., Lai S. H., Homayounfar M., et al., "The State-of-the-art System Dynamics Application in Integrated Water Resources Modeling", *Journal of Environmental Management*, Vol. 227, 2018.

附录 1 科研人员对高校图书馆科研数据管理服务的认知与需求调查

尊敬的受访者：

您好！本问卷为国家社科基金项目"高校图书馆科研数据服务模式与服务系统研究"（项目编号：17CTQ041）研究内容之一，调查对象为高校科研人员，旨在了解调查对象对高校图书馆科研数据管理服务的认知与需求情况，最终为建立我国高校图书馆科研数据管理服务模式奠定基础。问卷调查将严格遵照匿名形式开展，调查结果仅用于研究本身，不存在信息泄露风险。本问卷需要 5—10 分钟完成，非常感谢您的配合，祝您一切顺利！课题组联系邮箱：skyyuanyuan0451@126.com。

1. 您目前是否在高校工作或学习？

○是　　　○否

2. 性别

○男　　　○女

3. 年龄

○25 岁及以下　　　○26—30 岁　　　○31—50 岁　　　○50 岁以上

4. 学历

○本科以下　　　○本科　　　○硕士研究生　　　○博士研究生

5. 专业背景

○哲学　　　○经济学　　　○法学　　　○教育学　　　○文学

○历史学　　　○理学　　　○工学　　　○农学　　　○医学

○管理学　　○艺术学　　○军事学

6. 目前所在高校属于

○ "双一流" 建设高校

○ "双一流" 建设高校之外的本科院校（含本科层次职业学校）

7. 目前职位或身份

○在校硕士研究生　　○在校博士研究生　　○教师

○专职科研人员

8. 从事科研工作的时间

○5 年及以下　　○6—10 年　　○11—20 年　　○20 年以上

9. 您对数据生命周期的了解程度

（数据生命周期：指对数据进行采集、生产、筛选、加工、分析、组织、保存、发布、共享和再利用的过程。）

○完全不了解　　○不太了解　　○比较了解　　○非常了解

10. 您听说并制订过科研数据管理计划吗？

（科研数据管理计划：每个科研项目在开始前，都须拟订一份数据管理计划，以便减少风险、抓住机遇和合理地分配资源。）

○从未听说过　　○听说过，但并未制订过　　○听说过，并制订过

11. 您在制订或打算制订科研数据管理计划时会感到进展困难吗？

○会　　○不会　　○不太确定

12. 您了解元数据标准的相关内容吗？

○完全不了解　　○不太了解　　○比较了解　　○非常了解

13. 您在科研过程中，听说并使用过数据导航和检索引擎吗？

○从未听说过　　○听说过，但并未使用过

○听说过，并偶尔使用　　○听说过，并经常使用

14. 您觉得使用数据导航或检索工具来查找相关数据对您的科研活动有帮助吗？

○完全没有帮助　　○不太有帮助　　○比较有帮助

○非常有帮助

15. 您有科研数据无处存储、难以长期保存和容易丢失的困扰吗？

〇经常有　　〇偶尔有　　〇从未有

16. 您听说并使用过相关科研数据存储途径与备份规则吗？

（例如：提供知识存储库、开放存储库、数据中心等基础设施，并就存储内容大小、访问方式、是否有本校管理、是否接受敏感数据等问题也明确解答，便于研究人员对比选择适合的存储方式。"3—2—1"备份：即遵循保留 3 份备份文件在至少 2 种不同类型的介质上，至少 1 份副本要进行异地存储的方式保证数据的安全。）

〇从未听说过　　　　〇听说过，但并未使用过
〇听说过，并偶尔使用　　〇听说过，并经常使用

17. 您在发布科研数据时，会涉及如何保护敏感数据的隐私和安全的顾虑吗？

〇会　　〇不会　　〇不太清楚

18. 您在科研数据共享阶段会担心个人利益问题但苦于没有相关知识和对策吗？

〇会　　〇不会　　〇不太清楚

19. 您在数据发布和共享过程中，听说并使用过如敏感数据管理、共享程度、共享位置等有关科研数据管理服务吗？

〇从未听说过　　　　〇听说过，但并未使用过
〇听说过，并偶尔使用　　〇听说过，并经常使用

20. 您对如何保护自己的科研数据知识产权有了解吗？

〇完全不了解　　〇不太了解　　〇比较了解　　〇非常了解

21. 您听说并使用过数据引用吗？

（如数据引文格式等内容。）

〇从未听说过　　　　〇听说过，但并未使用过
〇听说过，并偶尔使用　　〇听说过，并经常使用

22. 您在科研数据引用格式及规范等方面感到过困难无助吗？

〇会　　〇不会　　〇不太清楚

23. 您有科研数据的呈现缺乏数据可视化等技术支持的困扰吗？

　　○偶尔有　　　○经常有　　　○从未有

24. 您是否接触过所在高校图书馆提供的数据挖掘、数据可视化分析等技术工具的相关培训？

　　○是　　　　○否

25. 您是否接触过科研数据的出版？

　　○是　　　　○否

26. 您在科研数据出版阶段会感到手足无措吗？

　　○偶尔有　　　　○经常有　　　　○从未有

27. 您对以下各项具体科研数据管理服务的了解程度？

提供 RDM 相关咨询、培训

1. 非常不了解　　　2. 不了解　　　3. 一般　　　4. 了解

5. 非常了解科研数据管理计划

1. 非常不了解　　　2. 不了解　　　3. 一般　　　4. 了解

5. 非常了解元数据标准

1. 非常不了解　　　2. 不了解　　　3. 一般　　　4. 了解

5. 非常了解数据导航检索

1. 非常不了解　　　2. 不了解　　　3. 一般　　　4. 了解

5. 非常了解数据存储和备份

1. 非常不了解　　　2. 不了解　　　3. 一般　　　4. 了解

5. 非常了解数据共享和发布

1. 非常不了解　　　2. 不了解　　　3. 一般　　　4. 了解

5. 非常了解数据隐私和安全

1. 非常不了解　　　2. 不了解　　　3. 一般　　　4. 了解

5. 非常了解数据出版

1. 非常不了解　　　2. 不了解　　　3. 一般　　　4. 了解

5. 非常了解数据引用

1. 非常不了解　　　2. 不了解　　　3. 一般　　　4. 了解

5. 非常了解知识产权保护

1. 非常不了解　　2. 不了解　　3. 一般　　4. 了解　　5. 非常了解

28. 您通过以下那种方式了解到科研数据管理服务？如果您并不了解科研数据管理服务，选择最后一项不了解即可。

○社交媒体平台宣传　　○相关文献资料　　○研讨会、培训、讲座等

○自身需求促进了解　　○课程　　○听别人提到　　○其他

○不了解

29. 您所在高校图书馆是否已经提供科研数据管理服务？

○是　　○否　　○不太清楚

30. 您所在高校图书馆提供以下哪项（些）科研数据管理服务？

○提供 RDM 服务相关咨询、培训　　○数据管理计划

○元数据标准　　○数据导航与检索　　○数据存储和备份

○数据共享和发布　　○数据引用　　○知识产权保护

○数据可视化　　○数据隐私和安全　　○数据出版　　○其他

31. 您对您所在高校图书馆目前提供的科研数据管理服务的满意程度？

1. 非常不满意　　2. 不满意　　3. 一般　　4. 满意　　5. 非常满意

32. 您在科研过程中，是否有科研数据管理方面的服务需求？

○是　　○否

33. 您认为高校提供科研数据管理服务的必要性程度？

1. 非常不必要　　2. 不必要　　3. 一般　　4. 必要

5. 非常有必要

34. 您对以下各项具体科研数据管理服务的需求程度？

提供 RDM 服务相关咨询、培训

1. 非常不需要　　2. 不需要　　3. 一般　　4. 需要

5. 非常需要科研数据管理计划

1. 非常不需要　　2. 不需要　　3. 一般　　4. 需要

5. 非常需要元数据标准

1. 非常不需要　　2. 不需要　　3. 一般　　4. 需要

5. 非常需要数据导航检索

1. 非常不需要　　　2. 不需要　　　3. 一般　　　4. 需要

5. 非常需要数据存储和备份

1. 非常不需要　　　2. 不需要　　　3. 一般　　　4. 需要

5. 非常需要数据共享和发布

1. 非常不需要　　　2. 不需要　　　3. 一般　　　4. 需要

5. 非常需要数据隐私和安全

1. 非常不需要　　　2. 不需要　　　3. 一般　　　4. 需要

5. 非常需要数据出版

1. 非常不需要　　　2. 不需要　　　3. 一般　　　4. 需要

5. 非常需要数据引用

1. 非常不需要　　　2. 不需要　　　3. 一般　　　4. 需要

5. 非常需要知识产权保护

1. 非常不需要　　　2. 不需要　　　3. 一般　　　4. 需要　　　5. 非常需要

35. 您认为目前高校提供科研数据管理服务存在哪些不足？

○宣传推广不够，使得科研人员对科研数据服务了解较少

○缺乏系统的平台支撑，服务分散

○服务资源单一，无法满足多元化需求

○技术支持缺乏，无法提供较前沿和专业的科研数据服务

○资源管理与监管不善，致使相关服务滞后甚至缺失

○数据挖掘、数据关联、平台开发等深层次服务功能不足

○资源共享程度较低，获取他校资源困难

○相关政策缺乏，无法提供具体指导

○其他

36. 您理想中的科研数据管理服务还应该提供哪些服务？

附录 2　高校科研人员科研数据管理服务认知与需求访谈提纲

您好：

　　本次访谈受国家社科基金"高校图书馆科研数据服务模式与服务系统"（项目号：17CTQ041）资助，旨在调研高校科研人员对科研数据管理服务的认知及使用现状，与在进行学术研究时对科研数据管理服务需求情况。访谈不涉及任何个人隐私、学术保密等内容，访谈结果仅作为学术研究之用，不存在信息泄露风险。衷心地感谢您在百忙之中接受本次访谈。

　　相关概念

　　科研数据：也被称为研究数据或科学数据，是指科研人员在科学研究过程中通过科学实验、实际调查等方式产生和获得的数据资料，包括数字、图表、图片、文本、声音和影像等形式。

　　科研数据管理（RDM）服务内容：根据国外高校图书馆网站的实际调研可知，目前高校图书馆提供的科研数据管理服务主要内容包括：相关政策介绍、培训、咨询、数据管理计划、数据收集、数据存储、数据处理和分析、数据保存、数据出版、数据共享等。

　　访谈内容主要分成三部分：科研工作中科研数据管理服务的作用与意义、科研数据管理服务需求的影响因素及科研数据管理服务认知的影响因素等。具体问题简要如下：

一　科研工作中科研数据管理服务的作用与意义

1. 您进行科研工作的时间多吗？一天大概是多少小时？

2. 您觉得您目前的科研时间可以满足您的科研工作需求吗？

3. 您觉得是什么因素阻碍了你的科研工作？（比如激励机制不合理，没有科研动力；学校所提供的科研设施不足，科研进展困难；学校与家庭琐事较多；科研方面的管理与服务跟不上，科研效率较低；科研数据的获取、使用和产生上）

4. 您都是通过什么渠道和方式来获取科研数据的？

（可适当提示：学术期刊　　互联网　　科学实验　　科学观察　学术考察与调研　　数学推导　　学术会议　　与其他学者交流　　本人所在单位的科研数据相关平台）

5. 您在获取和管理科研数据的过程中遇到的困难是什么？其对你的科研工作带来了怎样的负面影响？可以具体描述一下当时的情况吗？（引导受访者针对科研数据管理计划、数据存储与备份、数据发布、数据安全、数据检索等科研数据管理服务方向进行描述）

6. 您觉得科研数据管理服务的缺失是不是也是阻碍您进行科研工作及科研数据获取的一个因素？有了科研数据管理服务可以对你的科研工作和科研数据获取产生帮助吗？

7. 那您觉得科研数据管理服务可以具体帮助和提升您科研工作及科研数据（或其他）的哪些方面呢？

二　科研数据管理服务认知的影响因素

8. 针对非常或比较了解科研数据管理服务的受访者：

（1）您是从哪里了解到科研数据管理服务的？（阅读文献、网上浏览、相关课程、听别人提到）

（2）您通过这些方法了解到的科研数据管理服务相关内容可以满足你的需求吗？

（3）若第一个问题没有选择相关课程，则到此题。

您知道您的学校有科研数据管理服务的相关课程吗？

（4）若第一个问题选择了相关课程，则到此题。

您上的相关课程是本校提供的吗？是面授还是网课？您觉得课程对您了解科研数据管理服务有多大帮助？

（5）您知道您本校的图书馆能否提供科研数据管理服务吗？

（6）您本校的图书馆官网或实体图书馆对科研数据管理服务的相关知识进行过宣传吗？

（7）您有向本校的图书馆员咨询过科研数据管理服务的相关问题吗？如果有，他们的回答您满意吗？（并询问受访者他所提的问题）

9. 针对科研数据管理服务不太了解科研数据管理服务的受访者：

（1）您有自己主动去了解科研数据管理服务吗？您有主动寻求过科研数据方面的帮助吗？是通过什么渠道？没有寻求过帮助的话您又是通过什么方式来解决您科研工作中遇到的数据方面的问题的？

10. 针对北大、复旦、武大、上外的科研人员：

（1）您听说过本校提供的科研数据管理服务吗？（您知道本校能提供科研数据管理服务吗）

（2）若知道则到此题：

您是从什么渠道知道的？

您身边的人知道本校的科研数据管理服务平台吗？

您使用过本校的科研数据管理服务吗？

（3）若不知道则到此题：

您觉得是什么原因导致自己不知道本校可以提供科研数据管理服务？

11. 您觉得是什么原因导致自己对科研数据管理服务的了解程度比较低（如上课没听懂、文献看不懂、发现没有兴趣等）

三 科研数据管理服务需求的影响因素

上接 10（2）：用过后体验怎么样？有没有使用比较困难和不便的地

方？你建议增进哪一块的服务？建议如何增进？（探讨现有科研数据管理服务平台的现状、不足及影响因素）

12. 您为什么认为这些科研数据管理服务比较重要？这些服务做到哪一程度方可满足您的实际需求？

13. 您觉得您所选的科研数据管理服务还存在哪些不足呢？

14. 您认为目前高校科研数据管理服务的不足体现在哪些方面？

可适当提示：宣传推广不够，对科研数据管理服务了解较少

缺乏系统的平台支撑，服务分散

服务资源单一，无法满足多元化需求

技术支持缺乏，无法提供较前沿和专业的科研数据管理服务

资源管理与监管不善，致使相关服务滞后甚至缺失

数据挖掘、数据关联、平台开发等深层次服务功能不足

资源共享程度较低，获取他校资源困难

相关政策缺乏，无法提供具体指导

其他_____

15. 你理想中的科研数据管理服务平台应该提供哪些服务？该怎么做才能满足您的具体需求？你对它有什么美好的愿望吗？

附录 3　高校图书馆从业人员科研数据管理服务认知与实践调查

尊敬的受访者：

您好！本问卷为国家社科基金项目"高校图书馆科研数据服务模式与服务系统研究"（项目编号：17CTQ041）研究内容之一，调查对象为本科院校图书馆从业人员，旨在了解调查对象对科研数据管理（RDM）服务的认知、实践及能力需求情况，最终为建立我国高校图书馆科研数据管理服务模式奠定基础。问卷调查将严格遵照匿名形式开展，调查结果仅用于研究本身，不存在信息泄露风险。本问卷需要 5—10 分钟完成，非常感谢您的配合，祝您一切顺利！课题组联系邮箱：skyyuanyuan0451@126.com。

1. 性别

○男　　○女

2. 年龄

○30 岁及以下　○30—50 岁　○50 岁及以上

3. 学历

○本科以下　○本科　○硕士　○博士

4. 专业背景（如果您的专业符合前两个选项，则选前两个选项之一。如果您的专业不符合前两个选项，则按实际分类选择后十三个选项之一。）

　　○图书情报类及其相关专业（如图书馆学、情报学、档案学、信息资源管理等。）

　　○计算机类及其相关专业（如计算机科学与技术、软件工程、网络安全、数据科学与大数据技术、新媒体技术、区块链工程等。）

○哲学　○经济学　○法学　○教育学　○文学　○历史学　○理学

○工学　○农学　○医学　○管理学　○艺术学　○军事学

5. 工作年限

○5 年及以下　○5—15 年　○15 年及以上

6. 工作单位

○ "双一流" 建设高校

○ "双一流" 建设高校之外的本科院校（含本科层次职业学校）

7. 所在岗位

○行政管理岗　○服务岗　○技术岗（负责数据库数据维护、机构知识库的建设与维护、本馆应用系统运行维护管理、情报分析等与技术相关岗位。）　○其他

8. 您所在高校图书馆目前十分具备建设提供科研数据管理服务的能力？

1. 非常不具备　2. 不具备　3. 一般　4. 具备　5. 非常具备

9. 您所在高校图书馆是否已经开展科研数据管理服务

○是　○否

10. 目前您所在高校图书馆向科研人员提供的科研数据管理服务涉及哪些具体内容。【多选题】

○咨询服务　○培训服务　○数据管理计划　○数据收集与存储

○数据处理与分析　○数据保存　○数据出版与共享　○数据重用

○其他

11. 目前您所在高校图书馆是否正打算建设提供科研数据管理服务？

○是　○否

12. 您对科研数据管理服务的了解程度

（科研数据管理服务内容：根据国外高校图书馆网站的实际调研可知，目前高校图书馆提供的科研数据管理服务主要内容包括：相关政策介绍、培训、咨询、数据管理计划、数据收集、数据存储、数据处理和分析、数

据保存、数据出版、数据共享等。)

1. 非常不了解　2. 不了解　3. 一般　4. 了解　5. 非常了解

13. 您对数据生命周期的了解程度

(数据生命周期：指对数据进行采集、生产、筛选、加工、分析、组织、保存、发布、共享和再利用的过程。)

1. 非常不了解　2. 不了解　3. 一般　4. 了解　5. 非常了解

14. 您认为在数据产生阶段，为科研人员提供数据管理计划服务的必要性程度？(数据管理计划：主要辅助科研人员制订一项计划，即如何在研究项目期间与之后管理科研数据。)

1. 非常不必要　2. 不必要　3. 一般　4. 必要　5. 非常必要

15. 您认为在数据收集与存储阶段，为科研人员提供服务的必要性程度？

(数据收集与存储：主要向科研人员介绍元数据标准、文件格式等基础性知识，提供相应工具与技术方法的支持。)

1. 非常不必要　2. 不必要　3. 一般　4. 必要　5. 非常必要

16. 您认为在数据处理与分析阶段，为科研人员提供服务的必要性程度？

(数据处理与分析：主要辅助科研人员进行数据筛选、清洗与格式转化等，为科研人员推荐提供数据分析工具、平台并提供相应技能培训。)

1. 非常不必要　2. 不必要　3. 一般　4. 必要　5. 非常必要

17. 您认为在数据保存阶段，为科研人员提供服务的必要性程度？

(数据保存：主要提供运行、维护数据长期保存的基础设施如机构存储库等，并协助科研人员进行数据保存与保护。)

1. 非常不必要　2. 不必要　3. 一般　4. 必要　5. 非常必要

18. 您认为在数据出版和共享阶段，为科研人员提供服务的必要性程度？

(数据出版和共享：主要为科研人员普及敏感数据、数据版权、引用数据等相关内容，并对此提供指导帮助。)

1. 非常不必要　2. 不必要　3. 一般　4. 必要　5. 非常必要

19. 您认为在数据重用阶段，为科研人员提供服务的必要性程度？

（数据重用：主要为科研人员提供对数据重用的知识产权等事宜的咨询服务，并将资源进行推送。）

1. 非常不必要　2. 不必要　3. 一般　4. 必要　5. 非常必要

20. 您认为数据生命周期全程为科研人员提供咨询、培训服务的必要性程度？

1. 非常不必要　2. 不必要　3. 一般　4. 必要　5. 非常必要

21. 您认为图书馆从业人员掌握 Word 等办公软件，对于提供科研数据管理服务的必要性程度？

1. 非常不必要　2. 不必要　3. 一般　4. 必要　5. 非常必要

22. 您认为图书馆从业人员掌握数据管理计划工具，对于提供科研数据管理服务的必要性程度？

（数据管理计划工具：DMPTool、DMPonline、DMPRoadmap、DMPAssistant 等。）

1. 非常不必要　2. 不必要　3. 一般　4. 必要　5. 非常必要

23. 您认为图书馆从业人员掌握 DCPT、Data Up、DSpace、Merrit repository 等数据收集与存储工具，对于提供科研数据管理服务的必要性程度？

1. 非常不必要　2. 不必要　3. 一般　4. 必要　5. 非常必要

24. 您认为图书馆从业人员掌握 Citespace、VOSviewer、MyCrystals、R 语言、Open NLP、NLTK、Standard Analyer 等数据处理与分析工具，对于提供科研数据管理服务的必要性程度？

1. 非常不必要　2. 不必要　3. 一般　4. 必要　5. 非常必要

25. 您认为图书馆员掌握 Dspace、Merritt repository、EZID 等数据保存与共享工具，对提供科研数据管理服务的必要性程度？

1. 非常不必要　2. 不必要　3. 一般　4. 必要　5. 非常必要

26. 您认为图书馆员具有良好的人际交往、沟通能力等个人综合素质，对提供科研数据管理服务的必要性程度？

1. 非常不必要　2. 不必要　3. 一般　4. 必要　5. 非常必要

27. 您目前所在高校是否为您提供与科研数据管理有关的培训？

（如开展相关讲座宣传、派遣访问其他高校进行学习交流、组织与数据管理有关的技能培训、参加相关主题的学术会议等。）

○是　○否

28. 您认为，针对图书馆员开展科研数据管理服务的相关培训，对高校图书馆提供科研数据管理服务的帮助程度？

1. 非常没有帮助　2. 没有帮助　3. 一般　4. 有帮助　5. 非常有帮助

29. 您认为目前我国高校图书馆建设提供科研数据管理服务面临哪些挑战？【多选题】

○缺乏相关政策性文件的指导　○对 RDM 服务的重要性认知不足
○基础设施不完善（如机构知识库等的建设。）　○缺乏技术支持
（例如缺乏建立科研数据管理平台的相关技术等。）　○对服务对象需求不了解（不能很好地获取科研人员对科研数据管理的具体需求。）
○图书馆从业人员缺乏相应科研数据管理技能　○缺乏经费　○缺乏人力资源　○其他

30. 您对高校图书馆科研数据管理服务有何意见或建议？【简答题】

后　记

　　2015年10月，我被国家留学基金委公派到美国威斯康星大学密尔沃基分校访学，在那一年时间里，我非常幸运地结识了一群同专业的好朋友，也在美国大学古堡式的图书馆中完成了第一次国家社科基金青年项目申请书的论证。2016年国家社科基金会评，项目上会却并没有通过（最终被立为省社科专项），虽然当时十分遗憾，但现在回想起来那一年的选题确实不够好，没有立项也属情理之中，却也正是这一次的申报经历为我后续的科研道路点亮了前程。感谢天津大学的董伟老师，跟他一起并肩在异国他乡写本子的日子，让我得到了如此之多真诚而又重要的帮助，更要感谢董老师夫人东琴的介绍，让我获得机缘于2016年10月回国后投到南开大学柯平教授门下进行博士后在站研究。

　　2017年1月，在柯老师的指点下，我确定了以高校图书馆科研数据服务为当年国家社科基金项目的研究主题。犹记得那一年的冬天十分寒冷，黑龙江大学汇文楼625房间的暖气特别不好，我跟同事借了一个电暖风，放寒假了整栋大楼很少有人上班，哈尔滨的冬天天黑得早，五点半就已经漆黑一片，我一个人在空荡的教学楼中用了大概三周时间完成了项目书的首轮撰写。感谢天津师范大学的刘冰院长、西安电子科技大学的秦春秀教授、郑州大学的金燕教授，他们为我提出了很多宝贵的意见。2017年7月，国家社科基金青年项目终于中的，那一年我刚好满35周岁，搭上了青年项目末班车。

　　2017年8月—2022年7月的五年时间里，我和我的研究生们对高校图书馆科研数据服务进行了持续而又广泛的研究，然受本人能力所限，早期的研究存在很多不足，但彼时却也付出了相当多的心血。后期，因为项目结题在即，在主体内容完成时，研究过程略显仓促，但想来，如果没有时间上的规制，本书稿的凝结更不知要拖上多久。2022 年 10 月，国家社科基金顺利结题，结项鉴定为良好，这一年我也进入不惑，本以为，科研工作会进入一个休整期，没想到一年后的今天，国家社科基金一般项目再次中标，几乎是上一轮刚刚结束，下一轮就已经开始，科研列车似乎对我十分偏爱，每一程都要带上我去领略不同的风景。感谢我的老师——长江学者柯平教授，每一次科研道路上的进步都离不开老师的关怀和指导，老师对人的和善、对事的认真、对科研工作的热爱值得我终身学习。

本书的出版，以中国社会科学出版社的刘艳老师抛出的橄榄枝为起始，从约稿到合同签订，再到书稿的反复校对与修改，刘老师都给予了我极大的耐心和帮助。这是我的第一本学术专著，在刘老师的指导下，一切变得如此顺利，感恩有她。同样特别感谢我的学生——林安洁、杨媛媛、陈志鹏和赵晴，他们亲历了项目的结题和书稿的完成，当然还有五年来跟我一起做科研的所有同学，你们如此优秀，必将前程似锦。

陈媛媛

2023 年 10 月 8 日于黑龙江大学汇文楼 640